Stefanie Spessart-Evers

Auf dem Jakobsweg durch Frankreich

Verlag Via Nova

Stefanie Spessart-Evers

Auf dem Jakobsweg durch Frankreich

Gehen • singen • lauschen • staunen

Verlag Via Nova

1. Auflage 2017

Verlag Via Nova, Alte Landstr. 12, 36100 Petersberg

Telefon: (06 61) 6 29 73

Fax: (06 61) 96 79 560

E-Mail: info@verlag-vianova.de

Internet: www.verlag-vianova.de

Umschlag: Guter Punkt, München

Satz: Sebastian Carl, Amerang

Druck und Verarbeitung: Appel und Klinger, 96277 Schneckenlohe

ISBN 978-3-86616-396-6

Inhalt

Wir müssen wach sein,
unsere Stimme
wach halten,
um singen zu können.
Ein ruhiger,
atmender Morgen.

Rose Ausländer

Einige Worte voraus

Erscheint es nicht wie ein Anachronismus, sich in Zeiten der Globalisierung, zunehmender Beschleunigung und umfassender Erreichbarkeit zu Fuß und nur mit der nötigsten Habe im Rucksack auf einen Weg zu begeben? Wirkt das nicht völlig altmodisch oder wie ein Relikt aus archaischen Zeiten? Aber warum fasziniert so viele Menschen das Wandern oder gar Pilgern?

Ich meine nicht jene Millionen, die heute – wie in früheren Menschheitsepochen – unfreiwillig unterwegs sind, weil sie vor Not und Unterdrückung fliehen oder ein besseres Leben suchen. Wer sich auf Pilgerwege begibt, tut dies oft aus gesicherten Lebensverhältnissen heraus. Aber könnte der große Zustrom auf die Jakobswege dennoch vielleicht auf eine Flucht- oder Suchbewegung anderer Art hindeuten? Leiden nicht zunehmend Menschen an seelischer Not, einer diffusen inneren Leere oder fühlen sich ausgebrannt?[1] Und wenn es sich noch nicht so zugespitzt hat: Sehnen sich nicht immer mehr nach einer inneren und äußeren Verlebendigung oder möchten Neugier und Entdeckerfreude erleben – und machen sich auf den Weg?

Meine eigenen Erfahrungen auf dem Jakobsweg durch Spanien[2] hatten mich so tief erfüllt und beglückt, dass es mir unmöglich erschien, danach mit dem Wandern aufzuhören. Zu sehr hatten mir die weitschwingenden, blühenden Landschaften, das Leuchten der Natur und des Himmels und die Nähe zu mir selbst und zu anderen unterwegs das Herz geöffnet. Denn man trifft auf den Pilgerwegen viele Menschen, die innerlich auf der Suche sind: nach sich selbst, nach dem, was für sie wesentlich ist und was ihnen Sinn in ihrem Leben vermittelt. So ergeben sich immer wieder tiefe Gespräche. Und viele Pilger, die man deshalb auch als Suchende bezeichnen könnte, wissen von dieser Qualität und wie die Schönheit der Natur uns aufblühen lässt. Sie sagen: „Wer einmal auf dem Weg war, kommt immer wieder!“

So bin auch ich danach erneut losgegangen, diesmal alleine von Le Puy im französischen Massif Central aus auf dem alten Pilgerweg durch Frankreich, der Via podiensis. In den beiden Jahren darauf habe ich diesen Weg gemeinsam mit meinem Mann fortgesetzt, wobei wir uns durch die Erfahrungen vom spanischen Jakobsweg tagsüber die Freiheit zugestehen, dass sich jeder auf seine eigene, stimmige Weise dem Weg aussetzen kann. Auch war bei diesen drei unterschiedlichen Wegabschnitten, die ich im Folgenden schildere, der Zeitrahmen nur jeweils ca. 14 Tage. Doch das entspricht dem Zeit-Budget vieler Pilger auf dem Weg – und es zeigte sich immer wieder, welch erstaunliche Fülle an Erlebnissen selbst solche kurzen Zeiten enthalten.

Auch als wir bei den Pyrenäen angekommen waren, konnte ich mir noch nicht vorstellen, das Wandern auf den Jakobswegen ruhen zu lassen. Gleich im nächsten Jahr habe ich mich alleine auf den Weg von Genf bis nach Le Puy gemacht. Im Folgejahr ging es wieder gemeinsam von Konstanz nach Genf und danach von Nürnberg bis Konstanz. Bis heute versuche ich, mir einmal im Jahr Zeit für das Pilgern zu nehmen, das sich mittlerweile völlig von irgendeinem äußeren Ziel verselbständigt und seine ganz eigene Wertigkeit entwickelt hat.

Die Jakobswege erscheinen mir wie ein lebendiger Organismus in dauernder Wandlung begriffen. Aber sie sind auch in sich unterschiedlich; teilweise haben schon die verschiedenen Abschnitte auf dem Weg jeweils ihren eigenen Charakter. Doch trotz großer Unterschiede in den Landschaften, der Besiedlung und der Infrastruktur der Herbergen gab es für mich ein breites Spektrum an Gemeinsamkeiten, worauf der Untertitel dieses Buches hinweisen möchte: *Gehen – singen – lauschen – staunen.*

Gehen: Den Weg aus eigener Kraft Schritt für Schritt zu gehen und das Minimum, was ich in dieser Zeit brauche, auf dem eigenen Rücken zu tragen, ist unumgänglich und die körperhafte Grundlage für alle Erfahrungen. Gehen ist mein aktiver Anteil und es braucht Einsatz und Ausdauer, die ich dafür bereitstelle. Aber ich kann in jedem Augenblick innehalten, um einfach nur da zu sein und mit allen Sinnen und offenem Geist und Herzen aufzunehmen, was um mich herum ist. Ich kann mein Tempo variieren, wie es gerade für mich stimmt. Gehen und gehen und gehen kann manchmal zur Meditation werden, so dass ich die Anstrengung kaum noch spüre – bis ein Abschnitt kommt, wo ich bei jedem Schritt achtgeben muss. Hier werden bereits die Polaritäten wahrnehmbar, die sich beim Pilgern genauso wie sonst im Leben zeigen: Gehen kann anstrengend oder gar erschöpfend sein – und manchmal gehe ich fast selbstvergessen und fühle lange keine Müdigkeit, weil es einfach „fließt". Dieser „Flow" ist beim Gehen besonders spürbar und hängt nicht nur vom Weg ab, sondern auch davon, ob ich innerlich loslassen, mich öffnen und dem, was mich gerade umgibt, anvertrauen kann – und trotzdem Hindernisse im Blick habe.

Singen: Anfangs hat es sich fast zufällig ergeben. Es bewährte sich, nach dem oft etwas unruhigen Aufbruch in den Herbergen, bald auf dem Weg einen Platz zu suchen, wo ein kleines „Morgenritual" gut war: einfach nur innehalten und versuchen, achtsam „da" zu sein, sich den neuen Tag, die neue Wegetappe bewusstzumachen und der Stille eine Zeitlang Raum zu geben. Wenn der Weg morgens aus dem Ort heraus an Straßen entlangführte, ergab es sich manchmal, dass eine kleine Kirche zum Innehalten einlud – erst recht bei Regen. Diese oft uralten, manchmal noch aus romanischer Zeit stammenden Dorfkirchen oder die ärmlichen, aus Feldsteinen gebauten Kapellen mit einem Strauß Feldblumen auf dem Altar hatten es mir bald angetan! Da sie in katholischen Gegenden in der Regel offen waren, konnten wir eintreten und in der Stille die Atmosphäre dieses Ortes erspüren. Als Dank für unser Verweilen begannen wir, darin zu singen – und waren bald ganz ergriffen, wie lebendig wir uns danach fühlten. Auch wirkte es auf uns so, als ob wir diesen Ort ebenfalls verlebendigt hätten. So ergab es sich, dass wir oft in Kirchen oder Kapellen am Weg innehielten und sangen – und spürten, wie uns das Singen Freude und Kraft schenkte. Auf diese Weise gaben wir unserem Glück und unserer Dankbarkeit für diesen Tag Ausdruck. Wir gaben von uns etwas in den Raum und lauschten ihm in der Stille nach.

Lauschen: Es entwickelte sich immer mehr aus den Erfahrungen des „Nach-Lauschens" und der umgebenden Stille, sei es in den kleinen Kirchen oder Kapellen, sei es beim Gehen oder Innehalten in der unendlich weiten Natur. Ich meine weniger „lauschen" in dem Sinne, wie man auf etwas Bestimmtes lauscht, wie z.B. dem Gesang eines Vogels. Ich meine eher ein „Lauschen mit der Seele" in dem Sinne, mich innerlich immer mehr zu öffnen und ganz da, ganz gegenwärtig zu sein.

Diese Haltung, ganz „aufnehmend“ zu sein, ist der andere Pol zum aktiven und kraftvollen Gehen oder auch zum Singen. Denn es ist ein Lauschen in die Stille[3] gemeint – und manchmal ahne ich einen Hauch von der Stille jenseits der Stille…

Staunen: Aus der Haltung, mich mit allen Sinnen, mit Herz und Geist zu öffnen und möglichst loszulassen, was ich an Bewertungen in mir trage, kann Staunen entstehen. Wir kennen es bei den Kindern – aber wir können nicht in diese kindliche Einfalt zurückkehren. Was wir aber tun können, ist, uns unsere Voreingenommenheit bewusster zu machen und Distanz dazu aufzubauen. Das fällt leichter, wenn wir durch das tägliche Gehen weniger in unserem rationalen Denken verankert sind und in der Natur mehr unsere intuitiven Fähigkeiten angesprochen werden. Sie erleichtern es uns, mehr ahnend wahrzunehmen, unseren inneren Bildern zu begegnen und offen zu sein für Anmutungen, die wir sonst vielleicht schon abgewehrt hätten. So kann uns das Geheimnisvolle, das Numinose – z.B. die besondere Atmosphäre eines noch von Dunstschleiern verhangenen und doch schon durchlichteten Morgens – eher erreichen und in uns eine tiefe, staunende Resonanz wecken. Auch hier geht es ähnlich wie beim Lauschen um unsere rezeptive Seite, die neben aller Anstrengung des Gehens und der Bewältigung der täglichen Herausforderungen etwas Zartes in uns aufblühen lässt, das uns wieder mit dem Mysterium des Lebens verbinden kann.

Gehen – singen – lauschen – staunen: Wie unterschiedliche Akkorde können sie sich zusammenfügen und im Verlauf ganz verschiedener Wegerfahrungen unsere eigene Melodie entstehen lassen. Denn jeder hat seinen ganz eigenen Weg, mit sich und mit der Art und Weise, wie er sich zu den Gaben, aber auch zu den Herausforderungen des Weges verhält. Trotzdem kann sich im Verlauf vieler Wandertage allmählich ein Gefühl verdichten, innerlich immer mehr zur eigenen „Gestalt“, zur inneren Ganzheit zu finden und vor allen Dingen: intensiv gelebt zu haben.

Einstimmung

Rückkehr zu den Wurzeln ist Stille.

Laotse

Es erfüllt mich jedes Mal mit Herzklopfen und Vorfreude, wenn ich mich wieder auf den Weg mache und „dem Leben" in seinen vielfältigen Gestaltungen viel unmittelbarer, sinnlicher und leibhafter als in meinem normalen Alltag begegne.

Ich kann beim Wandern auf den Jakobswegen meiner Neugier und Entdeckungslust folgen und eine Vielzahl unterschiedlichster Erfahrungen machen. Wie kostbare Perlen auf einer Schnur gehören für mich dazu die vielen Eindrücke einer meist „wunder-vollen" Natur in ihrer ganzen Fülle, im Aufkeimen, Blühen, Fruchten und Vergehen; dann die weiten, so unterschiedlichen Landschaften und der Himmel, mal dramatisch bewölkt, mal seidig ausgespannt in transparentem Licht; auch die Menschen in ihrer jeweiligen Lebens- und Wohnweise in manchmal halbverlassenen oder doch noch intakten Dörfern; dann die Kapellen, Kirchen oder Klöster auf dem Weg oder in den Städten, manchmal in Ruinen, manchmal neu belebt; nicht zuletzt die Unterkünfte, mal von den Kommunen eingerichtet, mal von Privatpersonen geführt. Spätestens hier begegnet man anderen Pilgern, wenn man sie nicht schon auf dem Weg getroffen hat – eine oft bereichernde Möglichkeit zu tiefen Gesprächen.

All diese Eindrücke vom Weg, die sich in ihrer unterschiedlichen Abfolge aneinanderreihen, bilden für mich eine Art *Horizontale*. Aber wie bei einer Kreuzform gibt es daneben auch die *Vertikale*: Sie wird durch mich gebildet, wie ich gerade auf dem Weg bin: Die täglichen Anstrengungen des Gehens bilden die Basis, durch die ich gut geerdet und mit meinem Körper verbunden bin. Dazu muss ich die täglichen Grundbedürfnisse Essen, Trinken und

Schlafen im Blick haben und ab und zu erfinderisch sein, wie ich sie auch bei Engpässen befriedigen kann.

Auf dieser Grundlage kann für jeden entstehen, was sich aus dem eigenen Inneren zu den Kostbarkeiten des Weges entwickeln kann. Für mich war es das Singen, Lauschen und Staunen, von dem ich schon gesprochen habe. Andere führen ein Tagebuch mit Zeichnungen, schreiben Gedichte oder gestalten phantasievolle „Pilgerpost" am Weg. Für die meisten gilt, dass sie beim Wandern immer wieder etwas ergreift, was ich in einem Bild ausdrücken möchte: *Mit dem Herzen den Himmel berühren*! Obwohl mit der täglichen Anstrengung konfrontiert, führt uns auch etwas darüber hinaus: Plötzlich berührt uns etwas intensiv oder trifft uns manchmal bis in den Kern.

Doch wie kann ich dazu beitragen, vom Weg und seinen Kostbarkeiten auf diese innige Weise berührt zu werden? Der Weg selbst trägt dazu bei! Ich habe die Erfahrung gemacht, dass das tägliche Gehen und Gehen und Gehen im Rhythmus der eigenen Schritte zu einer Art Katharsis führt, zu einer *inneren Reinigung*. Die Schönheit der Natur verlebendigt und verfeinert unsere *Sinne* und macht uns empfindsamer: für die farbenfrohen, zarten Blüten oder die uns umwehende Düfte im vorbeistreichenden Wind und für das manchmal liebestrunkene Vogelgezwitscher an Frühlingstagen.

Aber auch das, was wir vielleicht an *„seelischem Gepäck"* mitgenommen haben, sortiert sich nach und nach innerlich um. Manchmal können wir uns von Altlasten trennen, manchmal leuchten verborgene Schätze aus alten Schmerzen auf. So verwandeln sich unterwegs auch häufig die inneren Seelenlandschaften. Oberflächliches fällt ab und es bleibt, was an Substanz dahinter ist und zu unserem gelebten Leben gehört.

Auch unser *Geist* kommt im Prozess des Wanderns und der Stille in der Natur nach und nach immer mehr zur Ruhe, kann sich klären und stärker für die Tiefendimensionen des Lebens öffnen: den Fragen nach Sein, Sinn und Tod – und was darüber hinausweist und was ich das „ganz Andere" nennen möchte[4]…

„Rückkehr zu den Wurzeln ist Stille" heißt es bei Laotse. Wenn ich einwillige, immer wieder in Stille zu gehen, kann ich erleben, wie sich allmählich Gedanken und Gefühle beruhigen. Und irgendwann wird es auch in mir selbst still, weil ich immer mehr in der Gegenwart, im eigentlichen Da-Sein ankomme und es mich tief erfüllt und bewegt, mit allen Sinnen, mit Geist und Seele die Tiefe des Lebens zu erfahren.

Johannes Tauler (1300-1361), Dominikanermönch und Mystiker, spricht vom Tempel der Seele in einem jeden Menschen und sagt:

„Der Mensch lasse die Bilder der Dinge ganz und gar fahren und mache und halte seinen Tempel leer. Denn wäre der Tempel entleert und wären die Phantasien, die den Tempel besetzt halten, draußen, so könnte er ein Gotteshaus werden, und nicht eher, was du auch tust..."[5]

Vielleicht treffen diese Worte die innere Sehnsucht nach neuen Formen der Spiritualität, die viele auf den Jakobsweg bringt. Es ist eine Ahnung von diesen Zuständen des „reinen Gewahrseins", wie es die Buddhisten nennen würden. Sie liegen noch weit jenseits des „Staunens über etwas". Wir können hinlauschen und uns öffnen für diese „Augenblicke der Ewigkeit"[6], die sich allen Worten entziehen und sich nicht „machen" lassen. In ihnen scheint die Ewigkeit die Zeit zu berühren, so dass wir manchmal in einer blitzartigen „Ein-Sicht" die Verbundenheit und das Leuchten in allem erleben...

Züge wie Welten

Die Tragik des Lebens liegt nicht in seiner Kürze,
sondern dass wir oftmals zu spät erkennen,
was wirklich zählt.

E. Kübler-Ross

Mittwoch, den 18. September

Ein ganz normaler Mittwochmorgen im September um 7.30 Uhr im ICE nach Frankfurt. „Er ist gut besetzt“, meint der Schaffner, als ich zuerst keinen Platz finde. Mit Rucksack und Wanderstöcken zwänge ich mich auf dem Gang an Herren in dunklen Anzügen vorbei, schwarze Aktenköfferchen in der Hand. Mit bedeutsamem Gesicht stehen einige ins Gespräch vertieft und fühlen sich von mir anscheinend rüde unterbrochen. Ich komme mir vor wie ein lebender Anachronismus zu ihrer Existenzform, in der so ganz andere Werte gelten. Ich störe sie gerade – irritiere ich sie auch? Meine vom Jakobsweg durch Spanien ausgemergelte Wanderkluft mag ihnen abgerissen erscheinen. Doch voller Vorfreude fahre ich einer Zeit der Freiheit entgegen – ist das eine Provokation?

Mein Sitznachbar schaut ungehalten von seinem Laptop auf, als ich schließlich neben ihm einen freien Platz gefunden habe und Rucksack und Stöcke unterzubringen versuche. Die gerade abgerufenen Daten scheinen ihn zu beschäftigen. Ausdruckslos blickt er in die neblige Hügellandschaft, die vor dem Fenster vorbeifliegt. Vom beginnenden Herbst zart gefärbtes Laub schimmert da und dort auf, doch die gold-grünen Farben zerrinnen immer wieder im weißlichen Morgendunst. Bäume begleiten einen Bachlauf, der sich durch Wiesen schlängelt. Weitläufige Hügelketten verlieren sich am Horizont. Wie vertraut sind mir diese schwingenden Formen der Mittelgebirge! Wie werden die Landschaften morgen aussehen? Heute geht es in verschiedenen Zügen bis nach Le Puy im französischen Massif Central. Danach werde ich auf dem französischen Jakobsweg alleine zu Fuß unterwegs sein, nur von meinen eigenen, begrenzten Kräften getragen, den Wettern und Landschaften ausgesetzt und in großer Einfachheit lebend...

Später:

Fast zehn Stunden liegen hinter mir, teils im geruhsam dahinrollenden Regionalexpress, teils im kalt und zugig klimatisierten TGV (Train de Grande Vitesse), besetzt von Fernpendlern mit müden, blassen Gesichtern. Endlich besteige ich den nur aus zwei altertümlichen Waggons bestehenden Zug nach Le Puy, der nach einer Weile in das Tal der jungen Loire einbiegt und sich flussaufwärts hocharbeitet. Ich staune, dass die schmale Trasse noch in die steilabfallenden Schluchten gesprengt werden konnte. Immer wieder taucht der Zug in enge Tunnel ein, schlängelt sich durch eine zunehmend bizarre, einsame Bergwelt, während tief unten der Fluss weiß aufschäumt.

Trotz der beeindruckenden Ausblicke bin ich anscheinend im gemächlichen Hin- und Herschaukeln eingeschlafen. Spät war es beim Packen gestern Abend geworden! Dabei bin ich nach dem Pilgerweg durch Nordspanien ja nicht unerfahren darin, meine Habe auf das Nötigste zu reduzieren. Doch jetzt wandere ich nicht im Frühsommer wie damals, sondern im Herbst und zum guten Teil auf 1000 m Höhe. Immer wieder haben mich Fragen eingeholt: Wird es auf dem Aubrac sehr kalt werden? Könnte es schneien? Also doch neben einem Pullover zusätzlich wärmere Unterwäsche, die wärmere Outdoorjacke? Resultat: Fast ein Kilo mehr als geplant! Doch lieber mehr schleppen als frieren und mit nassen Klamotten laufen! Immer wieder dieses innere Verhandeln! Und jetzt ist es hier heiß wie im Sommer!

Als ich nach einer Weile aus dem Schlaf hochschrecke, legt sich der Zug quietschend in eine enge Kurve und schlingert so stark in den alten Gleisen an einer schroffen Felswand entlang, dass Rucksack und Wanderstöcke umfallen. In der Sonne des späten Nachmittags erglüht goldenes Laub. Die zwischen glänzenden Felsbrocken bergab stürzende junge Loire leuchtet aus den Tiefen der Schlucht herauf.

Es scheint kein anderer Pilger im Zug zu sein. Schon in St. Etienne habe ich danach Ausschau gehalten. Vielleicht, weil ich diesmal alleine wandere? Ich werde nun selbst eine Suchende auf äußeren und inneren Wegen sein. Vor wenigen Tagen hat sich unser Sohn für ein Jahr verabschiedet, um an das andere Ende der Welt zu reisen. Auch aus meiner Mutterrolle werde ich mich lösen müssen. Dieser Abschied beginnt erst jetzt richtig zu schmerzen, als die Betäubung des Abreisestresses nachlässt. Welch inneren Seelenlandschaften werde ich auf meiner Wanderung begegnen?

Mir kommen die Zeilen des Rabbi Hillel (ca. 30 v. Chr.) in den Sinn, die einem wunderschönen, israelischen Tanz zugrunde liegen:

Ich habe noch nicht genug gelebt!
Wenn nicht jetzt, wann dann?
Wenn nicht ich für mich bin,
wer ist dann für mich?
Wenn ich aber für mich bin,
wer bin ich dann?
Und wenn nicht jetzt,
wann dann?

Wenn nicht jetzt, wann dann…? Fasziniert blicke ich aus den klappernden Zugfenstern in die Berglandschaft, über die sich ein türkisklarer Himmel wölbt. Nach einer Weile treten die steilen Hänge allmählich zurück, die Schlucht beginnt sich zu weiten. Der Zug biegt in ein weites Tal ein, auf dessen Grund eine kleine Stadt liegt. Sofort fallen mir die drei spitzen Kegel auf, die sie überragen, besonders der mit einer riesigen, rosa bemalten Madonnen-Statue. Etwas darunter eine große Kirche, die die Kathedrale sein könnte. Auf einem weiteren Kegel, mehr am Rand, steht eine männliche Figur in Himmelblau, die den Hl. Josef darstellen soll. Warum bloß diese gewöhnungsbedürftige Bemalung? Auf dem dritten endlich, dem steilsten und schmalsten, hebt sich eine uralte Kirche vor der beginnenden Abenddämmerung ab. Es ist kurz vor 20 Uhr. Ich bin in Le Puy eingetroffen.

Ankommen – auch innerlich

Es liegt im Stillsein eine wunderbare Macht der Klärung, der Reinigung, der Sammlung auf das Wesentliche.
Dietrich Bonhoeffer

Keiner der wenigen Aussteigenden kann mir den Weg zum Franziskanerinnen-Kloster in der Altstadt zeigen, in dem eine der Pilgerherbergen untergebracht ist – sie kennen es noch nicht einmal! Doch ich habe gehört, dass die Klosterpforte bereits um acht schließt – und das ist jetzt! Wie soll ich es nur schaffen, hereingelassen zu werden, wenn noch nicht einmal ein Taxi vor dem Bahnhof steht. Ich frage mich durch und erwische ein paar Straßen weiter auch noch einen Wagen, der sich bald immer höher durch die engen Gassen und Torbögen der Altstadt arbeitet. Uralte Laternen tauchen sie in gelbliches Licht, holpriges Pflaster glänzt noch feucht vom letzten Regen. Schließlich winden sich die Gassen so schmal um die uralten Häuser mit ihren in Granit gefassten Toren, dass der Wagen kaum noch um die Kurven kommt. Ich steige aus – und nach wenigen Metern stehe ich vor einer engen Pforte in einer hohen Steinmauer, die das Kloster der „Sœurs du St. François", der „Schwestern des Hl. Franziskus", umgibt.

Niemand öffnet auf mein Klingeln. Ich schaue mich um: Alles wirkt verschlossen. Geduldig warte ich eine Weile und habe Glück: Bald biegen Pilger um die Ecke, die am Nachmittag bereits einen Schlüssel ausgehändigt bekommen haben. Mit ihnen schlüpfe ich durch die Pforte und steige eine uralte Wendeltreppe in einen Turm hoch. Nach geraumer Weile und einigem Rufen erscheint eine junge Frau, die mir ein Zimmer zuweist. Ich stehe noch lange am Fenster und genieße den überwältigenden Blick auf die beleuchtete Stadt im Tal unten. Dahinter, auf der Höhe, erstrecken sich die weiten Flächen des Velay vor dem verblassenden Abendhimmel. Unter mir erblicke ich ein Gewirr von Gassen zwischen mittelalterlich wirkenden Häusern und ehrwürdigen Palästen. Winzige, umrankte Gärtchen verbergen ihre Blütenpracht hinter schützenden, hohen Mauern.

Während ich meinen Blick noch schweifen lasse, dröhnen plötzlich ganz aus der Nähe mächtige Glocken zur vollen Stunde. Ich zähle: Es ist neun Uhr abends. Die Kathedrale liegt nur einen Steinwurf entfernt, ihre Dächer schimmern schwach im Mondlicht. Lange schaue ich in die beginnende Nacht, versuche innerlich anzukommen nach diesem ausgedehnten Reisetag und bin doch gleichzeitig schon eingetaucht in längst vergangene Zeiten, die durch die grandiose Landschaft und die ausgebreitete Altstadt zu erzählen beginnen:

Die Senke von Le Puy en Velay mit ihren charakteristischen drei Kegeln entstand als vulkanisches Einbruchsbecken, aus dem die drei basaltenen „Kamine" bis heute steil aufragen. Es war seit uralten Zeiten besiedeltes Gebiet.[7] Noch vor den Vellavern diente es den Kelten als Kultstätte. Wahrscheinlich wurde hier eine keltische Muttergottheit verehrt, vielleicht sogar in einer Ausformung des mythologischen Bildes der „virgo paritura", der „gebärenden Jungfrau"[8]. Diese uralte, heidnische Vorstellung konnte später gut in das christliche Bild von Maria mit dem Kind integriert werden.

Die Heilige Jungfrau zeigt sich in Le Puy gleich mehrfach:

Zum einen berichten fromme Legenden gleich zweimal von Maria: Einmal soll sie sich einer kranken Frau auf dem „Fieberstein" offenbart haben, der noch heute sichtbar ist. Dabei habe sie ihr aufgetragen, dass auf diesem Hügel, dem Mont d`Anis, ein Heiligtum errichtet werden solle. Seine Grenzen habe ein „wunderbar erschienener Hirsch" in den Schnee gezeichnet. Marienreliquien seien später von „heiligen Greisen in weißen Gewändern" überbracht worden.[9] Vielleicht war diese Legende die Aufforderung zum Bau der heutigen Kathedrale, zu der sich über viele Treppengassen die Altstadt hochzieht. Auf dem steil dahinter aufragenden Rocher Corneille wurde 1860 aus eingeschmolzenen Kanonen zusätzlich eine „eiserne Jungfrau" errichtet.

Ferner soll König Ludwig der Heilige von seinem gescheiterten Kreuzzug aus Ägypten (ca.1148/49) ein Bildnis der „Schwarzen Madonna" mitgebracht haben. Es gibt auch Hinweise, dass schon davor ein Marienbildnis verehrt wurde. Viele romanische Bauten zeugen von Marien-Wallfahrten um die Jahrtausendwende. Insofern verwundert es nicht, dass auch Jakobspilger diesen Ort aufsuchten, um Maria zu huldigen. Dass Le Puy gleichzeitig Ausgangspunkt der Via Podiensis, eines der vier französischen Jakobswege, wurde, der über Conques, Cahors und Moissac bis zum Pyrenäenpass oberhalb von St.-Jean-Pied-de-Port führt, ist wahrscheinlich Bischof Gotescalc zu verdanken. Er pilgerte schon um 950, also ungefähr hundert Jahre nach der Entdeckung des legendären Jakobusgrabes, mit seinem Gefolge von Le Puy nach Santiago und wurde hier als erster „Weitgereister" in Urkunden erwähnt. Vermutlich trug er später entscheidend dazu bei, den Jakobsweg bekannt zu machen.

Die Verehrung der Maria in Le Puy hält bis heute an, auch wenn 1794, in den Wirren der Französischen Revolution, das Bildnis der „Schwarzen Jungfrau" öffentlich verbrannt wurde. Die heutige Marienstatue in der Kathedrale wurde nach ihrem Vorbild geschaffen und ziert seit 1844 den Altar.

Le Puy, Donnerstag, den 19. September

In der Morgendämmerung erwache ich vom Gezwitscher eines riesigen Drosselschwarms, der sich auf den Dächern der Kathedrale zum Abflug in den Süden sammelt. Wenn es mich innerlich zum Aufbruch und zur Rückkehr auf den Pilgerweg drängte, habe auch ich es im Scherz manchmal „mein Zugvogelsyndrom" genannt. Und sammeln sich nicht ganz ähnlich auch in Le Puy Pilger, um von hier aus zu dem langen Weg in den Südwesten aufzubrechen? Sind nicht auch wir auf dem Jakobsweg in einer Art kollektivem Verbund? Alle auf dem gleichen äußeren Weg, aber völlig unterschiedlichen inneren Wegen?

In der Frühe findet eine Pilgermesse in der nahen Kathedrale statt. Auch ich gehe hin und sehe jetzt das Häuflein von ungefähr 15 Personen, das heute von hier losgehen wird. Nach der Messe werden alle gebeten, sich bei einer Statue des Hl. Jakobus einzufinden. Jeder nennt kurz seinen Namen, sein Heimatland und sagt, wie lange er schon auf dem Weg ist und wie weit er gehen will.

Überwiegend Ältere finden sich ein, mit meinen 55 Jahren liege ich gut im Schnitt. Aus dem gesamten Europa haben sie sich hier versammelt, allein oder in kleinen Gruppen. Alle erhalten ein winziges Medaillon zur Erinnerung an die Jungfrau von Le Puy, wahrscheinlich wie zu alten Wallfahrtszeiten.

Neugierig schaue ich mich um, wem ich als Weggefährten unterwegs begegnen werde. Gleichzeitig merke ich zunehmend meine Unentschlossenheit, heute schon mit dem Weg zu beginnen. Kann ich aufbrechen, ohne vorher richtig innerlich angekommen zu sein? Ist das nicht überstürzt, irgendwie gehetzt, wie es schon die Tage vor der Abreise waren? Sollte ich mich nach der langen Reise gestern nicht besser erst einmal hier selbst sammeln? Es kommt mir so vor, als ob ein anderer Seelenanteil in mir erstarken würde, der sich mehr Ruhe und tiefere Verbundenheit mit mir wünscht. Und diese kleine, alte Stadt reizt mich einfach! Ich würde gerne heute in der Altstadt bummeln und die kleine Kirche auf dem Rocher d´Aiguille, den Fels der „Nadelspitze“, kennen lernen, die mich fast magisch anzieht.

Auf dem Rückweg zum Kloster durch die alte Gasse festigt sich mein Entschluss, diesen Tag noch hier zu verbringen. Auch will ich einige warme Sachen wieder nach Hause schicken, um den Rucksack zu erleichtern. Doch ich möchte Barbara aus Freiburg, mit der ich schon ein paar Worte gewechselt habe, wenigstens verabschieden. Sie ist gerade aus dem Schuldienst in den Ruhestand übergewechselt. Weiß ich doch seit meinem ersten Weg durch Spanien, wie wichtig es ist, von jemandem persönlich verabschiedet zu werden. Ich erkläre ihr kurz meinen Entschluss, heute noch hier zu bleiben, und wünsche ihr alles Gute für den Weg. Sie freut sich über meine Geste. Vielleicht werden wir uns unterwegs noch einmal begegnen!

…und dann falle ich doch in ein kleines Loch, als ich alle anderen nach und nach losziehen sehe. Plötzlich tauchen seltsame Gefühle auf, als ob ich den Anschluss zu „meinem Tross“ verpassen würde. Haben wir diese Ausrichtung am Kollektiv in den Genen, weil sie in den frühen Zeiten der Menschen lebenswichtig war? Oder bricht plötzlich all die Sehnsucht wieder hervor, die mich dazu brachte, mich erneut auf den Pilgerweg zu begeben? Der Weg zieht mich auf einmal mit Macht, es fühlt sich an wie ein Sog. Schon von Spanien kenne ich diese eigentümliche Unruhe, endlich wieder unterwegs sein zu wollen. Erst als die letzten Pilger verschwunden sind und ich einen frühen Spaziergang durch die Altstadt beginne, finde ich wieder zu meiner inneren Ruhe.

Jetzt habe ich Zeit, den schmalsten und steilsten der drei Kegel, den Rocher d`Aiguille, aufzusuchen. Hoch oben wurde schon um die Mitte des 10. Jh. eine Michaelskirche errichtet, eine unglaubliche Leistung – oder Bußübung aus damaligem Verständnis? Im 12. Jh. wurde sie erweitert, soweit es das enge Terrain oben überhaupt zuließ. Leider ist gerade ein Teil von ihr eingerüstet. Ich steige über die 268 in den Stein gemeißelten Stufen den steilen Felsen hinauf, dessen Wände fast senkrecht abfallen. Seitlich sind manchmal kleine Höhlungen ausgehauen, in denen wohl Pilger die Nacht verbringen oder sich vor Unwettern schützen konnten? Endlich gelange ich oben auf das schmale Plateau. Die rötlichen, gelben und schwarzen Steine der Kirche leuchten im milden Licht des Vormittags. Ich trete vor die wunderschön gemeißelte, romanische Eingangsfassade, die christliche und antike Symbolik enthält, u.a. zwei Sirenen. Warum gerade hier Sirenen mit Fischschwänzen? Als Warnung, ihrem irreleitenden Gesang nicht nachzugeben, wie es in der Odyssee berichtet wird? Als Abwehr von Dämonen? Die dem mittelalterlichen Menschen wohl vertraute Symbolik lässt mich als Laien heute rätseln. Noch in Gedanken trete ich unter einem mozarabisch[10] anmutenden Portal in die dunkle Kirche.

Es geht noch ein paar langgestreckte Stufen empor durch eine etwas im Bogen angelegte Arkaden-Galerie bis zu einem kleinen Kirchenraum, der nur von wenigen Fenstern und dem Eingang erhellt wird. Er ist so unregelmäßig wie das Felsplateau: Etwas versetzt nach hinten öffnet er sich zu einer Art quadratischer Apsis, der ursprünglichen Kirche aus dem 10. Jh., von der im Gewölbe noch Fresken erhalten sind. Ich bin ganz alleine hier. Einige Kerzen brennen vor dem Altar und werfen einen matten Schein auf die alten Steine. Still setze ich mich in eine der wenigen Bänke. Zum ersten Mal in den letzten Tagen komme ich hier wirklich zur Ruhe.

Bald rinnen mir die Tränen über die Wangen und ich spüre, wie weh es mir tut, für so lange Zeit Abschied von unserem Sohn zu nehmen und ihn „freizugeben“. Es kommt mir vor wie eine zweite „Abnabelung“, eine in sein eigenes Leben hinein, in dem ich ihn nur noch bedingt beschützen und begleiten kann, erst recht, wenn er „ans andere Ende der Welt" gereist ist. Wieder eine der großen Lebensherausforderungen: das eigene Kind nach der Schulzeit dem Leben anzuvertrauen und von einer langen Phase Abschied zu nehmen.

Während ich in der Dunkelheit und Stille einfach trauere, fällt mir das Labyrinth von Chartres ein (kein Irrgarten!). Es ist seit dem Bau der Kathedrale im 12. Jh. eingelegt in die Bodenplatten des Mittelschiffs.[11] Ich habe dieses uralte Labyrinth manchmal mit anderen in der Stille des späten Abends begangen. In seiner konzentrischen Form geht es darum, in einem langen Weg mit allen Fort-Schritten, Rück-Schritten und (Not-)Wenden immer wieder und von allen Seiten die Mitte zu umschreiten, ihr schon ganz nahe zu sein und doch wieder an die Peripherie zurückverwiesen zu werden. Symbolisch geht es um den Lebensprozess in seinem „Stirb und Werde", um das mit allen Wandlungsprozessen verbundene Bemühen, Altes loszulassen, damit innerlich Bereitschaft für Neues entstehen kann.

Warum kommt mir das Labyrinth in den Sinn? Welche Ähnlichkeit hat es mit dem Pilgerweg, wo dieser doch linear verläuft? Weil auch die Weg-Erfahrungen einen Wandlungsprozess einleiten? Weil mich der Weg wie beim Labyrinth zu meinen inneren Fragen führen kann? Weil im langen, täglichen Gehen, in einer Art Geh-Meditation, auch ein Umkreisen der Mitte enthalten sein kann, meiner eigenen inneren Mitte und dem, was darüber hinausweist? Vielleicht auch, weil es jetzt nicht mehr darum geht, Santiago als Ziel zu erreichen, sondern immer wieder darum, meine eigene Tiefe auszuloten, Vergangenes in mir abzulegen und Raum für Neues entstehen zu lassen?

Mir fällt der „Hymnus der Stille"[12] ein, in dem das Mysterium dieses inneren Raumes angedeutet wird:

... ich bin die Stille...
das Unfassbare, Unsagbare,
die gefüllte Leere...
... ich bin der Urgrund des Seins,

der Urklang, aus dem alles Leben
hervorgeht...

... ich bin die Stille...
das Unbegreifliche, Unhörbare,
das tosende Schweigen...
... ich bin die Quelle der Inspiration,
das Feuer, das die Fülle der Töne
entzündet...

... ich bin die Stille...
das Unantastbare, Unberührbare,
die Lautere, Reine, Makellose...
... ich bin der Ort Gottes im Menschen,
der Raum, in der die Seele
zu sich selbst kommt...

Versunken in diese Bilder klingen die letzten Zeilen in mir weiter, „der Ort Gottes im Menschen, der Raum, in der die Seele zu sich selbst kommt…“. Wieder entsteht diese schwer zu erklärende Sehnsucht…

Erst nach und nach kehre ich innerlich in die uralte Michaelskirche hoch über Le Puy zurück Auch hier oben ist es immer noch still. Nur eine Frau kommt hereingehuscht, entzündet eine weitere Kerze, betet eine Weile und geht dann wieder leise hinaus. Wie wohltuend ist es, im zarten Duft der Kerzen zu sitzen und meinen Gedanken und Gefühlen nachhängen zu können…

Abends:

Le Puy ist mir vertrauter geworden. Jetzt kann ich morgen früh aufbrechen. Nachmittags habe ich noch einmal ausführlicher die schon im 11. Jh. begonnene und im 13. Jh. fertiggestellte Kathedrale angeschaut, die mir aber irgendwie fremd bleibt. Auch der eigentlich schöne Kreuzgang erreichte mich heute innerlich nicht. Abends noch einmal auf dem Rocher d`Aiguille in der Michaelskirche. Hier habe ich meinen Ort in Le Puy gefunden. Wunderbar dieses ganz kleine, gotische Kreuz mit einem so eindringlichen Christus, das ich in der Kirche in einer kleinen Vitrine entdeckte. Tief bewegt hat mich der Blick von hier oben über die Stadt in der Talsohle und die Hochebenen des Velay. Allerdings ziehen in der Ferne Wolken auf. Wie wird das Wetter morgen sein, wenn ich wirklich losgehe?

Nach dem steilen Abstieg gegen Abend, am Fuße dieses Michaelfelsens, zieht mich etwas in die winzige, achteckige Kirche, die mir schon am Vormittag aufgefallen ist. Neugierig trete ich ein und frage mich, ob es sich eventuell wieder um eine der oft achteckigen Templerkirchen handelt, wie ich sie schon von Spanien kenne. Da liest ein uralter Priester die Messe und ein paar alte Frauen knien in den Bänken, wie meistens. Ich gebe zu, dass ich nur wegen der modernen, halbreliefartigen Skulpturen geblieben bin, die mir an den Steinwänden so golden entgegenleuchteten. Doch als ich mich gesetzt und sie eine Weile betrachtet habe, merke ich, dass der Priester wohl fast blind ist. Mit seinen schon zitternden, mageren Händen tastet er auf dem Altar nach Kelch und Schale. Er liest nicht aus den Büchern ab, sondern spricht die Worte, die er wohl ein Leben lang gesprochen hat, auswendig. Welch ein Unterschied! Er spricht sie sehr, sehr langsam und mit solch bewegender Inbrunst und Andacht, dass es mich wirklich ergreift, besser: *Er* ist ein „Ergriffener“ und dies strahlt von ihm auf uns alle aus!

I. Höhen und Himmel

Von Le Puy en Velay über Margeride und Aubrac bis nach Figeac und Rocamadour

Mache dich auf – äußerlich und innerlich

Der lange Weg
führt in den inneren,
wortlosen Raum
der Stille.
Hölderlin

1. Tag

Le Puy – St.-Privat-d'Allier (24 km), Freitag, den 20. September

Wieder erwache ich in der Frühe von den aufgeregt zwitschernden Drosseln, die sich auf den Dächern der Kathedrale versammeln. Es hat die ganze Nacht in Strömen geregnet und am Morgen ist alles dunstig und grau in grau. In der Pilgermesse sehe ich heute andere, die genau wie ich aufbrechen werden. Da sind zwei ältere Männer, die aus Korsika kommen, vier Wanderer aus Bayern und Claude aus Montreal, Kanada. Sicher gibt es noch weitere Pilger in Quartieren unten in der Stadt, die sich nicht die Mühe machten, die 138 Stufen zur Kathedrale zu erklimmen. Wie gestern erhalten alle das Marienmedaillon, das ich schon habe, und zum Schluss werden wir mit guten Wünschen für den Weg gesegnet und entlassen. Ja, die beiden Korsen wollen den ganzen Weg bis nach Santiago zurücklegen.

Erwartungsvoll und ein wenig aufgeregt steige ich mit meinem Rucksack all die Treppen und Gassen hinab, gehe durch die alten Straßen und an noch unbelebten Plätzen mit ihren schönen Brunnen vorbei und gelange schließlich zur Rue St.-Jacques, der Straße, auf der schon im Mittelalter die Jakobspilger aus der Stadt hinauszogen. Nach dem ersten, alten Steinkreuz am Weg beginnt schließlich die Rue de Compostelle, die „Straße" nach Santiago de Compostela: ein ziemlich steiler Aufstieg auf die Hochflächen des Velay. Schade, von hier hätte man wahrscheinlich einen wunderbaren Ausblick, doch es ist noch zu dunstig nach dem langen Regen heute Nacht.

Ich gehe alleine los, um auch äußerlich zu spüren, dass ich diesen Weg mit mir alleine gehen werde. Vor mir liegt eine noch von Nebeln verhangene, weite Hochfläche mit Äckern aus rötlicher Erde. Weideflächen sind mit niedrigen Steinmauern umgeben. Auf dem Feldweg knirscht unter meinen Sohlen graurotes Puffgestein, Reste aus der vulkanischen Vergangenheit. Kühe stehen schemenhaft im morgendlichen Dunst auf den almartigen Wiesen. Manchmal durchquere ich Wäldchen aus Krüppeleichen oder Nadelhölzern. Ich brauche lange, um mich genüsslich an reifen Brombeerhecken „vorbeizuessen". Nach und nach entsteht vor mir das Bild, das ich so liebe: ein Weg, der sich immer weiter durch eine ausgedehnte Landschaft schlängelt und sich heute im Nebel verliert, als ob er ins Unendliche führte.

Doch während des Vormittags lichtet sich der Frühnebel. Die Sonne taucht die weitgeschwungene Hochebene mit den fernen, erloschenen Kraterhügeln in gold-grüne Farben. Hier und da tauchen bunte Einsprengsel des beginnenden Herbstes auf. Ab und zu ein winziges Dörfchen, doch die wenigen, alten Häuser aus grauem Gestein verlieren sich bald wieder in der Landschaft. Sonst nichts als Äcker, Weiden, grau-rote Felsen. Ich finde riesige Wiesenchampignons unterwegs, doch zögere ich, sie schon jetzt für ein Abendessen zu sammeln: Ich müsste sie noch zu weit tragen bis zur Pilgerherberge. Der Rucksack macht mir heute sowieso zu schaffen, wie immer in den ersten Tagen. So lege ich schon nach acht Kilometern in Saint-Christophe-sur-Dolaizon eine erste Pause vor der kleinen, romanischen Dorfkirche mit ihren Glockenarkaden ein. Proviant zu verzehren erleichtert auch schon ein wenig das Gewicht.

Einige mir unbekannte Pilger ziehen vorbei, während ich raste. Ein Trupp von fünf schnatternden Frauen fällt mir auf, begleitet von einer sicher siebzigjährigen, rüstig ausschreitenden Alten mit einem wahrlich hexenhaften Gesicht. Dann die beiden Korsen und schließlich erscheint auch Claude, die mit mir bei den Franziskanerinnen genächtigt hat. Es beseelt mich, wieder „auf dem Weg“ zu sein! Ich erlebe es als vertraut und doch fühle ich mich noch fremd in dieser Landschaft des Massiv Central auf ungefähr 1000 m Höhe. Ich genieße den unendlich weiten Blick auf Bergketten, die sich am Horizont verlieren, die klare Luft der Höhe, den lichten, türkis-blauen Herbsthimmel, das Vogelgezwitscher überall – und doch schaue ich auch ab und zu in die Weite und frage mich etwas kleinlaut, ob ich diese Entfernungen bewältigen werde.

Als ich wieder aufbreche, vernehme ich bald darauf ein paar Kuhglocken in einigem Abstand hinter mir. Während ich mich noch an Brombeeren labe, zwängt sich eine immer näher kommende, riesige Kuhherde durch den von Mauern eingefassten Weg. Ich versuche, vorweg zu gehen, der Weg ist eng und nicht günstig, um sie vorbeizulassen. Es ist ein seltsames Gefühl, hinter sich eine stampfende, schnaufende und zum Teil muhende Meute mit spitzen, weit geschwungenen Hörnern zu wissen. Glücklicherweise biegen sie ab, als ich gerade nach einem Platz suche, um auf die Mauer zu klettern.

Ich hatte mir heute, für den ersten Wandertag, nur 16 km bis zur Herberge in Montbonnet vorgenommen, doch bin ich schon gegen 14 Uhr dort. Sie ist noch nicht geöffnet. Der Tag ist jetzt so golden-herbstlich, dass ich nicht widerstehen kann, doch noch die letzten acht Kilometer bis nach St.-Privat-d`Allier zu wandern. So ziehe ich weiter, vorbei an einem zu einem Hochmoor verlandeten Kratersee. Bald habe ich den Scheitelpunkt eines Bergzugs erreicht, einer ununterbrochenen Kette von Vulkanen zwischen den Flüssen Allier und Loire. Von ihnen stammt angeblich die Lava, aus der diese Hochfläche des Velay gebildet wurde.[13]

Als ich ein hochgelegenes Waldgebiet durchqueren muss, verlaufe ich mich prompt. Glücklicherweise merke ich es bald. Keine anderen Pilger sind weit und breit zu sehen. Nachdem ich wieder auf den ausgeschilderten Weg zurückgefunden habe, begegne ich einem Mann mit Gewehr, der nicht im geringsten Vertrauen erweckend aussieht. Er starrt mich finster an und verschwindet zudem noch in den Büschen. Plötzlich fühle ich mich doch als Frau und so alleine unterwegs sehr verunsichert. Ich blicke mich häufiger um und merke, dass ich aufhöre zu singen und leiser auftrete, um nicht durch Geräusche auf mich aufmerksam zu machen. Als irgendwann ein Schuss fällt und bald darauf ein nächster, zucke ich richtig zusammen. Erst nach und nach dämmert mir, dass offenbar die Jagdsaison eröffnet ist und die Pilger die Jäger stören. Ich wandere mitten durch das Jagdrevier.

So bin ich froh, als es zunehmend abwärts geht und ich bald aus dem Wald hinaustrete. Überwältigt bleibe ich stehen: Der weite Blick reicht über blass-grüne Bergketten, die sich bis zum Horizont erstrecken. Quellwolken haben sich gebildet, sie werfen dunkel ziehende Schatten. Doch wieder höre ich Schüsse. Hier ist kein Ort des ruhigen Verweilens. So schaue ich, dass ich weiterkomme.

Durch Wiesen und Weiden steige ich noch eine ganze Weile hinab, bis ich die Dächer von St.- Privat-d`Allier in der Ferne sehe. Als ich schließlich in den Ort eintrete, entdecke ich zu meinem Erstaunen, dass er in seinem alten Teil mit Kirche und Burg etwas weiter auf einem Felsvorsprung hoch über dem Allier liegt. Seit 1046 gab es hier angeblich schon ein Priorat, in dem auch Pilger versorgt wurden, die diese unwirtliche Hochebene überquerten. Als gegen Abend vom Allier plötzlich Nebelschwaden hochkommen und in Sekundenschnelle den Felsvorsprung mit allen Gebäuden verhüllen, wird mir klar, wie wichtig es war, noch bei Helligkeit von Le Puy aus hier anzukommen. Wie mögen frühere Pilger in dieser Gegend herumgeirrt sein, bis sie über die Klosterglocke wieder eine Orientierung fanden!?

Welch ein Glück, dass ich noch einen Platz in der privaten Herberge finde. Ich habe gehört, dass im Sommer oft alles ausgebucht sein soll. Ein altes Haus ist für Pilger hergerichtet worden: Zimmer mit Hochbetten, zwei Bäder und eine geräumige Küche, in der ich auch noch eine Tüte Gemüsesuppe im Kühlschrank finde. Dieses Geben und Nehmen gibt es in allen Herbergen. Hier kommen auch etwas später die fünf Französinnen an, alle Mitte vierzig, die ich schon heute Vormittag bei meiner Pause sah. Jetzt sind sie neben der rüstigen „Hexe“ auch noch von einem alten Mann mit Stock begleitet, es sind die Eltern einer von ihnen. Die beiden schlafen ebenfalls in dem Zimmer, das mir zugewiesen wurde, und stellen sich als sehr sympathisch heraus. Im Nebenzimmer lachen und scherzen die Frauen wie Backfische und verbreiten viel Unruhe. Ich bin froh, als sie zum Essen ins Hotel abziehen. Andererseits fühle ich mich aber auch stärker allein, wenn alle anderen zu einer Gruppe gehören. Erst später treffen noch ein paar „Einzelgänger" wie ich ein und ich freue mich, mit ihnen mein Essen teilen zu können, da es im Ort nur Familienpackungen von allem gab.

2. Tag

St.-Privat-d`Allier – Saugues (18 km), Samstag, den 21. September

Hüftgelenke und Knie schmerzten mich heute Nacht sehr, und ich fühle mich in der Frühe erschöpft von der ungewohnten Anstrengung. Vielleicht waren 24 Kilometer doch etwas viel für den ersten Tag. Als ich meine Gelenke mit Salbe einschmiere, sieht es der alte André aus dem französischen Trupp und bietet mir an, meinen Rucksack mit dem Auto mitzunehmen. Heute sei es mit dem steilen und gefährlichen Abstieg zum Allier und auf der anderen Seite dem ebenso steilen Aufstieg eine sehr anstrengende Etappe. Sie seien zu siebt und er, da er nicht mehr solche großen Strecken wandern könne, würde das Gepäck transportieren und an bestimmten Punkten den anderen entgegengehen. Ob ich auch die Etappe bis Saugues gehen wolle? Ich kann der Versuchung nicht widerstehen, meine schmerzenden Knochen etwas zu schonen, und willige dankbar sein.

So ziehe ich nur mit einem Baumwollsack für den Tagesproviant im dichten Morgennebel los. Außerhalb des Ortes wirkt der Wald, den ich durchquere, wie verzaubert: Verzogene Baumstämme wirken wie Gestalten am Weg, geisterhaft ragen mir plötzlich von Efeu umwachsene Äste wie Arme entgegen, baumelnde Ranken scheinen zu winken. Die wenigen Geräusche klingen gedämpft, kein Vogel ruft. Eine eigentümliche Stimmung ergreift mich. Der Pilgerweg durchs nordspanische Galicien fällt mir wieder ein. Plötzlich kann ich mir abermals vorstellen, wie aus diesen Nebelwelten Geschichten von Geistern und Naturwesen entstehen.

Nach kleinen Aufstiegen geht es noch eine Weile an Wäldchen vorbei auf der Höhe entlang, bis der Weg steil nach unten abbiegt. Mit kaum 20 m Sicht wäre ich fast an der kleinen Jakobuskapelle von Rochegude vorbeigelaufen, die vom Namen her zwischenzeitlich dem Hl. Rochus, dem großen „Pestheiligen", geweiht gewesen sein mag. In diesem Teil Frankreichs bringt man ihm eine besondere Verehrung entgegen. Auch den alten Turm auf den Felsen hinter der Kapelle, Überrest einer Burg hoch über dem Allier, hätte ich im dichten Nebel fast übersehen. Nur schemenhaft grau nehme ich seine Umrisse wahr. Dahinter fällt der Fels steil zur Schlucht des Flusses ab, der Blick verliert sich im weißlichen Dunst. Nur entferntes Rauschen scheint mir ab und zu hochzudringen.

Nachdem ich den kleinen Pfad zur Kapelle emporgeklettert bin, trete ich in einen winzigen, nur von einem einzigen kleinen Bogenfenster hinter dem Altar beleuchteten, niedrigen Raum aus dunklen Steinen. Der Türsturz verweist auf das Jahr 1328. Ein hölzerner Jakobus schaut mir von der Seite entgegen, der Platz vor ihm geschmückt mit einer Vase voller Feldblumen. Im Pilgerbuch finde ich dankbare Eintragungen und Namen aus aller Welt. Wie oft mag dieser Raum bei schlechtem Wetter als Not-Herberge gedient haben! Ich entzünde eine Kerze und setze mich eine Weile in eine der wenigen Bänke. Erst jetzt fällt mir wieder das Morgenritual ein, das sich auf dem spanischen Jakobsweg ergeben hatte: Nach dem morgens oft etwas unruhigen Aufbruch von der Herberge haben wir noch einmal an einem „guten Ort" innegehalten, um bewusst den Tag zu beginnen. Auch dies ist ein „guter Ort" der Stille. Ich habe wieder Glück: Niemand folgt dicht hinter mir. Ich kann in Ruhe verweilen, bis ich irgendwann Schritte nahen höre.

Danach beginnt der steile Abstieg über mächtige Steine im dichten Nebel. Vorsichtig setze ich Schritt vor Schritt über die gerundeten, oft glitschigen Felsbrocken hinab in die ungewisse Weiße einer tief unten liegenden Schlucht. Es ist ein Erlebnis eigener Art: Der Weg verästelt sich in ein Netz von Pfaden, die kaum noch sichtbar, geschweige denn ausgeschildert sind. Spuren entdecke ich bei den vielen Felsen nicht oder nur ab und zu auf den wenigen Erdplacken. Zwischen Ginstergebüsch, Krüppelkiefern und Föhren, die ihre Wurzeln in den Stein krallen, geht es steil nach unten. Ich bin froh, dass ich meine beiden Stöcke dabei habe. Wenn es nur nicht überall so nass und rutschig wäre!

Doch irgendwann finde ich wieder ein Wegzeichen. Weiter abwärts folgen Abschnitte, die nicht mehr ganz so steil sind. Jetzt erst fallen mir die zauberhaften, mit schimmernden Tautropfen behängten Spinnweben im Ginstergebüsch auf. Der ganze Pfad wirkt wie mit Geschmeide behängt. Alles glänzt vor Nässe, duftet würzig herbstlich nach modrigem Holz. Es wird nach und nach etwas heller, das Tal lichtet sich. Der Weg ist als Pfad wieder erkennbar, die blanken Felsen treten zurück. Ich gelange bald zum Weiler Pratclaux und nicht lange darauf zum Städtchen Monistrol, was so viel wie „Klösterchen" heißt. Die fast 400 m Abstieg sind geschafft. Hier gibt es eine Brücke über den Allier und mit Mühe finde ich auch einen Tante-Emma-Laden, um den Proviant zu ergänzen.

Der Ort wirkt nicht einladend. Nach einer kleinen Pause zieht es mich bald wieder auf den Weg, der unter einem beeindruckend überhängenden Basalthang herführt. Ich höre unten am Fluss aufgeregte Stimmen und vermute, dass eine Gruppe, die ich von der Brücke aus am Ufer gesehen hatte, jetzt zum Rafting aufgebrochen ist. Fast beneide ich sie um ihr schwingendes Gleiten flussabwärts, während ich die steilen 400 m Aufstieg nach Montaure vor mir habe, dem Beginn des Berglands der Margeride. Es erstreckt sich zwischen Allier und Truyère im Westen und reicht im Süden bis an die Kalkschichten der Causses heran, die ich noch durchwandern werde. Hier gab es keinen Vulkanismus wie im Velay oder Aubrac, Granit herrscht vor. Von der noch nicht abgewanderten Bevölkerung wird auf dem mageren Boden Schaf- und Viehzucht betrieben.

Während ich durch einen bewaldeten, steilen Hang aufwärtskeuche, fällt mein Blick irgendwann eher zufällig auf einen solch prächtigen Steinpilz, wie ich ihn noch nie zuvor in dieser Größe gesehen habe. Kurz darauf sehe ich andere, fast ebenso groß. Anscheinend werden hier keine Pilze gesucht, oder sie sind während der letzten Regentage aus dem Boden geschossen. Bedauernd wird mir klar, dass ich gestern Abend für die Herberge in Saugues eine Übernachtung mit Abendessen reserviert habe. So hat es keinen Sinn, Pilze zu sammeln, obwohl es mir in den Fingern juckt. Bald höre ich weiter oben Schreie des Entzückens und Stimmen, offenbar erleben andere auch diese Freude. Als ich schließlich den Steilhang geschafft habe, sehe ich den französischen Pulk, der mich offenbar in Monistrol überholt hat. Jetzt stehen sie aufgeregt schnatternd um eine der Frauen. Sie hält in der Tat einen monumentalen Steinpilz in beiden Händen. Im Dorf oben schenken sie ihn einem erstaunten, uralten Bauernpaar. Angeblich soll er 3,5 kg gewogen haben!

Da es zu regnen beginnt, schließen die Bauersleute der Gruppe, der ich mich jetzt zugeselle, ihre Scheune auf. André, der alte Mann, hat die Frauen hier erwartet und schon etwas für das Picknick eingekauft. Ich beneide sie ein wenig darum, dass sie so verwöhnt werden, und doch möchte ich mich nicht dauernd anschließen, wie sie mir heute Morgen angeboten haben. Vielleicht geschah es aus Mitleid oder Verständnislosigkeit, dass ich als Frau ganz alleine unterwegs bin. Als die anderen wieder abgezogen sind, mache ich hier einen wunderbaren Mittagsschlaf im duftenden Heu.

Der viele Regen in den letzten Tagen hat die Wege auf der Höhe in Rinnsale oder kleine Teiche verwandelt. Mir fällt der Bericht von Bekannten ein, die auch im September gewandert waren und meinten, die Hälfte des Weges bis nach Conques sei mehr eine „Wasserstraße" gewesen. Bald stoße ich auch wieder auf den französischen Trupp. Da sie z.T. in Turnschuhen wandern, balancieren sie aufgekratzt und kreischend durch die riesigen Pfützen oder waten bis zum Knöchel im Wasser. Wie froh bin ich um meine Bergschuhe und Stöcke, mit denen ich fast trockenen Fußes hindurchkomme.

Obwohl es nur 18 km bis nach Saugues sind, bin ich doch ziemlich müde, als ich den Ort am frühen Nachmittag erreiche. Schon von Ferne nehme ich riesige Holzplastiken aus mächtigen Stämmen am Rande der ehemaligen Hauptstadt der Provinz Guévaudan wahr. Sie wollen einerseits an das „Untier von Guévaudan" erinnern, das von 1764-67 angeblich über hundert Menschen tötete. Andererseits soll der Pilger gedacht werden. In Saugues wurde bereits 1282 ein dem Hl. Jakobus geweihtes Pilgerhospiz erwähnt. Heute noch sichtbar ist nur der „Turm der Engländer", Überbleibsel einer Burg aus dem 13./14. Jh., der Zeit des „Hundertjährigen Krieges" in Frankreich.[14]

Es ist schon fast 15 Uhr, als ich bei Madame Martin eintreffe, einer Bauersfrau, die die private Pilgerherberge betreibt. In einem Doppelzimmer (welch ein Luxus!) hat sie mich bei Barbara aus Freiburg einquartiert. Wir freuen uns über das Wiedersehen. Barbara hat sich schon am ersten Tag in ihren nicht eingelaufenen Bergschuhen dermaßen die Füße ruiniert, dass sie nicht hätte weitergehen können, wenn nicht ein schwedisches Pilgerpaar vorbeigekommen wäre. Er trug Sandalen, die ihr passten und nicht auf die Blasen drückten. So gab er sie ihr und zog wieder seine Bergschuhe an. Jetzt wandert sie mit ihnen, bis die Blasen verheilt sind und sie die Sandalen zurückgeben kann, doch bei jeder Pfütze muss sie sie ausziehen und mit ihren Blasen durch den Matsch waten. Ich kann mir vorstellen, wie sie das nervt.

Weil im Ort noch alles geschlossen ist, muss ich mich mit leerem Magen lange gedulden. Mme. Martin beginnt gegen 18 Uhr langsam das Essen vorzubereiten. Ab und zu kommt jemand aus der Familie, um mitzuhelfen, oder eins der Kinder, um sie etwas zu fragen. Schließlich, gegen 20 Uhr, steht ein Menu mit 4 Gängen auf dem Tisch. Das ursprüngliche Haus hat einen eigenen Anbau für Pilgerzimmer und vor allem für einen großen Tisch bekommen, an den ca. 30 Personen passen. Abends essen wir mit der ganzen Familie zusammen. Ich weiß nicht, wie sie diese Geräuschkulisse Tag für Tag aushalten, ohne aggressiv zu werden. Mir fällt eine Bemerkung von Madame heute Nachmittag ein, sie sei jetzt eine „Gefangene der Pilger“. Ich kann sie gut verstehen. Der sicher ungeheure Verdienstzuwachs dieser Familie hat seinen Preis. Zum Abschluss des ungewohnt deftigen Essens gibt es noch eine tarte de pommes, einen Apfelkuchen, und mit viel zu vollem Magen sinke ich gegen 22 Uhr ins Bett. So unausweichlich es war, am Rhythmus eines normalen bäuerlichen Familienlebens teilzunehmen, so entspricht er wenig meinen Bedürfnissen als Pilgerin.

3. Tag

Saugues – La-Roche-de-Lajo (ca 26 km),
Sonntag, den 22. September

Heute Nacht träumte ich, dass ich vom Dachgeschoss unseres Hauses die schmale Treppe hinabgehen wollte. Es war aber fast nicht möglich, weil so viel Gerümpel auf der Treppe lag. Tja, wie bekomme ich dieses „Seelengerümpel“, das mir gerade den Weg innerlich versperrt, wieder weg, so dass ich von meinem „Oberstübchen“ auf den Boden runterkomme?

Wieder hat es nachts in Strömen geregnet. Als ich aufbreche, erscheint Saugues an einem trüben, verschlafenen Sonntagmorgen kurz nach acht Uhr menschenleer. Der Aufbruch kommt mir jeden Tag viel zu spät vor, doch es wird erst gegen 7 Uhr hell. Von Spanien bin ich gewohnt, gegen 6 Uhr oder früher loszugehen, doch hier musste ich noch auf das Frühstück warten. Heute wandere ich wieder mit meinem Rucksack (bis auf eine Plastiktüte, die ich André mitgebe). Er versteht nicht, dass ich mein Gepäck schleppen will, statt es ihn in seinem Auto transportieren zu lassen. Auf dem Weg durch das Städtchen komme ich an der Kirche mit ihrem achteckigen Glockenturm vorbei. Als ich die romanische Portalvorhalle betrachte, sehe ich, dass die Türe schon offen ist. Ich trete ein und stehe alleine in diesem noch schwer wirkenden, spätromanischen Kirchenraum.

Hier kommt mir die Idee, ein kleines Morgenritual zu machen, wie es sich auf dem Jakobsweg durch Spanien ergeben hat: bald nach dem Aufbruch irgendwo innezuhalten und innerlich in diesem neuen Tag anzukommen. Mir fällt wieder das einfache Lied „Hagios ho theos“ aus der orthodoxen Liturgie ein, das mich so berührt hat. Wir haben es frühmorgens in der Kathedrale von Chartres und auch auf dem Pilgerweg zum Mont-St.-Michel gesungen, den wir von Caen aus in diesem Sommer gegangen sind.[15] Als ich da alleine und noch etwas befangen in der Kirche stehe, fällt mir die chassidische Legende ein, in der ein alter chassidischer Sänger in einem der damaligen „Stetl“ Osteuropas einmal gefragt wurde:

„Für wen singst Du?“
Darauf er: „Ich singe immer einem Punkt zu.“
„Warum machst Du das?“
Darauf der Sänger: „Ich mache das so lange,
bis der Punkt zu mir singt.“
„Machst Du das immer?“
„Ja, bis alle Punkte singen.“[16]

Auch ich versuche, an diesem Morgen, auf das Licht in der Apsis hinzusingen, weniger auf einen äußeren Punkt in dieser Kirche. Vielleicht ist es auch eher ein Sehnsuchtspunkt in mir, dem ich Ausdruck verleihe. Auch hat es etwas davon, mich innerlich einzuschwingen, einzustimmen, nicht nur auf den Resonanzraum der Kirche, sondern auch auf mich selbst. Anfangs befangen und etwas ängstlich werde ich nach und nach mutiger und singe dieses kurze, einfache Lied voller Freude und wiederhole es, solange es in mir singen will. Und nach und nach stellt sich etwas von dem ein, was der alte chassidische Sänger beschreibt: Es beginnt zu antworten! In mir selbst und in diesem Raum. Das ist immer wieder eine ergreifende Erfahrung.

Danach zu schweigen und dem Klang nachzulauschen tut mir so wohl wie das Singen selbst. Beides belebt und durchströmt mich und vermittelt mir eine Fülle von Energie.[17] So verlasse ich glücklich über mein wiederentdecktes kleines Morgenritual die Kirche und mache mich auf den Weg.

Wie in den Tagen vorher liegt alles in morgendlichem Dunst. Es tropft von Büschen und Halmen. Die Wege gleichen aneinandergereihten Tümpeln. Ich wandere durch Wälder und Weiden, frohgemut, dass ich alleine gehe. Ich fühle mich unabhängig und frei, einigermaßen kraftvoll und habe solche Freude am Singen, dass ich auf den nächsten Kilometern weiterträllere.

Immer noch verschlafen liegen die Dörfer in früher Sonntagsruhe. Lange bleibt es trübe und grau. Doch das stört meine gute Laune nicht. Die Wälder wirken verzaubert schön. Über weite Hochflächen erstrecken sich Weiden. Immer wieder entdecke ich fast tellergroße Wiesen-Champignons. Nach geraumer

Zeit kann ich der Versuchung nicht widerstehen, einige zu pflücken. Heute habe ich La-Roche-de-Lajo als Etappenziel, das auch der französische Pulk ansteuern wird. André, der Alte, hatte angeboten, für das heutige Abendessen einzukaufen, und wir sollten Pilze sammeln, die wir dann endlich einmal zubereiten könnten. Innerhalb von wenigen Minuten habe ich einen Beutel mit rosigen Champignons gefüllt. Warum erntet sie hier niemand? Doch dann bin ich entsetzt über die zusätzlichen ca. 1-2 kg Gewicht und schelte mich als voreilig. Da ich sie nun aber gesammelt habe, trage ich sie vorsichtig durch den Matsch. Wie bin ich erleichtert, als ich André nach einer Viertelstunde warten sehe und ihm den Beutel für heute Abend übergeben kann.

Ein kühler Wind setzt ein und vertreibt etwas die Nebel. Als der Weg über karge Höhen mit Stoppelfeldern führt, wird es zum ersten Mal richtig zugig und unangenehm kühl. Während des Wanderns bleibe ich zwar warm, doch bei diesem Wetter ist es schwer, Pausen zu machen: Im Nu kühle ich aus, friere in meinen verschwitzten Sachen und muss mich wieder bewegen. So wird nach einigen Stunden das Gehen doch ermüdend. Ich bin froh, als wieder ein Waldgebiet in Sicht kommt, das wenigstens Windschutz bietet.

Als ich auf dem schmalen Pfad in diesen Wald eintrete, entzückt er mich regelrecht: Er zieht sich an einem munter plätschernden Bach entlang und ich folge seinen Windungen über Moospolster, knorzige Wurzeln und Heideplacken. Meine Schritte federn weich auf dem Boden. Fingerhut, Heidekraut und Farn wachsen an Böschung und Lichtungen, sogar ein paar Blaubeeren finde ich noch! Es geht vorbei an kleinen Wiesentälern, durch Nadelgehölze und lichte Buchenbestände. Immer wieder sehe ich auch hier herrliche Pilze, „Schwammerl", aber eine Art, die ich nicht genau genug kenne.

Der letzte Teil der heutigen Etappe führt an einer Bergstraße entlang. Wie immer bei Wegstrecken auf dem Asphalt beginnen mir nach einer Weile Knie und Hüftgelenke zu schmerzen, doch es gibt keine Alternative. Erst als ich am Nachmittag die Passhöhe von L`Hospitalet (1304m), dem zweithöchsten Punkt der Via podiensis, erreiche, weiß ich, dass das Ende der Etappe bald absehbar ist. In der Nähe liegen Kapelle und Quelle des Hl. Rochus. Auch sie waren, wie öfter in dieser Gegend, ursprünglich dem Hl. Jakobus geweiht, bevor im 16. Jh.

das Patrozinium an den Hl. Rochus wechselte. Die Wasser sollen Wunden besser heilen lassen und bei Augenleiden helfen. Doch glücklicherweise habe ich keine Wunden, und so erfreue ich mich nur an dem frischen Quellwasser und gehe nach einer kleinen Pause weiter.

Jetzt führt die Straße meist angenehm bergab und bald schlängelt sich ein kleiner Pfad links nach La-Roche-de-Lajo. Hier spüre ich schon unter den Füßen, dass sich die Landschaft verändert: Der Boden fühlt sich steiniger an, Felsen treten stärker hervor, auf denen ockerfarbige, weiße und rötliche Flechten wachsen. Wilde Stiefmütterchen entdecke ich manchmal in den Zwischenräumen. Der Weg führt zu einem kleinen Tal, aus dem hinter einem Weiler ein steiler Felsen aus dem Wald ragt. Ich frage mich zur Pilgerherberge durch und bin froh, mich bald in dem kleinen Wohnhaus einer alten Frau in einem ihrer ehemaligen Kinderzimmer ausstrecken zu können. Das eigentliche Herbergshaus ist von der französischen Gruppe ausgebucht, doch wir werden dort alle zusammen in der urtümlichen Küche mit dem riesigen Kamin essen.

Der alte André ist ebenfalls eingetroffen und hat schon für das Abendessen eingekauft. Es fehlen allerdings noch Kräuter, Petersilie und Knoblauch. Kräuter finde ich auf der Wiese und den Rest erlaubt uns unsere Wirtin aus ihrem Gemüsegarten zu holen. Als die anderen eintrudeln, bin ich mit André schon dabei, ein veritables Menu vorzubereiten. Ich stutze nur, weil er mich immer wieder korrigieren will, als ich die Zutaten klein schneide. Fast werde ich ärgerlich: Da koche ich jetzt seit über 30 Jahren und nun will mich so ein Alter dauernd belehren, dass ich dies und das anders schneiden soll, nämlich so, wie er es macht. Eine der Frauen hat wohl meine gerunzelte Stirn wahrgenommen und lüftet dann das Geheimnis, dass André insgeheim wohl auch entdeckt haben wollte: Er war Chefkoch in einem Feinschmecker-Restaurant – und betrachtet mich anscheinend im Augenblick als seinen Lehrling.

Mit dieser Information wird es mir leichter, ihm die Regie zu überlassen, und so zaubert er ein wahrhaft lukullisches Mahl aus drei verschiedenen Pilzgerichten, das wir mit einem köstlichen Rotwein ergänzen. Das Feuer knistert im Kamin, nasse Socken hängen auf einem Stab zum Trocknen davor. Das reichhaltige Essen hinterlässt uns zufrieden und müde, trotzdem sind die Frauen kaum zu bremsen. Scherze und Anspielungen fliegen unter allgemeinem Gelächter hin und her. Claude aus Montreal, Kanada, hat es da leichter, auf Französisch mitzuhalten. Ich komme mir plötzlich sprachlich ganz schwerfällig vor und die Unterhaltung kostet mich viel Konzentration und Kraft.

So ziehe ich mich bald nach drüben in mein Zimmer zurück, um noch Tagebuch zu schreiben. Dabei wird mir klar, dass diese Gruppe zwar sympathisch ist, aber eine Dynamik entfaltet, die mich von mir selbst wegführt. Ich brauche tagsüber einsames Gehen und immer wieder Stille, um mich mit mir selbst zu konfrontieren. Aus diesem Grunde bin ich ja alleine aufgebrochen. In mir reift der Gedanke, mich von diesem netten Häuflein bald wieder zu verabschieden.

4. Tag

La Roche-de-Lajo – Aumont-Aubrac (23 km), Montag, den 23. September

Warum habe ich nachts nur so schlecht geschlafen? Meinem Knie geht es wieder besser. Ich beschließe, nur den Schlafsack bei André zurückzulassen, das andere Gepäck traue ich mir zu. So breche ich als Erste auf, endlich einmal wieder zeitiger.

Als ich in den trüben Morgen hinaustrete, blaffen mich kalte Windböen an. Bald geht es auf bemoosten Waldwegen eine Weile bergauf, bergab, so dass ich den Wind noch nicht so zu spüren bekomme. Doch oben auf der Höhe pfeift er dann umso heftiger. Am Himmel treiben schwere, graue Wolken dahin, in einem Moment droht es zu regnen, im nächsten klart es überraschend für ein paar Minuten auf, fast wie im April.

Bald bin ich schon im Städtchen St.-Alban-sur-Limagnole angekommen. Hier laden zwar die Kirche aus romanischer Zeit und das Renaissance-Schloss zu einer kurzen Rast ein, doch das unbeständige Wetter zieht mich weiter. Schon wenige hundert Meter hinter den letzten Häusern geht dann ein mächtiger Guss nieder. Bevor ich die Regenhose herausgekramt und übergezogen habe, bin ich fast durchnässt. Vielleicht hätte ich mich doch in der Tugend des Wartens üben sollen! So peitscht mir der Wind den Regen ins Gesicht, es gießt immer heftiger. Ich warte eine Weile unter dem Laubdach eines Baumes. Da sehe ich in der Ferne eine andere verhangene Gestalt nahen: Es ist Claude, kaum zu erkennen unter Pelerine[18] und Kapuze. Da sich das Wetter nicht bessert, wanken wir schließlich beide durch Regen und Sturmböen. Ich weiß nicht, wie lange mein Anorak diesem Guss standgehalten hätte, wenn der Wind nicht die Wolkenberge irgendwann weitergeschoben und der Regen aufgehört hätte.

Während die Tropfen mir ins Gesicht klatschten, habe ich nur noch mit zusammengekniffenen Augen vor mich hin geschaut. Doch jetzt weitet sich mein Blickfeld wieder. So entdecke ich im Vorübergehen an einem Baum zum ersten Mal eine Nachricht für jemanden, eine sog. Pilgerpost: Mit einem silbrigen Faden um den Stamm gebunden hängt da eine tropfende Liebeserklärung in Form eines Hundekopfes, aus einer Wellpappe herausgesäbelt und auf Schweitzer-Deutsch beschrieben und bemalt.

Lange führt der Weg immer weiter bergauf. Ich muss mich zunehmend gegen mächtige Böen stemmen. Oben, auf der Höhe, stehen nur noch wenige sturmverbogene Bäume vor einem wild aufgerissenen, dramatischen Wolkenhimmel. Knorzig und zerzaust harren sie hier aus, ihre Wurzeln krallen sich in den steinigen, mageren Boden. Unter der dünnen Krume werden immer öfter Felsen sichtbar. Fast erscheint mir dieser Landstrich jetzt im Herbst wie ein alter Körper, bei dem unter dem spärlichen Bewuchs kantige Steine wie Knochen herausragen, nur von Flechten in fahlen Farben bedeckt. Nichts Üppiges gedeiht mehr hier oben, die Fülle von Pilzen und Früchten, wie ich sie noch unten im Tal sah, findet hier keinen Lebensraum mehr. Ja, wie ein alter Körper wirkt diese Landschaft heute auf mich, den Elementen ausgesetzt, mager, matt und müde.

In mir erstehen Bilder vom Sterben meiner Mutter, ihrem abgemagerten Körper und den noch so tiefen, ausdrucksvollen Augen! Unabweisbar wird mir auch mein eigenes Altern immer bewusster, immer mehr von innen her fühlbar... Irgendwann kehre ich in den gegenwärtigen Augenblick zurück. Und als ich den Blick zum Himmel hebe, da wechselt plötzlich meine Perspektive: Hier, wo es auf dem kargen Boden keine Fülle mehr gibt, wird mir die Fülle nun als grandioses Schauspiel im weiten Himmel voll aufgerissener, grau-schwarz jagender Wolkenberge erfahrbar. Die losgelassenen Kräfte dieses beginnenden Sturms fegen über die Höhen, zerren weg, was im Absterben begriffen ist, wie in einer kosmischen Katharsis...

Es ist schon gegen Mittag, als ich schließlich zum Dorf Les Estrets hinunterlaufe – und dem alten André in die Arme. Das trifft sich gut, denn im Gegensatz zu den anderen will ich hier nicht die Etappe beenden. So ist es plötzlich ganz klar, dass ich mich von ihnen trennen und alleine weitergehen werde. Ich erhalte meinen Schlafsack und bitte ihn, eine Plastiktüte für mich bis nach Conques mitzunehmen, wo ich auf Tim warten werde. Er blickt mich etwas irritiert an und auch mir fällt diese Entscheidung plötzlich schwer. Ein Teil von mir will mich überreden: Es könnte doch auch nett sein, abends mit ihnen zu lachen und zu scherzen und tagsüber nach Bedarf Gewicht im Auto zu lassen. Doch ein anderer Teil ist dagegen: Ich will mich ja gerade mit diesen Unwägbarkeiten des Wetters und meinen eigenen Grenzen konfrontieren! Will innere Bilder und Anmutungen entstehen lassen, wie ich es oben auf der Höhe wieder spürte. Ich bitte ihn also um Verständnis, verabschiede mich herzlich und ziehe weiter – und fühle mich auf der einen Seite plötzlich viel einsamer als vorher und auf der anderen stimmig mit mir.

Auf einem Holzstoß im Windschatten eines Hauses mache ich eine kurze Rast. An eine richtige Pause mit einem Schläfchen ist bei dieser Kälte nicht zu denken. Ich freue mich, als der Weg danach wieder eine Höhe erklimmt und ich in dieser einsamen Landschaft fast das Gefühl habe, in das Spiel der Wolken eintauchen zu können. Die Höhen werden immer karger, immer leerer. Wieder fällt mir das Bild des alten Körpers ein. Auch ihm geht im Alter die äußere Schönheit und Lebensfülle verloren. Doch kann dafür nicht manchmal eine innere, immaterielle Fülle entstehen, wie sie hier in der Weite der Himmel, den Wolken, dem rasch wechselnden Licht erscheint? Oder bin ich in Gefahr, den Alterungs- und Sterbeprozess zu idealisieren? Gerade habe ich ihn noch bei der Begleitung meiner Mutter während ihrer letzten Lebensmonate miterlebt! Dankbare Erinnerungen entstehen und vergehen wieder. Die Dramatik der aufgerissenen Himmel zieht mich in die Gegenwart zurück und wird mir in ihrer Symbolik immer bedeutsamer. Diese inneren und äußeren Bilder füllen nach und nach all meinen inneren Raum, die Höhenzüge versinken in der Ferne, bis es nur noch durchlichtete und verdunkelte Himmel zu geben scheint. Ist auch dieses Naturschauspiel ein Bild für das „Hinübergehen"? Ist deshalb vielen der Weg über den Aubrac so wichtig, weil wir dabei dem Himmel so nahe sind?

5. Tag

Aumont-Aubrac – Montgros (23,5 km), Dienstag, den 24. September

Gestern Nachmittag kam ich erschöpft und doch tief bewegt in Aumont-Aubrac an. Gut, dass ich noch Zeit für mich hatte. Später gab es ein gemeinsames Abendessen und der Hospitalier, der die Herberge führt, war ein guter Koch: Er zauberte eine wunderbare Gemüsesuppe, dann Pute mit Karotten, Käseplatte und Kuchen als Nachtisch. Unter vier Gängen mit Rotwein geht es offenbar in Frankreich nicht. Wir waren nur zu sechst und eine sehr muntere Tischrunde: zwei Frauen und zwei Männer aus Paris, die sich vor einiger Zeit zusammengefunden haben, um zu wandern und die auch den Jakobsweg nur „zufällig" ein Stück gehen (ca. 15 km täglich, „um sich auch noch erholen zu können"). Dann noch ein „Fahrrad-Pilger" aus Bern, der jeden Tag 80 – 100 km fährt. Wenn ich richtig gezählt habe, bin ich jetzt in vier Tagen ganze 84 km gewandert. Ich wüsste gar nicht, wie ich bei mehr Kilometern alle Eindrücke aufnehmen und verarbeiten könnte. Doch er hat nur begrenzt Zeit und den Weg bis nach Santiago schon durchgerechnet.

Als ich heute früh aufbreche, ist der Himmel so düster, dass ich gleich die Regenkleidung anziehe. Bei 4 Grad Celsius weht wieder ein eisiger Wind. Es ist hier über 1000 m hoch, die Gräser sind morgens schon bereift. Für mein kleines Morgenritual finde ich die Kirche offen und leer. So kann ich ganz alleine dort das „Hagios ho theos“[19] singen. Langsam werde ich mutiger und komme mir nicht mehr so verrückt vor, in einer leeren Kirche voller Inbrunst zu singen, immer wieder. Es ist unbeschreiblich, wie wohl es mir tut. Ich spüre, wie sich in mir etwas löst, entfaltet und voller Glück lebendig wird. Es entsteht ein Gefühl wie: „Endlich! Hier im Singen und Wandern, in der Schönheit der Natur und ihrer lebendigen Stille, hier komme ich innerlich ganz an, hier finde ich meinen inneren Ort, bin ich ganz „da“!“

Bisher traue ich mich noch nicht, diese Erfahrung mit anderen Pilgern zu teilen und hoffe immer, dass ich in diesen Kirchenräumen alleine bleiben kann. So verweile ich auch jetzt noch in der nachklingenden Stille, bis es mich wieder hinaus auf den Weg treibt.

Der erste Teil der Etappe führt heute in den kleinen Ort La-Chaze-de-Peyre mit seiner uralten Kirche, vor der zwei verwitterte Steinkreuze stehen. Wieder ist sie offen und ich bin heute so begeistert, dass ich auch hier singe. Ich denke darüber nach, dass tagsüber mein Leben daraus besteht, mich körperlich anzustrengen, zu singen, zu schweigen und zu lauschen – und in der Meditation des Gehens und Gehens und Gehens in mir entstehen zu lassen, was da hochkommen will. Hat das nicht fast Züge eines monastischen Lebens? Für die frühen Mönche führte der Weg zu Gott über die Begegnung mit sich selbst und mit der eigenen Realität. Der geistliche Weg der Kontemplation geht ja zwangsläufig über die Auseinandersetzung mit den eigenen Gedanken und Leidenschaften. Kein Wunder, wenn Isaak der Syrer, einer der frühen Mönche, sagt: „Derjenige, der seine eigene Schwäche kennt, ist größer als der, der die Engel sieht“[20]. Im Verlauf meiner eigenen Erfahrungen ist mir immer mehr die „Spiritualität von unten“ wichtig geworden. Sie geht davon aus, dass wir nicht nur durch Bibel und Kirche etwas vom Göttlichen erfahren und „für wahr nehmen“ können, sondern „auch durch uns selbst, durch unsere Gedanken und Gefühle, durch unseren Leib, unsere Träume und gerade auch durch unsere Wunden und unsere vermeintlichen Schwächen.“[21] Ergänzen möchte ich heute wieder: durch unsere tiefe Freude![22]

In mir singt es immer noch, als es danach im Sprühregen über Wiesenwege weitergeht. Nach einer Weile an der Landstraße entlang bin ich heilfroh, vor den vorbeirasenden Lastern wieder in einsame, kleine Waldstücke abbiegen zu können. Immer mehr weichen sie jedoch allmählich Buschland und riesigen Weiden. Überall liegen Granitbrocken in den Wiesen. Oft markieren sie den Rand der Weiden. Welche Generationen mögen sie über Jahrhunderte an die Ränder geschleppt haben?

Friedlich liegen Kühe wiederkäuend in Gruppen zusammen. Ich staune, wie schön die hiesige Rinderrasse ist: Das Fell ihres muskulösen Körpers leuchtet in allen Honigfarben, auf ihrem fein geformten Kopf mit den ausdrucksvollen Augen tragen sie wunderschön ausladende Hörner, geschwungen wie eine Lyra. Gleichmütig betrachten sie mich, nur die Kälber kommen manchmal neugierig in meine Nähe. Andere grasen mit ihren Müttern weit verstreut über die Höhen. Diese Herden leben den ganzen Sommer über hier oben in großer Freiheit. Gestern Abend habe ich gehört, dass der Weg über den Aubrac auch mitten durch ihre Weidegebiete führen wird. Hoffentlich reizt nicht mein knallroter Rucksack-Regenschutz die jungen Stiere zu kleinen Spielchen, wenn er auf meinem Rücken hin- und herschaukelt!

Ab und zu regnet es, und wenn nicht, dann verdanke ich es dem eiskalten Wind, der die Regenwolken vor sich hertreibt. Es ist schon später Vormittag, als ich das Gasthaus „Quatre Chemins" an einer Kreuzung von Landstraßen liegen sehe und für eine Pause mit heißem Tee einkehre. Es fehlt mir sehr, meine Pausen dann machen zu können, wenn ich sie bräuchte. Meist ist es hier oben einfach zu kalt und zugig, um sich irgendwo auszustrecken. So bin ich nicht überrascht, hier auch die vier Pariser wieder zu treffen. Sie werden heute nur ein kleines Stück weitergehen, während ich noch über die Hälfte des Weges vor mir habe. Bald trenne ich mich erneut von ihnen und erlebe wieder den kleinen Stich, meinen Weg ganz alleine fortsetzen zu wollen. Eine Gruppe übt anscheinend einen Sog auf mich aus, bietet Sicherheit und Kontakt. Fühle ich mich irgendwie doch unsicher, alleine zu gehen?

Der Weg führt teilweise durch hochmoorartiges Gelände. Binsen wachsen um kleine Wasserlachen. Allmählich zieht kalter, dünner Nebel auf und hüllt zunehmend die kargen Höhen ein. Dichte, graue Wolken bedecken den Himmel und tauchen alles in ein fahles Licht. Nur manchmal lockern sie etwas auf und zaubern einen goldgrünen Schimmer auf die Weiden. Doch bald schon schieben sich wieder Nebelschleier davor und lösen alle Formen und Farben fast geisterhaft auf – um eine Weile danach an anderer Stelle unvermutet ein einsames, verlassenes Haus oder ein paar abgerundete Felsen plötzlich aus dem Nichts hervortreten zu lassen. Es ist ein leises, geheimnisvolles Spiel, das nichts von der gestrigen Dramatik der aufgerissenen Himmel hat, sondern aus seiner eigenen, lautlosen Dynamik heraus lebt, erhoffte Ausblicke verbergend und andere unverhofft eröffnend. Geht es mir innerlich nicht oft genauso? Ich kenne doch das Gefühl, im Nebel zu tappen, so dass ich mit einem Problem nicht weiterkomme – und dann ergibt sich plötzlich ein überraschender „Durchblick" und vielleicht eine neue Perspektive an einer ganz anderen, unerwarteten Stelle.

Ab und zu kreuze ich eine Landstraße und kleine, von Steinmauern eingerahmte Wege, auf denen wohl das Vieh entlanggetrieben wird. Kein Mensch ist weit und breit zu sehen. Ich finde winzige Bergblumen und gelben, schon verblühten Enzian. Wird nicht Branntwein und Likör aus seinen Wurzeln hergestellt? Ab und zu blüht der kleinere, blaue noch in den Mulden. Auch Steingartengewächse wuchern manchmal zwischen den Mauerritzen hervor, doch zunehmend wird es eine Gegend der Moose und gelbgrauer oder weißlicher Flechten.

Über ein einsames Sträßchen gelange ich zu einem verlassen wirkenden Weiler mit wenigen Häusern: Finieyrols. Fast geisterhaft wirkt dieser Ort. Nebelschwaden treiben durch seine ausgestorbenen Wege, hinter Toreinfahrten wuchert Unkraut aus verwilderten Gärten, an den geschlossenen Fensterläden rüttelt ab und zu leise ein Windstoß. Ich durchquere und verlasse ihn, ohne eine Menschenseele gesehen zu haben. Nur eine Erinnerungstafel verweist auf einen berühmten Sohn dieses Dorfes: Louis Dalle, hier geboren und nach Jahren im Konzentrationslager Buchenwald schließlich als Bischof einer Quechua-Gemeinde im Altiplano von Peru, dieser weiten Hochebene, verstorben. Wie gut kann ich ihn verstehen, dass er sich später wieder einen Ort auf den Höhen der Anden ausgesucht hat, den Himmeln so nah!

Schließlich gelange ich – immer noch im Nebel – nach Rieutort-d'Aubrac. Noch vor dem kleinen Dorf steht ein Wohnwagen und in einem offenen Vor-

Zelt sind zwei Bänke und Tische aufgestellt. Wer kommt hier auf die Idee, Pilger zu bewirten? Während ich ein wenig raste, erzählt mir ein Mann in dickem Pullover, dass er hier ein Stück Land gekauft habe und im nächsten Jahr damit beginnen werde, eine Pilgerherberge zu bauen. „Bei ca. 20 000 Pilgern, die in diesem Jahr schon vorbeigekommen sind, rentiert sich das!" Ich weiß nicht, ob ich über solche Nachrichten froh oder traurig sein soll. Rieutort-d`Aubrac selbst ist ein uraltes, ebenfalls ausgestorben wirkendes Dörfchen mit stabilen Häusern aus grauem Granit, die wahrscheinlich mächtigen Schneelasten trotzen müssen. Ich komme an zwei aus Stein gehauenen Brunnenbecken vorbei und erfahre, dass sich die Bewohner bis 1976 daraus mit Wasser versorgten.

Ich habe den Eindruck, dass ich immer mehr in die „déserts d`Aubrac" hineinwandere, die „Wüsten des Aubrac". Ihr Horizont verschwimmt heute im Nebel, alle Konturen scheinen sich im beginnenden Regen aufzulösen. Im Mittelalter gab es hier Räuber, die die Pilger in die Irre führten. Die Einsamkeit der einförmigen Höhenzüge in diesem bleigrauen Licht macht mich beklommen. Nichts als karge Weiden und vom Eis steinzeitlicher Gletscher abgeschliffene Hügel und Granitbrocken. Nur selten sehe ich ein Gebäude, Haus oder Stall, mit weit heruntergezogenem Dach. Bei der jetzigen Kälte und den bisherigen Regenschauern erscheint mir in dieser Höhe plötzlich einsetzender Schneefall naheliegend. Wie sind dann noch Wegzeichen zu finden, die hier nur auf Steine am Boden gemalt sind? Es ist leicht, sich hier oben endlos zu verlaufen!

Schließlich münde ich in den Weg ein, der zum Dorf Montgros hinaufführt, Ziel der heutigen Etappe. Mit Erleichterung nehme ich die ersten bewohnten Häuser wahr, bald kann ich mein Gepäck loswerden. Am Spätnachmittag lichten sich auch die Wolken und die Sonne taucht ab und zu die weitgeschwungene Landschaft in schrägfallendes, goldenes Licht. Jetzt leuchten auch die Wiesen in moosigem Grün auf. In den Bauerngärten genieße ich die kräftigen Farben von Dahlien, Astern und Sonnenblumen. Tauben gurren auf den Giebeln und wie von Zauberhand erscheint alles plötzlich strahlend und lebendig. Auch wenn die Pilger-Unterkunft in einiger Entfernung vom behäbigen Gasthof „Chez Rosalie" eher spartanisch ist und ich in dem kleinen Schlafraum vor lauter schmalen Betten fast keinen Bewegungsraum finde, so nächtige ich doch alleine hier und keine Schnarcher werden mich stören.

Als ich abends in dem gediegenen Landgasthof mein „Pilgermenu“ bestelle (deutlich ein Menu 2. Klasse), werde ich zu einem alert, aber verschlossen wirkenden anderen Wanderer gesetzt, der allerdings im Hotel nächtigt. Wie ich höre, wandert er „pour se ressourcer“, ein schöner Ausdruck! Er meint, um sich zu regenerieren, aber im Französischen wird der Ausdruck der Quelle benutzt, sinngemäß: um sich wieder mit der eigenen, inneren Quelle zu verbinden. Immer wieder schaue ich ihn verstohlen an, während wir etwas mühsam Konversation betreiben. Er wirkt auf mich so, als hätte er auf meiner Hinreise auch mitten unter den „grauen Herren“ im ICE sitzen können – und jetzt ist er hier auf dem Jakobsweg mit seinem Rucksack unterwegs. Er erzählt, dass er sich zum ersten Mal solch einem Weg aussetze, und betont, dass er sein Gepäck selbst trage. Was weiß ich über die geheimen Sehnsüchte und Leiden derer, die zu Hause in ihren Rollen perfekt zu funktionieren scheinen – und sie doch auch loslassen können, um sich auf einen Weg, auf eine innere Suche zu begeben.

6. Tag

Montgros – St.-Chély-d`Aubrac (20 km),
Mittwoch, den 25. September

In der Morgendämmerung erwache ich frierend in meinem Schlafsack. Rosiges Licht fällt durch das kleine Fenster und verspricht einen wunderbaren Tag. So packe ich meine Sachen und gehe zum Gasthof hinüber. Aber bei „Rosalie” ist offenbar niemand darauf eingestellt, dass Pilger früh aufbrechen wollen. Alles liegt verschlossen und ruhig da. Um nicht zu frieren und mir die Wartezeit zu vertreiben, steige ich für mein Morgenritual auf den „großen Berg“, nach dem der Ort Montgros wohl benannt ist.

Ein schier atemberaubender Ausblick belohnt mich: Wie sehr liebe ich diese fast rhythmisch schwingende, weit ausgebreitete Landschaft im golden schimmernden Morgendunst! Die sanften Hügelrücken der Hochebenen scheinen ineinanderzugleiten, ihre Linien mit dem weiten Horizont zu verschmelzen. Nebelfetzen ziehen über die Täler und verhüllen das gerade sichtbar Gewordene wieder. Sie lassen die Höhen in zarte Wolkengebilde hinüberfließen und das Licht im Dunst ertrinken. Überraschend bündeln sich an anderer Stelle plötzlich erste Sonnenstrahlen, wenn Nebel oder Wolken für wenige Sekunden aufreißen und eine Weide oder Mulde in zartem Grün erstrahlen lassen.

In dieser schier unendlichen Horizontalen ist jede Senkrechte, so klein sie auch sei, ein Widerhaken für das Auge: vereinzelt stehende Bäume, windschief und gebeugt, zerrupft vom Sturm. Dann hier und dort Felsbrocken, die manchmal abgerundet wie Elefantenrücken verstreut in der Landschaft herumliegen. Mich überkommt das Gefühl, dass hier nur starke Charaktere leben können, deren Herz und Geist ähnlich weit ist wie diese Hochflächen, sturmerprobt und bewährt in der Einsamkeit schneetiefer Winter. In dieser Weite habe ich das Gefühl, dass mein Singen mich hineinnimmt in den größeren Atem des leichten Windes, der die Nebel wie hauchzarte Schleier bewegt. Es ist seltsam, so alleine hier oben zu stehen, innerlich so leicht, das Herz offen und atemberaubend frei! Für einen Augenblick habe ich das Gefühl, mit mir, mit allem um mich herum und über mich hinaus auf wunderbare Weise verbunden zu sein!

Eingesunken
ins Zeitlose,
aufgehoben
und enthalten
im Großen Gesang...

Nach dieser frühen Stunde erwartet mich unten bei „Rosalie“ dann ein wunderbares Frühstück mit selbstgebackenem Brot. So ziehe ich gestärkt in einen Tag, der verspricht, sonnig zu werden. Meine gestrigen Ängste, dass ich mich auf den Höhen im Nebel oder sogar einsetzenden Schneefall verlaufen könnte, haben sich aufgelöst wie der Morgendunst selbst. Zwar ist es noch kalt und das Gras auf den Höhen wieder bereift, doch auch dies wird sich gegen Mittag ändern. Im nahen, properen Städtchen Nasbinals kann ich meinen Proviant ergänzen und entdecke die romanische Kirche aus dem 13. Jh., „ein kleines Gotteshaus von der Vollkommenheit einer Bach`schen Fuge“.[23] Wieder kann ich dort in „Seelenruhe“ alleine singen und stärke mich so innerlich für den weiteren Weg.

Einige Zeit geht es noch an Grasland vorbei und durch Waldflecken, die im Windschatten von Hängen oder Senken liegen. Als ich langsam wieder die Weiden der Höhe erklimme, verhüllen Wolken und Nebel immer noch die Landschaft und verzaubern sie. Immer wieder lösen sich Konturen und Farben an einer Stelle auf, um an einer anderen neu zu entstehen. Für den Bruchteil einer Sekunde gewähren sie „Ein-Blicke", um sie gleich wieder zu verhindern. Dieses Wetter erlaubt nur Ahnungen, weckt Sehnsüchte und entzieht doch wieder das flüchtige Bild, stößt zurück ins Rätseln und Suchen. Ich erfahre symbolisch, was es bedeutet, mich immer wieder „im Nebel" zu befinden, mit meinem bewussten Denken nicht mehr weiterzukommen, keine Probleme klar benennen zu können – und vielleicht schon im nächsten Augenblick mit Klarheit und Einsicht beschenkt zu werden.

Hier im Aubrac bin ich den Himmeln ausgesetzt, erfahre äußerlich die ungeheure Weite – und mich selbst in meiner eigenen Winzigkeit. Ich darf an der Großartigkeit dieser Landschaft teilhaben – im Bewusstsein meiner eigenen Kleinheit. Schon der eisige Wind konfrontiert mich nach einer Weile mit meinem Frösteln und ich muss aus dem weitschweifenden Staunen zurückkehren und mich wieder warm laufen. Doch immer wieder halte ich im Gehen inne, so fasziniert mich dieses dauernd wechselnde Schauspiel. Das Licht des späten Morgens auf dieser weiten, sanft gewellten und schier endlos vor dem Himmel ausgebreiteten Landschaft wird mir gegenwärtig bleiben…

Doch vor lauter Schauen und Staunen verlaufe ich mich prompt. Die schmale Fahrspur endet an einem verlassenen Berghof. Wo ist der Weg abgebogen? Beim Zurückblicken kann ich trotz des weiten Panoramas nichts erkennen. So kehre ich um und entdecke schließlich, dass ich an einem schmalen Einstieg über den Zaun auf die Weiden klettern muss. Noch für eine Weile geht es beschwerlich mit dem Rucksack hinein und hinaus über enge Zaun-Durchschlupfe, bis ich – jetzt schon sehr auf der Höhe – offenbar ein nicht mehr eingezäuntes Gebiet betrete. Soweit das Auge reicht, grasen hier weit verstreut Kühe und Kälber. Manche blicken neugierig hoch, als ich an ihnen vorbeigehe. Einige Kälber kommen wagemutig auf mich zugesprungen und biegen im letzten Augenblick ab. Doch kein Viech interessiert sich glücklicherweise für meinen hin und her schaukelnden, rot verpackten Rucksack.

Der für mich gültige, schmale Trampelpfad ist hier oben immer schwieriger zu erkennen. Der Boden ist überzogen von den Trampelpfaden, die die Kühe im Laufe des Sommers ausgetreten haben – und Baumstämme oder Pfähle für Wegzeichen gibt es hier keine mehr. So muss ich den verführerischen Blick in die Ferne immer wieder zurückholen und mich stark konzentrieren, um mich nicht erneut zu verlaufen. Glücklicherweise gibt es ab und zu Steinmännchen oder auch mal einen aus Steinen gelegten Pfeil von meinen „Vorgängern" – wenn überhaupt Steine herumliegen oder die Kühe sie nicht wieder zerstreut haben.

Nach einer Weile entsteht ein weiteres Problem: Offenbar werden die jetzt folgenden Höhen im Winter als Skigebiet benutzt, denn ich entdecke irgendwann Loipen-Stäbe. Sie tragen zum Teil auch die weiß-roten Pfeile oder Balken, aber es sind nicht die des Jakobsweges und manchmal sind sie auch in der Gegenrichtung angebracht. Das ist jetzt gänzlich verwirrend! So hangele ich mich über die Hänge, Stunden über Stunden. Ich treffe nur zweimal Wanderer, die mir entgegenkommen und mir den Weg bestätigen.

Irgendwann frage ich mich ein wenig bange, ob ich mich verlaufen haben könnte, denn meiner Rechnung nach müsste ich längst die Türme der Kirche von Aubrac sehen. Doch nichts weit und breit außer Grasland und Kühen. Mittlerweile steht die Sonne hoch, trotzdem pfeift hier oben immer noch ein eisiger Wind. Ich bin erleichtert, als ich an eine Umzäunung komme und eine mit Brettern abgeteilte Markierungsstelle für die Rinder entdecke, die mir etwas Windschutz bietet. So lege ich mich flach auf meine Isomatte und beobachte die nah über mir hinziehenden Wolken. Endlich mal eine Rast, bei der ich mich ausstrecken kann und die Sonne im Windschutz so wärmt, dass auch noch ein kurzes Nickerchen möglich ist.

Danach geht es noch einmal eine kleine Weile über die Höhen. Immer wieder bleibe ich ergriffen stehen, komme kaum vorwärts. Doch dann stolpere ich und stürze beinahe über einen Steinbrocken. Das Leben hat mich wieder, fast muss ich lachen! Wie nah diese Gefühlsextreme unterwegs beieinander liegen! Mich im Staunen verlieren und beim nächsten Schritt fast den Fuß verstauchen. Damit könnte der weitere Weg schnell zu Ende sein! Der Wind bläst immer noch eiskalt. Ich ziehe die Kapuze über die Wollmütze und kehre innerlich auf den Weg zurück. Ich kenne diese Erfahrung: zurückkehren müssen aus diesem Gefühl der Entgrenzung, mich wieder einfädeln in das, was gerade ansteht, meinen Rhythmus finden, meine Last tragen. Sehr konkret und irdisch!

Etwas unruhig beginne ich bald wieder, den Horizont abzusuchen. Da entdecke ich, dass die Hügel gegen Südwesten leicht abfallen, und auf der nächsten Anhöhe sehe ich in der Ferne die Türme der Kirche von Aubrac! Endlich! Ich bin erleichtert über diese Orientierungshilfe. Warum diese Kirchtürme des ehemaligen Klosters von Aubrac überhaupt hier stehen, wird von einer frommen Legende[24] erzählt:

Offenbar war diese Bergregion im Mittelalter von Wäldern bedeckt und bekannt dafür, dass auf dieser langen und gefährlichen Etappe neben Wölfen auch Wegelagerer die Pilger bedrohten. Nur eine von den Römern angelegte Straße von Lyon nach Toulouse führte durch dieses Gebiet. Im 12. Jh. zog auf ihr Adalard, ein flandrischer Graf, mit wenigen Begleitern entlang, auf der Wallfahrt nach Santiago. In einem Wald wurden sie von einer Schar Räuber angegriffen. Es entbrannte ein heftiger Kampf, den sie schon zu verlieren drohten. Adalard habe Gott um Hilfe angefleht, berichtet die Legende, und gelobt, an dieser Stelle ein Haus zum Schutze der Pilger zu errichten. Daraufhin gelang es tatsächlich, die Räuber in die Flucht zu schlagen und später auch Santiago zu erreichen.

Auf dem Rückweg von Spanien nach Flandern gerieten Adalard und seine Freunde wieder im Aubrac in Gefahr: In einem heftigen Schneetreiben verirrten sie sich. Zu allem Überfluss stürzten sie auch noch in eine tiefe Schneeverwehung, aus der sie sich nicht mehr befreien konnten. Als sie schon ihr letztes Stündlein kommen sahen, schickte Adalard wieder ein Stoßgebet zum Himmel mit dem gleichen Versprechen wie auf dem Hinweg. Und siehe, sie wurden wieder auf geheimnisvolle Weise errettet und erreichten wohlbehalten ihre Heimat. Als Adalard nach einer Weile immer noch nicht sein Gelöbnis eingelöst hatte, überkam ihn eine grauenhafte Vision. Sie zeigte ihm in einer Höhle im Bergwald vom Aubrac die abgeschlagenen Köpfe von Pilgern. Jetzt entschied er sich, sein Gelöbnis zu verwirklichen, und machte sich gegen 1120 mit einigen Getreuen auf, um auf diesen Höhen mit dem Bau eines Hospizes zu beginnen.

Das später daraus entstandene Kloster Notre-Dame-des-Pauvres-d'Aubrac („Unserer (lieben) Frau der Armen vom Aubrac") wurde unter den Schutz der Abtei von Conques gestellt und erhielt 1162 eine augustinische Ordensregel. Aus einer erhalten gebliebenen Urkunde erfahren wir, dass der Abt persönlich die Pilger empfing und ihnen Wasser reichte. Neben der Körper- und Kleiderpflege, die man ihnen angedeihen ließ, erhielten sie eine Mahlzeit und ein Bett. Ordensritter, die auch die ewigen Gelübde der Armut, Keuschheit und des Gehorsams abgelegt hatten, begleiteten die Pilger dann am nächsten Tag durch die Wälder, so dass sie vor Räubern und Wegelagerern geschützt waren.

Bis heute steht vom Kloster die festungsähnliche, romanische Kirche und ein mächtiger Befestigungsturm aus dem Hundertjährigen Krieg gegen die Engländer, die damals durch Erbfolge weite Teile Frankreichs beherrschten. Um bei schlechtem Wetter den Pilgern die Orientierung zu ermöglichen, wurde auch hier die „Glocke der Verlorenen" geläutet. Die Pilgerherberge ist in den fünf Etagen des Turms untergebracht. Jetzt ist sie bereits geschlossen, was den Hotels in der Umgebung zugutekommen dürfte. Da ich noch gut zwei Stunden bis nach St.-Chely-d'Aubrac absteigen muss, werfe ich nur einen Blick in die riesige, eher unpersönlich wirkende Kirche und raste nur kurz auf ihren Stufen im Windschatten des Portals. Ich verzichte auf einen Tee in dem geöffneten Restaurant und ahne leider nicht, dass es hier „den besten Beerenkuchen auf dem französischen Weg" geben soll, wie mir später ein erfahrener Pilger erzählt.

Heute und morgen habe ich einen Abstieg von insgesamt rund 1000 Höhenmetern bis zum Fluss Lot vor mir, der hier auch Olt genannt wird. Ungefähr die Hälfte ist es heute bis nach St.-Chély. Der Weg verläuft anfangs längst nicht so steil bergab, wie ich befürchtet hatte. Nach den vielen Anstiegen der letzten Tage ist es überaus angenehm, von der eigenen Last sacht vorwärtsgeschoben zu werden. Da höre ich plötzlich, in einiger Entfernung, ein vielstimmiges, jämmerliches Muhen und scharfe, metallische Geräusche. Als ich näher komme, sehe ich, dass offenbar damit begonnen wird, die Kälber von den Muttertieren zu trennen. Die Kühe werden gegen ihren Widerstand durch ein Tor auf einen anderen Teil der Weide gedrängt. Die aufgeregt herumspringenden Kälber werden abgefangen und über eine Rampe auf einen offenen Laster verladen. Ich bleibe stehen und bin betroffen, welch Trennungsschmerz sich bei diesen Tieren ausdrückt. Er treibt mir die Tränen in die Augen. Habe ich mich nicht auch gerade von unserem Sohn trennen müssen? Ja, das sommerliche Paradies der Herden hier oben neigt sich dem Ende zu. Bevor hier die Schneefälle zeitig einsetzen, müssen die Tiere verkauft oder in ihre Dörfer zurückgetrieben werden.

Nach und nach wird auf dem Weg abwärts die Vegetation üppiger und auch die Fülle von Blumen und Früchten kehrt langsam zurück. Es ist faszinierend zu sehen, wie sich plötzlich wieder Wälder ausbreiten. Auf den südwestlichen Hängen gedeihen üppige Esskastanien und der Weg ist teilweise von den stacheligen Schalen und braun-glänzenden Früchten übersät. In der Nachmittagssonne sammle ich einige für mein Abendessen. Nach den beeindruckenden Felsformationen des Ortes Belvézet laufe ich noch eine Weile an einem Bach entlang, bis ich in eine kleine Straße einbiege. Sie erreicht bald darauf St.-Chély-d´Aubrac, das dem Hl. Eligius geweiht war (St. Eloi als Ursprung des Namens „Chély").

Die ersten Klosterbauten des späteren kleinen Ortes wurden bereits Ende des 11. Jh. von Benediktinern von St. Victor von Marseille vorgenommen. Sie hatten sich 1074 in Nasbinals angesiedelt, der letzten Station vor dem Pass. Das hatte die Überquerung des Aubrac deutlich erleichtert, zumal es auf den 12o Kilometern von St.-Privat aus bis nach St.-Hilarian de Perse in der Nähe von Espalion am Lot zeitweise keine anderen Klöster oder Hospize gab. Trotzdem zeigt die Legende von Adalard, dass Gefahren für die Pilger weiterhin bestanden.

In der Pilgerunterkunft dieses Ortes kann ich noch ein Bett belegen. Wider Erwarten ist es ein schlicht, aber schön renoviertes, uraltes Haus mit einem riesigen Kamin. Ich genieße es, mir in einem kleinen Supermarkt ein Abendessen zusammenzustellen und dann in der riesigen Küche mit anderen Pilgern zuzubereiten. Hier treffe ich auch die vier aus Augsburg wieder, mit denen ich schon in St.-Privat-d'Allier mein Essen geteilt habe. Alle sind wir beglückt von diesem wunderbaren Wandertag und rechtschaffen müde, so dass nach der üblichen Spaghetti-Mahlzeit bald die Unterhaltung stiller wird, jeder in sein Tagebuch schreibt und nach und nach alle in ihren Betten verschwinden.

7. Tag

St.-Chély-d'Aubrac – St.-Côme-d'Olt (nur 16 km), Donnerstag, den 26. September

Wie immer bin ich kurz nach Sonnenaufgang unterwegs, was hier im September und so weit westlich einer Zeit zwischen 7 und 8 Uhr früh entspricht. Die Kirche ist verschlossen, der Ort noch menschenleer. Ich überquere einen rauschenden Gebirgsbach über die kleine Brücke mit dem uralten, verwitterten Steinkreuz. Der Weg führt zum anderen Teil der Ansiedlung in die Morgensonne und bald hinauf in die bewaldeten Hänge.

Nach einem ersten Aufstieg laufe ich eine Zeitlang durch taufeuchte Wälder. Seltsam, ich fühle mich nach den weiten Höhen der letzten Tage plötzlich von ihnen in meiner Sicht begrenzt. Auch wenn das Morgenlicht so schön durch das Laub schimmert, gehe ich hier meist im Schatten. Glücklicherweise erlaubt immer wieder ein Anstieg oder ein langes Stück auf einem sich sachte abwärts senkenden Bergrücken einen weiten Fernblick nach allen Seiten. Aus den Tälern steigt leichter Dunst auf. Ein traumhaft schönes Panorama erstreckt sich über satt-grünes, hügeliges Land bis zum Horizont! Wenn ich zurückschaue, sehe ich die Höhen des Aubrac, wieder von dunklen Wolken verhüllt. Wahrscheinlich wird es dort oben stürmen und regnen. Welch ein Glück hatte ich gestern mit dem guten Wetter!

Mein weiterer Weg führt an betauten Wiesen entlang, eingerahmt von Brombeerhecken, Ginsterbüschen und Haselnusssträuchern. Wieder kann ich mich sattessen an Beeren und Hagebutten. Auch Esskastanienwälder laden zum Sammeln ein, doch es ist noch zu früh, um für das Abendessen zu sorgen. Es tut mir gut, dass es wärmer wird, je mehr ich in das Tal des Lot hinabsteige. Manchmal durchquere ich kleine Weiler mit uralten Steinhäusern. Bei einer kurzen Rast in einem Wäldchen an einem verwunschenen Weiher sehe ich zu meiner Überraschung „den Einsamen aus Paris“, so habe ich meinen Tischgenossen von Montgros genannt. Er verabschiedet sich mit knappem Gruß, anscheinend beendet er mit dieser Etappe seine Wanderung. Wie zurückgezogen und unglücklich er immer noch auf mich wirkt! Während ich ihm noch nachsinne, fällt mir bald darauf eine andere, stark hinkende Gestalt auf, die den Weg zum Teich herunterkommt. Die habe ich bisher noch nie gesehen! Sie erweist sich als eine zierliche Frau, die mit riesigem, offenbar viel zu schwerem Rucksack wandert. Auch sie ist völlig in sich selbst vergraben, läuft mit verkniffenem Gesicht daher wie ein lebender Vorwurf. Wahrscheinlich hat sie Schmerzen. Ich kann mich glücklich schätzen, dass mir nichts weh tut.

Nach vier Stunden Abstieg, der aber bei jeder Überquerung von einem der tief eingegrabenen Bäche immer wieder einen beachtlichen Aufstieg enthält, bin ich doch sehr erschöpft. Der Abstieg ins Tal des Lot oder des Olt, wie er auf Okzitanisch heißt, wird durch große Steine auf dem Weg erschwert. Offenbar werden die Mäuerchen seitwärts nicht mehr instand gehalten, so dass die Steine wegzurollen beginnen. Ich bin überrascht, irgendwann an den zur Sonne ausgerichteten Hängen alte Weingärten zu entdecken. Einige sind verwildert und ich finde zu meiner großen Freude süß-saftige Trauben an den Reben, auch wenn sie mit großen Kernen nicht so angenehm schmecken. So halte ich an einem von Ranken überwachsenen Platz in einem verwilderten Weingarten meine Mittagspause in der Sonne und genieße es, mich auf meiner Matte auszustrecken, die müden Knöchel und Füße zu lüften und nach den letzten anstrengenden Tagen heute ein wenig faul zu sein.

In der Ferne sehe ich bald schon St.-Côme-d'Olt liegen. Bauernhäuser mehren sich, bunt blüht es in den Gärten. Ab und zu sind einige Höfe verlassen, doch längst nicht mehr so viele wie oben auf dem Aubrac. Die Leute scheinen hier noch ein Auskommen zu haben. Aus einem verwilderten Garten ragt sogar ein Feigenbaum auf den Weg und ich entdecke an ihm eine letzte, reife Feige: Die Sensation des Tages! Vorgestern noch Sorge, dass ein Schneesturm kommen könnte und heute eine reife Feige finden!

Der Ort St.-Côme-d'Olt ist nach den Zwillingsbrüdern St. Cosmas und St. Damian, den Patronen der Ärzte, benannt. Das liebenswerte, alte Städtchen liegt direkt am Fluss Lot, über den eine alte Brücke führt. Durch ein Tor der alten Stadtmauer trete ich ein. Vorbei an den mächtigen Granitportalen mittelalterlicher Häuser mit verwitterten Holztüren wandere ich durch die historischen Sträßchen, die ganze Geschichten erzählen könnten. An manchen Türen hängt eine Jakobsmuschel, an anderen eine Silberdistel. Wie ich später höre, dient diese Pflanze auch getrocknet als eine Art Barometer: Bei baldiger Sonne öffnet sie sich, bei nahendem schlechten Wetter bleibt sie geschlossen.

Schon von weitem fällt mir das eigentümlich schiefgedrehte Dach des Kirchturms auf. Offenbar ist der Umriss des viereckigen Turms am Dachstuhl in eine Art Siebeneck verwandelt, das nach oben hin wie leicht gezwirbelt erscheint. Sind sie so gestaltet, damit sie besser den Winden trotzen können? Wie ich später in der sehr schönen, spätgotischen Pilgerkirche lese, gehört St.-Côme-d`Olt zu einer weltweiten Vereinigung von Orten mit schiefen Kirchturmdächern. Der eigenwillige Baumeister und Bildhauer, Antoine Salvanh, der auch den Glockenturm der Kathedrale von Rodez gebaut hat, soll ebenfalls eigenhändig für die hiesige Kirche das wunderschöne Holztor geschnitzt haben.

Ich überquere kleine Plätze und Straßen mit gotischen Adelshäusern und Torbögen, die in Gassen oder Höfe führen. Grundherren dieses Ortes waren die Barone von Calmont, das Bürgermeisteramt ist heute in ihrem Palais untergebracht. Der Ort entstand im 10./11. Jh. um eine Kirche, dem Sitz einer Bruderschaft der sog. Bußbrüder (bis 1930!). Im 12. Jh. wurde ein Pilgerhospiz gebaut, das – wie fast immer – gleichzeitig die Funktion eines Hospitals hatte. Es war den Patronen der Ärzte, den Heiligen Cosmas und Damian, geweiht, die dann dem entstehenden Ort auch den Namen gaben.

Ich frage mich zur Pilgerherberge durch, die in einem der alten, schmalen Häuser untergebracht ist. Von der Eingangstüre kann man gleich eine Treppe zur großen Küche hinaufsteigen, die wieder mit einem riesigen Kamin ausgestattet ist. Die Schlafräume sind in den beiden Etagen darüber untergebracht. Hier treffe ich die beiden älteren Korsen wieder, die mit mir in der Kathedrale von Le Puy verabschiedet wurden. Wie ich später erfahre, war der Drahtige früher bei der Fremdenlegion, der Dickliche Bankdirektor. Wie passt das zusammen? Sie sitzen am Küchentisch und schreiben eifrig in ihre Tagebücher. Ich bin froh, den Rucksack abwerfen zu können. Nach dem üblichen Waschritual der Wanderklamotten und einem Einkauf für das Abendbrot beschließe ich, mich heute nur noch auszuruhen. Dazu suche ich mir einen ruhigen, schattigen Platz am Fluss, der breit und gemächlich am Städtchen vorbeifließt. Hier verdöse ich den restlichen Nachmittag träge auf meiner Matte.

Später:

Als vorhin die Dame vom Bürgermeisteramt kam, um den Beitrag für die Übernachtung zu kassieren, bedauerte ich, dass so selten Öl und Essig in den Küchen zu finden ist, um neben der bescheidenen Pilgerkost mal etwas Salat oder Rohkost zu essen. Ich könne doch auch nicht jeden Tag eine Flasche Öl spendieren, wie ich es schon ein paar Mal gemacht habe. Sie nickt verständnisvoll und bittet mich, etwas zu warten. Nach einer Viertelstunde kommt sie doch tatsächlich mit zwei Salatköpfen, einigen Tomaten und Trauben aus ihrem Garten wieder und hat auch noch ein Gläschen Öl mitgebracht. Ich kaufe es ihr begeistert für einen Euro ab (mehr will sie dafür nicht) und veranstalte eine kleine Salatorgie bei offenem Kaminfeuer. Ich lade die Korsen dazu ein, die mir wiederum ein Glas Wein spendieren. Schade, dass sich die vier Bayern schon als einzige Gäste im Restaurant angemeldet hatten.

Entlang der Flüsse und Höhen bis zur alten Abtei von Conques

Wir gehen,
wir müssen suchen.
Aber das Letzte
und Eigentliche
kommt uns entgegen,
sucht uns,
freilich nur,
wenn wir ihm
entgegengehen.
Karl Rahner

8. Tag

St-Côme-d'Olt bis nach Estaing (17 km), Freitag, den 27. September

Aus irgendeinem Grund wache ich schon um 2 Uhr auf und kann dann nicht mehr richtig einschlafen. So schön das stündliche Glockenspiel der benachbarten Kirche klingt, es hält mich wach und gegen sechs bin ich dann doch gerädert. Als ich im Haus höre, wie auch die anderen beginnen, ihre Sachen zu packen, stehe ich lieber auf. Und bis 8 Uhr sollen die Herbergen verlassen werden, danach werden sie gereinigt. Ich bin müde heute. Vielleicht hätte ich den siebenten Tag gestern zum Ruhetag erklären sollen. Offenbar hat der Weg über die Höhen doch an meinen Kräften gezehrt.

Weil ich mich so gar nicht ausgeruht und kraftvoll fühle, beschließe ich, für die wenigen Kilometer bis zur Kapelle von Saint-Hilarian-de-Perse nicht auf den Höhenweg zu steigen, wie es im Pilgerführer angegeben ist. Auf der Karte habe ich eine kleine Straße am Fluss entlang gefunden, die weniger anstrengend ist und genauso dahin führt. Sie ist kaum befahren und schlängelt sich durch die dunstig-feuchten Auenwälder. Zwar ist die Sonne noch nicht zu sehen, doch habe ich wenigstens etwas Aussicht. Der Weg durch den Wald ist mir nach den Weiten des Aubrac plötzlich eng geworden.

Nach ungefähr einer Stunde entdecke ich hinter einem Maisfeld am Uferstreifen des Lot die Glockenarkaden der kleinen romanischen Kirche aus rotem Sandstein. Sie ist dem Heiligen Hilarius geweiht, der angeblich zur Zeit Karls des Großen von den Sarazenen enthauptet wurde und – nach der Legende – seinen Kopf noch bis zu einer nahegelegenen Quelle getragen haben soll, um ihn dort vom Blut zu reinigen. Entsprechend heißt diese heute auch Fontsange (Blutquelle).

Die ältesten Teile des Klosters und der Kirche Saint-Hilarian-de-Perse wurden nach einer Quelle von 1060 von Mönchen aus Conques erbaut und dem Priorat dieser Abtei unterstellt (wo damals ebenfalls gerade die wunderbare, romanische Kirche errichtet wurde). Weitere Teile entstanden im 12. Jh. In den Religionskriegen im 16. und 17. Jh. wurden die Klostergebäude wieder zerstört. Die kleine Kirche dient heute als Friedhofskapelle für das nahegelegene Espalion, einem Ort, an dem von alters her eine Brücke über den Lot führte. Jetzt, in der Frühe, stehe ich noch ganz alleine in der Stille des Flusstales auf dem kleinen Vorplatz und bin beeindruckt von der Ausstrahlung dieser Kirche.

Im Tympanon über dem Haupteingang ist das Pfingstgeschehen dargestellt: Zehn Apostel, in ihrer Mitte Maria, empfangen den Heiligen Geist, der als Taube aus drei Wolkengebilden auf sie herunterschwebt. Auf dem Türsturz darunter erzählt eine Szene von der Apokalypse und eine andere stellt das Jüngste Gericht dar mit Christus in der Mandorla, in der Mitte die Wägung der Seelen. Doch die Darstellung der Hölle wird hier zu seiner Rechten angeordnet, das ist außergewöhnlich. Meistens können zur Rechten Christi die Ge-rechten erkannt werden. Hier ist es umgekehrt. Was soll es aussagen? Vielleicht, dass diejenigen, die der Verdammnis ausgesetzt werden sollen, so stark die Vergebung Christi bräuchten? Auch wird Christus hier nicht so eindeutig wie sonst als „Weltenrichter" dargestellt. Was mag den Bildhauer zu dieser Eigenwilligkeit veranlasst haben?

Erst ganz zum Schluss entdecke ich, dass die Kirche ja geöffnet ist! Als ich eintrete, bin ich bewegt von der wunderbaren Atmosphäre dieses halbdunklen Raumes in den warmen Rottönen des Sandsteins. Hier kann ich mein Morgenritual feiern, das mir wegen der noch verschlossenen Kirche in St.-Côme-d'Olt nicht möglich war. So singe ich aus dankbarem Herzen. Immer mehr scheint mir mein Singen wie ein Schlüssel zu sein, durch den ich manchmal Zugang zum Wesen eines Raumes erhalte und er mir dadurch lebendig wird.[25] In einer Kirche zu singen hat für mich Ähnlichkeit mit einer Begegnung. Manchmal weiß ich nicht, ob nach der Begrüßung daraus auch ein Austausch entstehen wird. Ich frage sozusagen respektvoll an und warte, ob ein Echo entsteht, eine Bereitschaft in mir und „dem Raum". Ein anderes Mal ist in mir gar nicht so viel Lust zu singen, doch der Raum scheint mir so wunderbar zu antworten, dass es mich dann doch freut. Ab und zu singe ich einfach aus purer Begeisterung, in der Hoffnung, dass es angenommen wird. Und ganz selten entsteht zwischen dem Raum und mir nicht die geringste Resonanz.

Ich betrachte noch ein Weilchen Säulen, Kapitelle und Fresken, bevor ich erfüllt nach draußen trete. Kaum habe ich die Türe geschlossen, biegt brummend ein riesiger Bus um die Ecke und daraus ergießen sich Unmengen von Schweizer Senioren, die jetzt die Kirche besichtigen wollen. Froh, dass sich alles so gut gefügt hat, überlasse ich ihnen den Ort.

Es ist nicht weit bis Espalion, wo die Barone von Calmont ihre Burg hatten und vom 10. Jh. bis zur Französischen Revolution „regierten". Ich bin überrascht von seiner Lebendigkeit im Gegensatz zu Saint-Côme-d'Olt, doch vielleicht liegt es daran, dass heute Markttag ist. Die Menschen drängen sich in den engen Straßen, verlockende Gerüche dringen aus einigen Läden. Es duftet nach frischem Brot und Kuchen, an einer anderen Stelle nach feinen Pasteten mit Knoblauch. Lange stehe ich auf der alten Brücke aus rotem Sandstein und betrachte das bunte Treiben. Welche Pilgerströme mögen auf der römischen Straße, die hier entlangführte, über den Fluss gezogen sein! Dann erfasst auch mich nach meinem spartanischen Frühstück der Hunger und ich kehre in den Ort zurück.

Während ich kauend auf einem Mäuerchen hocke, macht mich ein alter Mann darauf aufmerksam, dass ich wohl meine Stöcke auf der Brücke stehen gelassen habe. Ich bin entsetzt, dass sie vielleicht schon weg seien, bitte ihn, einen Moment auf meinen Rucksack aufzupassen, und flitze zurück. Doch nichts ist zu sehen, ich könnte heulen! Spätestens jetzt wird mir klar, wie viel sie mir bedeuten: Sie haben mich schon auf dem ganzen Jakobsweg durch Spanien begleitet und noch vor einigen Tagen auf den z.T. steilen Abstiegen vor Stürzen bewahrt. Ohne sie wird mein Knie viel mehr aushalten müssen und ich fürchte wieder die Schmerzen.

Dies alles schießt mir in Sekundenschnelle durch den Kopf. Hat sie jemand mitgehen lassen? Oder nur mitgenommen, um genau das zu verhindern? Vielleicht sind sie irgendwo abgegeben? Ich spreche ein paar Passanten an, um zu hören, wo man hier Fundsachen lässt. Der eine verweist auf das Bürgermeisteramt, der andere auf das Touristenbüro gleich am Ende der Brücke. Das erscheint mir dann auch naheliegend und – welch Glück – dort finde ich sie auch wieder. Sehr erleichtert kehre ich zu dem Alten zurück, der noch brav neben meinem Rucksack steht, und bedanke mich herzlich. Hier weiß ich es zu schätzen, dass man in diesen kleinen Orten als Pilger noch die Aufmerksamkeit und Hilfsbereitschaft der Leute erregt.

Es scheint sogar Pilgerfreunde in diesem Städtchen zu geben, denn einmal sehe ich an einem Laternenmast eine echte Jakobsmuschel angenagelt, die mir hilft, den Weg zu finden. Praktischerweise gibt es darunter einen Hinweis, dass Obst verkauft wird. Doch ich bin satt und schleppen will ich nichts. Bald zweige ich wieder von der Straße in ein kleines Seitental ab, denn der Weg führt an einem weiteren Heiligtum aus romanischer Zeit vorbei, zu dem die mittelalterlichen Pilger gewandert sind: Saint-Pierre-de-Bessuéjouls.

Wieder bin ich die Einzige weit und breit und hier erweist es sich als Nachteil. Zu gerne würde ich die Kirche besichtigen, doch ich komme mit dem Schloss nicht klar. Zwar sehe ich einen Drücker, doch es geschieht nichts. Immer wieder probiere ich es – ohne Erfolg. Es wirkt fast so, als wolle diese Kirche sich mir nicht erschließen. Ich mache eine Pause in der Hoffnung, dass noch andere Pilger kommen, die technisch versierter sind als ich, doch vergebens. Auch nach einem Schläfchen auf der alten Steinbank lässt sich niemand blicken. Die beiden Korsen sind vermutlich schon weit voraus.

Heute laufe ich müde vor mich hin und fühle mich gereizt, wenn ich ab und zu stolpere. Offenbar finde ich nicht richtig in meine Mitte. Der Weg führt eine lange Strecke wieder über die Höhen mit wunderbaren Rundblicken und dann schließlich zum Schloss Beauregard (Schöner Blick) hinunter. Es trägt seinen Namen zu Recht, die Aussicht ist phantastisch. Noch durch ein paar Weiler ziehe ich, bis der Weg ein Stück hinter dem romantischen Dorf Verrières die Straße erreicht, die parallel zum Flussufer nach Estaing führt. Sofort fällt mir dort die mächtige Burg auf der anderen Seite auf. Auch hier gibt es eine alte Brücke über den Lot, auf der ich das Städtchen betrete.

Gleich vorne sehe ich in einer Bar grinsend die beiden Korsen, François und Raoul, beim Bier sitzen. Sie scheinen schon längst angekommen zu sein. Raul hat ein Hotelbett vorgezogen, während François bei der christlichen Gemeinschaft untergekommen ist, von der ich in der Kirche von Saint-Côme-d´Olt einen Prospekt gefunden habe. Er kann mir auch den Weg zu dieser Pilgerherberge beschreiben und empfiehlt sie mir. Als ich vor dem uralten, schön renovierten Haus stehe, bin ich gespannt. Ich habe gelesen, dass diese Gruppe ihre besondere Geschichte hat: Ein Arzt, Leonardo, war nach dem Pilgerweg nach Santiago sicher, dass er nicht mehr wie bisher leben und arbeiten wollte. Er verkaufte seine Praxis und zog mit seiner großen Familie hierher, gründete diese Gemeinschaft und beschloss, fortan Pilger zu beherbergen – und vielleicht auch manchmal ärztlich zu beraten oder zu behandeln.

Auf mein Läuten öffnet ein junger Mann und bittet mich herein. Er führt mich ein paar Stufen hoch zu einer Art Begrüßungsplatz und reicht mir ein Glas Wasser, was ich gerne annehme. Wenn es doch nur einen Stuhl gäbe, auf dem ich sitzend seinen langen Ausführungen folgen könnte! Ich trete müde von einem Bein auf das andere. Dann zeigt er mir noch das ganze Haus. Die Schlafräume unten, oben die Bibliothek, die „Kapelle“ sowie einen großen Ess- und Wohnraum. Im Haus leben die Familie und – soweit ich das mitbekomme – noch vier andere Männer, jedenfalls sind die gerade anwesend. Ich bin gespannt, wie heute Abend die Tischrunde zusammengesetzt sein wird.

Zwar schlendere ich am Nachmittag ein wenig durchs Städtchen und gehe pflichtbewusst auch zur Burg hoch, doch ich fühle mich nicht aufnahmefähig. So erleichtert es mich, dass heute von der Gemeinschaft gekocht wird und ich mich um nichts kümmern muss. Jetzt sitze ich auf meinem Bett, schreibe Tagebuch und lausche den fröhlichen Gitarrenklängen oben. Jemand spielt gekonnt Chansons von Edith Piaf und bringt sie offenbar einem Jugendlichen bei. Ich bin froh, wenn es bald zum Abendessen klingelt.

Später:

Oben erfahre ich, dass es Paul war, der spielte und auch einen der Söhne unterrichtet. Daneben hat er für uns alle gekocht. Dann sind da noch Denis und Yves, der den Jakobsweg schon dreimal gegangen ist, sowie Leonardos Frau Elisabeth. In letzter Minute sind noch zwei andere Pilger angekommen, doch irgendwie reicht das einfache Essen für alle. Die lange und lebhafte Tischrunde klingt mit bunten Geschichten über unsere Pilger-Erfahrungen aus.

Danach gibt es noch eine kurze Andacht zum Tagesausklang. Es werden Texte ausgeteilt, die wohl einem Kanon für Laien entsprechen, und zu meiner Überraschung gibt es die Gebete auch auf Deutsch übersetzt. Leider kann ich meist nicht so viel damit anfangen, Gebete abzulesen. Heute jedenfalls schaffe ich es nicht, mein Herz hineinzulegen. So bleibe ich etwas ratlos dabei und wünsche mir insgeheim eine Andacht, die so die Pilger mit einbezieht, wie ich es z.B. in Grañon in Spanien[26] erlebte. Im Grunde wäre mir nach der netten Tischgesellschaft eine gemeinsame, stille Meditation am liebsten, obwohl ich nach so viel fröhlichem Reden immer eine Weile brauche, bis ich mich wieder auf Schweigen und ein Lauschen auf die Stille einstellen, nein, innerlich dafür öffnen kann. Doch beides gehört für mich zusammen, wie ausatmen und einatmen. Hier auf dem Weg bin ich den Erfahrungen der Stille näher. Meine Erfahrung unterwegs ist immer wieder die, die Kierkegaard beschrieb[27]:

Als mein Gebet immer andächtiger und innerlicher wurde,
da hatte ich immer weniger und weniger zu sagen.

Zuletzt wurde ich ganz still.
Ich wurde, was womöglich ein größerer Gegensatz zu Reden ist,
ich wurde ein Lauschender.
Ich meinte erst, Beten sei Reden.
Ich lernte aber,
dass Beten nicht nur Schweigen ist,
sondern Lauschen (...)

9. Tag

Estaing – Espeyrac (24,5 km), Samstag, den 28. September

Das Frühstück in dieser Gemeinschaft war richtig schön, wir haben noch eine ganze Weile erzählt. Ich habe sogar von meinen Jahren in Lateinamerika erzählt und wie ich 1973 den Putsch in Chile miterlebte. François erwähnt zum ersten Mal einige Erlebnisse als Berufssoldat in der Fremdenlegion. Seltsam, dass sich das Thema Krieg und Zerstörung einstellt. Doch gehört es nicht als anderer Pol des Lebens dazu, auch wenn wir täglich durch eine überwiegend heile Natur wandern? Begegnen wir nicht immer wieder Ruinen, die von den Beschädigungen durch den Hundertjährigen Krieg, die Religionskriege oder die Französische Revolution zeugen?

Die Andacht nach dem Frühstück unterbricht unsere Diskussion. Wieder beten wir überwiegend Texte. Ein Sitzen in Stille oder Singen läge mir so viel näher. Schließlich erwähne ich, dass ich in den Kapellen und Kirchen am Weg oft das „Hagios ho theos“ singe. Sie kennen es nicht. Ich verspreche, es Ihnen nach meiner Rückkehr zu schicken. So trennen wir uns sehr herzlich und Marco, der mich auch empfangen hatte, trägt mir noch den Rucksack bis zur alten Brücke, eine freundliche Geste.

Von der Gemeinschaft haben wir eine Fotokopie mit einer empfehlenswerten und kürzeren Variante des Weges bis nach Espeyrac erhalten. So wandern wir nicht im nebligen Tal des Lot, sondern steigen hinter der Brücke durch den Wald steil auf die Höhen zum GR Nr. 6 hinauf. Hier ist es bereits sonnig und klar. Wieder werden wir mit einem berauschenden Rundblick belohnt. Ich lasse François und Raoul vorgehen, um immer wieder stehen bleiben und staunen zu können. Dieser Weg ist wunderschön. Esskastanien und Walnüsse liegen auf dem Boden. Sicher haben sie in der Ernährung früherer Generationen eine wichtige Rolle gespielt. Dann geht es durch uralte, fast verlassene Weiler mit umwucherten Steinhäusern und immer wieder auf den Höhen entlang. Eine bunte Blumenfülle erstrahlt in den Bauerngärten der noch bewohnten und bewirtschafteten Höfe und quillt über die Zäune: Sonnenhut, Astern, Dahlien und Sonnenblumen aller Art und Größe. Der weit gespannte Himmel, das transparente Licht, die jubilierenden Lerchen – ich bin einfach glücklich und dankbar! Trotzdem habe ich Scheu, in einer der Kirchen am Weg das „Hagios ho theos“ zu singen, als ich dort François in einer Nische sitzen sehe. Warum nur? Wartet er vielleicht sogar darauf, nachdem ich mein Singen gestern erwähnte? Und warum traue ich mich nicht?

Der kleine Ort Campuac lädt mittags zur Pause ein. Der Bäckerladen ist noch offen. Satt und müde strecke ich mich bald auf einer von den Bänken aus, die die Grünanlage des ovalen Dorfplatzes umsäumen. Die Sorge, dass ich wie eine Pennerin wirken könnte, habe ich schon in Spanien verloren. Von meinem Rucksack baumelt die Jakobsmuschel und als Pilgerin nehme ich mir das Vorrecht, mich auch liegend auf öffentlichen Plätzen auszuruhen – eine Bank ist da unwiderstehlich.

Erst spät komme ich in Espeyrac an. Wieder ist es ein Ort, der um ein altes Kloster entstand. Mit ihm ist ein Wunder der Hl. Fides von Conques verbunden, das auch in dem „Wunderbuch“ der Heiligen (um 1015) beschrieben wird: Als ein Mann namens Guilbert von einer Wallfahrt nach Conques zurückkehrte, soll sein Onkel, angeblich ein Priester (!), aus Eifersucht Räuber gedungen haben, die ihm die Augen ausrissen. In der Legende heißt es, zwei Vögel hätten sie aufgenommen und nach Conques getragen. Der nun blinde Guilbert ernährte sich mühsam als Herumziehender. Ein Jahr später erschien ihm die Heilige Fides im Traum und sagte, er solle erneut zu ihr nach Conques kommen. Arm, wie er war, wusste er nicht, wie er das durchführen sollte. Da ließ sie ihm vermitteln, dass er von der nächsten Kollekte sechs Geldstücke erhalten werde. Dies erfüllte sich, so dass Guilbert sich auf den Weg nach Conques machte. Die Nacht verbrachte er im inbrünstigen Gebet mit einer ganzen Pilgerschar vor dem Reliquienschrein – und am Ende dieser Nacht konnte er wieder sehen.[28]

Als ich erst gegen 17 Uhr in der Pilgerherberge von Espeyrac eintreffe, habe ich die Taschen voller Äpfel und Walnüsse. Der Herbst hat mich heute besonders reich mit Früchten beschenkt, und das ist gut, wie sich herausstellen wird. Die kleine Herberge ist ein Neubau. Er verfügt nur über zwei Schlafräume, Bad und eine große Küche. Wieder steht im Garten ein alter Walnussbaum, wie ich so manche in dieser Gegend gefunden habe. Er trägt riesige Nüsse, die auch noch leicht zu knacken sind. Raoul und François haben sich bereits eingerichtet und sitzen draußen auf einer Bank. Ihre Wäsche flattert schon auf der Leine. Sie erzählen mir etwas nachdenklich, dass im Ort entgegen den Angaben des Pilgerführers keinerlei Laden mehr geöffnet habe. Das läge wahrscheinlich nicht am Samstagnachmittag, weil sie da normalerweise offen sind. Sie vermuteten eher, dass ab dem letzten Wochenende im September viele der kleinen Läden nach der Sommersaison dicht machten. Sie hätten lediglich eine halbe Flasche Rotwein von einer alten Frau und eine Gurke von einem Bauern kaufen können. „Doch du wirst sehen, was der Charme von zwei Korsen vermag, wenn die Frau von der Gemeinde kommt, um unseren Beitrag zu kassieren", meint François optimistisch. „Sie ist sicher bereit, uns einige Kilometer bis zum nächsten Supermarkt zu fahren, um uns hier nicht darben zu lassen."

In der Tat fährt bald ein Auto vor und es betritt eine korpulente Marokkanerin mit ihrem kleinen Sohn den Raum, um uns nach der Bezahlung in ihr Buch einzutragen, unsere Pilgerausweise abzustempeln und – uns völlig ungerührt einen schönen Abend zu wünschen. Nein, sie könne uns auch nicht helfen, meint sie achselzuckend. Immerhin jemand, der sich gut abgrenzen kann, denke ich – auch gegenüber dem Charme zweier Korsen. Dann müssen wir also improvisieren heute Abend.

Im Kühlschrank ist noch ein kleiner Klecks Butter und etwas Tomatenmark. Im Schrank finden wir einen Rest Gries, etwas Gemüsebrühe und ein paar Spaghetti, die zwar längst nicht für drei Personen reichen, aber zumindest als

Vorspeise dienen. Jeder von uns hat einige Äpfel dabei und dann suchen wir vor Einbruch der Dunkelheit alle Nüsse, die im Garten zu finden sind. Danach holt jeder die „eiserne Reserve“ aus seinem Rucksack. Ich habe noch eine winzige Dose Thunfisch, ca. 5 cm Baguette und eine Scheibe Schinken von meinem Mittagessen. Ich staune, was bei den beiden Korsen da an Müsli-Riegeln zum Vorschein kommt, sie reichen als Frühstück für uns drei. So zaubern wir für jeden von uns eine halbe Tasse Gries-Suppe, darauf eine kleine Vorspeise aus Gurkensalat mit Thunfischöl und Walnüssen – oder besser Nusssalat mit Gurke. Danach gibt es für jeden eine winzige Portion Spaghetti mit Tomantensauce und Thunfisch-Spuren und knapp 2 cm Baguette mit einem entsprechend kleinen Stück Schinken. Zum Nachtisch reichen die Äpfel mit Walnüssen. Als wir unsere Teller etwas hungrig ablecken, kommt noch ein deutscher Pilger an, der täglich ca. 40 Kilometer wandert. Er hat so viel Proviant dabei, dass er uns noch ein Stück Wurst spendiert und wir ihm zum Dank ein halbes Glas Rotwein einschenken. So werden wir doch alle einigermaßen satt und morgen früh wird es Tee von Spitzwegerich und Minze aus den Wiesen geben und dazu eineinhalb Müsliriegel.

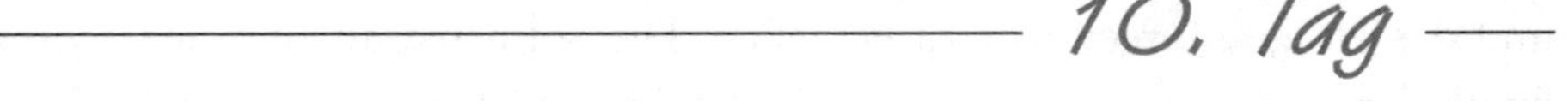

10. Tag

Espeyrac – Conques (12,5 km), Sonntag, den 29. September

Wie froh bin ich, dass ich dem Angebot von Raoul und François widerstanden habe, mich in ihrem Zimmer einzuquartieren! So verbringe ich die Nacht lärmgeschützt in einem anderen Raum und stolpere im Morgengrauen fast über den späten Pilger, der in der Küche liegt, weil er nachts dem lauten Geschnarche der beiden entflohen ist.

Auch beim Frühstück wird geteilt und diese Erfahrung, die uns ein wenig herausgefordert hat, verbindet uns. Spätestens jetzt wird uns klar, wie bequem wir im Vergleich mit den früheren Pilgern reisen. Aus einigen Pilgerberichten des späten Mittelalters geht hervor, dass die Menschen zu damaliger Zeit offenbar zwischen 40 und 60 km täglich wanderten[29]. Sicher waren sie mehr an Fußmärsche gewöhnt als wir heutzutage. Doch vermutlich war es bei den selteneren Siedlungen auch nötig, längere Strecken zurücklegen zu müssen, bis man die nächste Unterkunft fand. Zwar war es per Dekret Christenpflicht, anklopfende Pilger aufzunehmen, doch in ärmeren Gegenden dürfte diese Gastfreundschaft für die Bevölkerung schwierig gewesen sein. Selbst die reichen Klöster konnten den zahlreichen Pilgern des Mittelalters manchmal nur etwas Brot spendieren und eine warme Mahlzeit war selten.

Raoul kommt auf die Idee, dass heute die Umstellung auf die Winterzeit erfolgen würde, doch keiner weiß es genau. Wir lachen bei dem Gefühl, ein wenig außerhalb der Zeit geraten zu sein. Doch vielleicht gäbe es eine Chance, dass der Laden im Ort doch am Sonntagmorgen schon geöffnet hat, wenn es bei unserem Aufbruch nicht 7.30 Uhr, sondern schon 8.30 Uhr ist. Wie auch immer, wir haben Glück und der Laden ist offen, so dass sich jeder mit etwas Proviant für den Tag eindecken kann. Leider bleibt die Kirche geschlossen.

Wieder geht es bergauf. Etwas schwelt anscheinend zwischen François und Raoul. Ich klinke mich aus und lasse sie vorbeiziehen. Ich brauche viel mehr Zeit, da ich immer wieder stehen bleibe, um die noch nachtfrische, prickelnde Luft und das rosige Morgenlicht zu genießen. Die Sonnenstrahlen fallen schräg durch das Laub der Bäume und lassen es grün-golden aufleuchten, glitzernde Tautropfen hängen an Büschen und Halmen. Ich lausche dem Frühgesang der Vögel, freue mich am unendlich weiten Blick über die geschwungenen Höhen bis zu einem weißlich schimmernden, fernen Horizont. Heute nehme ich zum ersten Mal wahr, dass dieser Horizont sich an einer Stelle im Südwesten verdüstert, sicher durch Smog. Wie deutlich von hier aus diese Umweltverschmutzung wahrzunehmen ist! Es geht mir nahe. Welche Stadt mag das sein? Schon der Zielpunkt Figeac?

Ich freue mich, als ich in einem kleinen Dorf eine offene Kapelle finde, um dort zu singen. Danach setzt sich der Weg weiter über die Höhen fort. Doch je mehr die Gegend besiedelt ist, desto häufiger führt er an kleinen Straßen entlang. Da die Etappe bis nach Conques heute kurz ist, kann ich verschwenderisch mit der Zeit umgehen. So verweile ich an schönen Fleckchen, um die satte Landschaft auf mich wirken zu lassen. Es überrascht mich selbst, wie sehr ich mich auf Conques und einen Ruhetag freue. Morgen Nachmittag wird Tim, mein Mann, eintreffen und übermorgen hat er seinen 60. Geburtstag.

Irgendwann nehme ich wahr, dass der Pfad zunehmend abwärts führt, und ich erinnere mich, dass der Pilgerführer von einem steilen Abstieg sprach. Jetzt wird immer deutlicher, dass es ein uralter Weg ist, zum Teil noch gepflastert, zum Teil mit Stufen, die in den Stein gehauen wurden. Malerisch überwachsen und umrankt führt er mal den bewaldeten Hang hinab, mal als Heckenweg entlang. Manchmal wirkt er so verwunschen und fast märchenhaft unwirklich, so umschattet von den verschiedensten Grün- und Goldtönen, dass ich mir hier in dem dämmrigen Licht schwebend-tanzende Elfen aus den Bilderbüchern meiner Kindheit vorstellen könnte. Immer wieder bleibe ich wie verzaubert stehen, wenn plötzlich bei einer Wendung des Weges mit seinen uralten Steinen und verschlungenen Ranken Strahlenbündel goldenen Lichtes aufleuchten. Hier könnte ich lange verweilen und einfach nur staunen, so traumhaft schön ist dieses Stück Weg.

Ein Gedicht von Maryse Bodé kommt mir in den Sinn:

Jetzt
still sein können,
dass keiner das Heilige störe,
das Große im Raum,
das uns in unserer Verletzlichkeit
umfangen will,
das Gold, das durch das Blau der Bäume fliegt.

Jetzt
die zerbrechliche Wärme des Sommers
von außen nach innen holen (...)
und wissen, dass jetzt das Flüstern gilt,
das Flamme-Sein und Herzstern
in kalter Zeit.

Völlig überraschend mündet dieser verträumte, alte Weg dann irgendwann auf ein kurzes Wiesenstück. Dahinter liegen bereits die Dächer des alten Städtchens und der Abtei von Conques. Die drei mächtigen Türme der romanischen Pilgerbasilika ragen wie ein dunkler Bergkristall aus der Flanke des steilen Abhangs. Fast könnte man sie als Kathedrale bezeichnen, zumal sie – wenn auch kleiner angelegt – in eine Reihe mit der Kirche Saint-Servin von Toulouse und der Kathedrale von Santiago gestellt werden kann. Wie kommt es, dass dieser Ort, den ich mir viel größer vorgestellt hatte, so ruhig ist, dass ich ihn nicht im Geringsten gehört habe? Weder Auto- noch Menschenlärm nehme ich in der Mittagszeit wahr. Still liegt er am Hang eines bewaldeten, schmalen Tales, in dem unten ein kleiner Fluss fließt.

Aufmerksam gehe ich eine der kleinen Straßen entlang, als ob ich in eine längst vergangene, in sich ruhende Welt eintreten würde. An einem kleinen Platz im Schatten einer alten Linde sehe ich François und Raoul schon sitzen. Da die Pilgerherberge im alten Kloster erst um 14 Uhr öffnet, geselle ich mich zu ihnen. Wir verzehren fast schweigend unseren Proviant, so ergriffen sind wir von der Stille hier. Doch plötzlich höre ich Schritte und sehe zu meinem großen Erstaunen wieder die hinkende, weibliche Gestalt mit dem viel zu großen Rucksack und dem verbissenen Gesicht, die mir vor wenigen Tagen schon einmal begegnet ist. Grußlos humpelt sie an uns vorbei, immer noch ein lebender Vorwurf. Nach einer halben Stunde traue ich meinen Augen nicht: Da kommt dieses lebende Pilgerelend plötzlich als elegante Dame herausstaffiert in Stöckelschuhen und weniger humpelnd mit einem riesigen Koffer auf uns zu und bittet uns, darauf aufzupassen, bis sie ihren Wagen geholt habe. Bald fährt sie in einem mondänen Cabriolet mit Pariser Nummernschild vor, packt ihren Koffer hinten hinein und zerreißt mit aufheulendem Motor die Ruhe des Mittags. Diese Art von unerwarteter Pilgerverwandlung macht mich nachdenklich. Ich merke, wie meine Phantasien sie zu einer karrierebewussten, ehrgeizigen Frau stilisieren, die sich vom Pilgerweg irgendetwas erhofft haben mag und nun anscheinend enttäuscht und wütend in ihre Welt zurückkehrt.

Wir drei haben Zeit, bis die Herberge öffnet. Raoul wirkt weiterhin sehr zurückgezogen, ich weiß nicht, was mit ihm los ist. Er schweigt, während mir François von sich zu erzählen beginnt: Er habe seine krebskranke Frau 13 Jahre lang begleitet. Vor zwei Jahren sei sie gestorben. Danach habe er sich als Radpilger auf den Weg nach Santiago gemacht, doch diesmal wolle er ihn in Ruhe erwandern. Er seufzt: „Kurz vor ihrem Tod schickte ihr mein Neffe vom Jakobsweg aus Conques das geweihte Brötchen, das die hiesigen Mönche den Pilgern nach der Messe mitgeben. Doch meine Frau war überhaupt nicht religiös. Sie wusste nichts damit anzufangen. Ich habe es aufbewahrt und es ihr dann in den Sarg gelegt."

Seitdem sei er in einem Übergang, lebe irgendwie rastlos und müsse sich neu orten. Mich rührt seine Geschichte an. Ich weiß nicht genau warum, doch mir kommt in den Sinn, dass das chinesische Ideogramm für Krise sich aus den beiden Zeichen für Gefahr und Chance zusammensetzt. Darin liegt nach meiner Erfahrung die tiefe Weisheit, dass jede Krise auch eine Chance enthalten kann, wenn man aufmerksam hinfühlt und nicht versucht, so schnell wie möglich den alten Zustand vor der Krise wiederherzustellen. Zwar braucht es Mut, diese Krise anzuerkennen, und „Trauerarbeit", um sich von Bisherigem zu verabschieden. Und die nach außen oft chaotisch wirkende Übergangszeit bis zu einem neuen Ufer ist auch nicht problemlos. Doch rückwirkend betrachtet konnte ich bisher entdecken, dass schwierige Jahre meist wichtige, neue Impulse vermitteln. Ich riskiere es, Francois davon zu erzählen. Irgendetwas an meinen Worten macht ihn nachdenklich.

Um 14 Uhr öffnet die Pilgerherberge, die in dem früheren Klostergebäude eingerichtet ist. Nachdem ich den Stempel in meinem Pilgerausweis erhalten und bezahlt habe, steige ich die ausgetretenen Steinstufen eines alten Turmes hoch zum Schlafsaal. Nach den täglichen Dusch- und Waschritualen und einer Siesta fühle ich mich ausgeruht genug, um mich der berühmten romanischen Pilgerbasilika aus dem 11.-13. Jh. anzunähern. Mittlerweile ist es Spätnachmittag und die letzten sonntäglichen Touristen kehren zu ihren Autos außerhalb des Ortes zurück. Der Platz vor der Kirche leert sich. Das Westportal mit dem atemberaubenden Tympanon aus der ersten Hälfte des 12. Jh., auf dem Christus als Weltenrichter und das Jüngste Gericht dargestellt sind, beeindruckt mich. Es gehört zu den berühmtesten romanischen Steinmetzarbeiten. Die Sonne neigt sich bereits und taucht nur noch die Mandorla des Salvators, d.h. Christus als Retter, und die Seite des Paradieses mit den Seligen zu seiner

Rechten in warmes Licht. Die Seite der Verdammten, in der drastische Teufelsfratzen die Unglücklichen verschlingen, quälen, brennen und beißen, liegt bereits im Schatten.

Als ich das große Tor zu der romanischen Pilgerbasilika schließlich öffne, verschlägt mir die Majestät dieses sakralen Raumes, seine klare und so „rein" wirkende Schönheit und spirituelle Ausstrahlung fast die Sprache. Lange sitze ich still in einer Bank und lasse die von der Abendsonne durchlichtete Kirche mit ihren harmonischen Maßen, den hoch aufstrebenden Pfeilern und Säulen auf mich wirken. Seit dem Rocher d`Aiguille in Le Puy, dem steilen Felsen mit der Kirche Saint-Michel ganz oben, und danach den Höhen des Aubrac ist es dieser Ort hier, der mich im Tiefsten berührt.

Nach dem Abendessen im alten Refektorium des Klosters wird in der Basilika eine Pilgermesse gefeiert. Neben den vier Helfern betreuen nur drei Prämonstratenser-Mönche die Pilger und halten das Kloster lebendig. Die nun völlig stille Kirche ist nur am Altar und an wenigen Plätzen von Kerzen erhellt, was ihr eine fast mystische Atmosphäre verleiht. Der Text des Evangeliums wird in den Sprachen der jeweils anwesenden Pilger von ihnen selbst verlesen. Ich lese eine Stelle aus der geheimen Offenbarung, spreche in die fast dunkle Kirche hinein. Wie viel Gewicht die umgebende Stille diesen Worten gibt! Wir singen Lieder aus der ökumenischen Gemeinschaft in Taizé. Fast alle nehmen an der Kommunion teil. Zum Abschluss erhält jeder, der morgen weiterzieht, noch ein kleines, rundes Brötchen mit auf seinen Weg und wird gesegnet. Es schmerzt mich, dass ich nicht mit den anderen nach vorne treten kann, weil ich ja noch morgen in Conques bleiben werde.

Danach setzt sich einer der Mönche an die Orgel, während wir leise in der Kirche herumgehen, hier und da staunend stehen bleiben oder still und bewegt in irgendeiner Bank zuhören. Er spielt Variationen über ein Thema von Bach, improvisiert über andere Melodien, bringt den stillen, mittlerweile dämmrigen Kirchenraum immer mehr in ein geheimnisvolles Schwingen und Klingen. Es ist einfach nur wunderbar!

(...) Sehnsucht, Trauer, Engelsfreude tönend,
sich Musik aufbaut zu geistigen Räumen,
sich verloren wiegt in seligen Träumen,
Firmamente baut aus tönenden Sternen (...)
(...)bis es scheint, es sei die Welt durchlichtet,
ein Kristall, in dessen klaren Netzen
hundertfach nach reinlichsten Gesetzen
Gottes lichter Geist sich selber dichtet (...)

(...) Und so fließt im unterirdisch Dunkeln
ewig fort der heilige Strom, es funkeln
aus der Tiefe manchmal seine Töne;
wer sie hört, spürt ein Geheimnis walten,
sieht es fliehen, wünscht es festzuhalten,
brennt vor Heimweh. Denn er ahnt das Schöne. [30]

Alle sind wir ganz still, ganz „Ohr geworden". Fast ein Ersterben, als die Musik irgendwann leise ausschwingt und verklingt. Eine Weile sitzen wir noch lautlos, dann erheben wir uns schweigend und gehen zurück ins Kloster, wie es Mönche jahrhundertelang getan haben. Noch lange liege ich wach und lausche der Musik in mir nach, bin innerlich wieder in der stillen, hohen Kirche im Schein der wenigen Kerzen. Wir waren alle einfach nur „da" und gleichzeitig schien noch etwas anderes spürbar, das über uns hinausging. Keine gesprochenen Gebete haben es in Begriffe eingeengt. Es konnte irgendwann entstehen und zwischen uns allen schwingen. Wie gut, dass es diese Mönche hier gibt, die nicht viel über Worte vermitteln, sondern einfach nur durch ihr Sein. Endlich, endlich erlebe ich eine wirkliche spirituelle Dichte und dazu noch an diesem wunderbaren Ort. Irgendetwas in mir weitet und erfüllt sich tief. Noch mitten auf dem Weg komme ich hier innerlich an.

In Conques,
Montag, den 30. September

Wie gut habe ich in dieser Nacht geschlafen – wie bisher immer in den Klöstern auf den Pilgerwegen! Ich bin froh, dass ich noch den nächsten Tag an diesem Ort verbringen kann, um auf Tim, meinen Mann, zu warten. Wir wollen hier morgen seinen Geburtstag begehen, auf dem Weg, wie er es sich gewünscht hat.

Aus Freundschaft wollte ich François und Raoul noch ein Stück weit bis zur Kapelle und Quelle der Heiligen Fides jenseits des Ortes begleiten, um mich dann von ihnen zu verabschieden und sie Richtung Santiago weiterziehen zu lassen. Doch François kommt mir schon mit seinem Rucksack alleine auf der Treppe entgegen, um sofort aufzubrechen. Jetzt erfahre ich auch, warum zwischen ihm und Raoul irgendetwas quer lag: Sie werden ihre Wege ab hier trennen. Er wird alleine weitergehen, Raoul eventuell nach Hause zurückkehren. Und schneller, als ich es innerlich mitvollziehen kann, verabschiedet er sich auch von mir. Wir umarmen uns herzlich und spüren wohl beide, dass wir noch gerne mehr miteinander gesprochen hätten. Doch der Pilgerweg ist voller Begegnungen und Trennungen. Und so lasse ich ihn etwas wehmütig ziehen. Raoul sehe ich nicht mehr.

Ich verbringe den frühen Morgen damit, in ein Zimmerchen unter dem Dach umzuziehen. Hier kann ich unabhängig von der Pilgerherberge und doch im Kloster mit Tim wohnen. Dann wandere ich durch die alten Straßen und setze mich weiter unten im Tal an die Kapelle des Heiligen Rochus. Hier habe ich Zeit und Ruhe, um mir mit Blick auf das Städtchen die Geschichte von Conques zu vergegenwärtigen.

An der Quelle, die bis heute in Klosternähe sprudelt, hatte sich in der ersten Hälfte des 8. Jh. ursprünglich ein Einsiedler mit Namen Dadon zurückgezogen. Ihm folgten bald darauf andere fromme Männer. Sie erbauten eine Kirche zu Ehren von „Christus, dem Retter“ („Saint Sauveur“). Auf einer Urkunde von 819 wird erwähnt, dass Kaiser Ludwig der Fromme die Gemeinschaft, die sich zur benediktinischen Regel bekannte, unter seinen Schutz stellte. Angeblich gab er auch dem Kloster den Namen „Conques", abgeleitet von okzitanisch „concha" (Muschel). Dies spielt auf die muschelförmige Öffnung des Tales an, an dessen Hang sie siedelten.[31]

Zu wirklichem Ruhm gelangte das abgelegene Kloster aber erst durch die Reliquie der Hl. Fides, deren „Überführung" nach Conques wahrscheinlich für die raueren Sitten des Mittelalters nicht untypisch, jedoch für heutige Verhältnisse ungewöhnlich ist:

Fides (was so viel wie Glaube, Treue heißt) wurde als Tochter einer wohlhabenden gallo-romanischen Familie Ende des 3. Jh. geboren und bekehrte sich zum Christentum. Da sie sich weigerte, den heidnischen Gottheiten zu opfern, wurde sie – erst 12-jährig – enthauptet und starb am 6. Oktober im Jahre 303 als Märtyrerin in Agen, wo sie auch begraben wurde. Ihre Gebeine wurden später in einer Kirche von Agen aufbewahrt und sollen schon dort zahlreiche Wunder bewirkt haben.

Mehr als 500 Jahre später erinnerten sich die Mönche von Conques dieser Heiligen und beschlossen offenbar, ihre Gebeine nach Conques zu holen, besser: sie aus der Kirche in Agen zu rauben. Ein Grund war wohl, dass man sich erhoffte, die Pilgerströme auf diese Weise in das einsame Tal zu lenken. So ging einer der Brüder als Priester nach Agen und brachte es im Verlauf von zehn Jahren auch dazu, den Schrein mit den Reliquien bewachen zu dürfen. Am Fest der Epiphanie im Jahre 866, als der gesamte Klerus beim Essen zusammensaß, entführte er die Reliquien und gelangte mit ihnen am 14. Januar nach Conques. Oder sollten sie nur vor den Normannen geschützt werden, die 862 bereits Toulouse erobert hatten und die Kirchen ausplünderten?

Jedenfalls häuften sich angeblich die Wunder in der Folgezeit derart (oder dienten Wunderberichte als Legitimation für den Raub?), dass die Menschen begannen, nach Conques zu wallfahren. Die Rechnung ging auf: Die Abtei wurde bald durch Pilger und Schenkungen reich und berühmt. Heute kann im Museum des Klosters (das „den größten, erhaltenen Kirchenschatz des französischen Mittelalters"[32] birgt) noch die mit Gold und Edelsteinen überzogene

Sitzfigur der Heiligen Fides besichtigt werden. Offenbar ist sie kurz nach ihrer Ankunft in Conques unter Verwendung antiker Teile geschaffen worden, brauchten doch die Pilger ein sichtbares Zeichen der Anbetung.

1050 erschienen ein Buch über ihre Wunder (das „Liber Miraculorum Sanctae Fidis") und ein Lied darüber in provencalischer Sprache. Buch und Lied machten sie auch in anderen Teilen Frankreichs und angrenzenden Ländern berühmt. Selbst in Santiago de Compostela ist ihr eine der Kapellen in der Kathedrale geweiht. Um die immer größeren Pilgerströme, zu denen sich zunehmend auch die Jakobspilger gesellten, aufnehmen zu können, musste die Kirche im 11. und 12. Jh. vergrößert werden und erhielt ihre heutige Form als Pilgerbasilika. Sie gehörte damals zu den größten und durch das beeindruckende Tympanon zu einer der schönsten romanischen Kirchen. Zusammen mit der Kirche von Vézelay galt sie sogar als Vorbild für die Kathedrale von Santiago. 1424 wurde allerdings die Benediktinerabtei aufgehoben, vielleicht, weil durch die Wirren des Hundertjährigen Krieges kaum noch Pilger kamen. Die Kirche diente nur noch dem Ort als Gotteshaus. Wie durch ein Wunder blieb die Figur der Fides unbeschadet, selbst durch die Wirren der Französischen Revolution. Wahrscheinlich hatten die Bewohner sie gut versteckt. Die Basilika jedoch musste Anfang des 19. Jh. aus desolatem Zustand restauriert werden, eine Arbeit, die sich bis in die vergangenen Jahrzehnte hinzog. Heute erstrahlt sie wieder in alter Schönheit – für unsere Augen vielleicht sogar noch schöner. Wir müssen annehmen, dass sie in romanischer Zeit bemalt war, was für uns heute meist gewöhnungsbedürftig wirkt.

Immer wieder gehe ich während des Tages in diese so hochgewölbte, „reine" und lichte Kirche und lasse den Raum und sein Ebenmaß auf mich wirken. Bei aller Freude, heute hier bleiben zu können, bin ich doch auch ein wenig traurig, dass alle anderen Pilger jetzt unterwegs sind. Wieder erlebe ich es wie einen Sog, auf den Weg zu gehen, mit den anderen weiterzuziehen. Erst nach und nach weicht dieses Gefühl und ich komme innerlich zur Ruhe. Ich spüre, wie tief ich schon wieder in das tägliche Wandern meiner temporären Pilgerschaft eingetaucht bin – eine Existenzform, die mich so beglückt. Warum wohl? Was wird da in mir wach und kommt zum Klingen? Geht es darum, durchlässiger, empfindsamer zu werden? Geht es um die besonderen, fast „mystischen" Erfahrungen, die in jedem von uns angelegt sind, auch wenn Ratio und Selbstbezogenheit sie oft verstellen?[33]

Auf dem Kirchenvorplatz habe ich heute Zeit, mir in Ruhe das im 12. Jh. geschaffenen Tympanon anzuschauen. Am Morgen bescheint die Sonne unbarmherzig das bestialische Treiben der Teufel in der Hölle! Jetzt erkenne ich auch noch Farbreste der mittelalterlichen Bemalung und bin froh, dass sie fast ganz abgeblättert ist! Wie sehr mag die Verdammnis die damaligen Menschen erschreckt und zur Buße bewegt haben! Vielleicht sind die Höllenqualen so viel plastischer dargestellt, weil es viele der Foltermethoden in der Geschichte der Menschen auch real gegeben hat? Wir haben uns schon immer unsere eigene Hölle geschaffen! Die Wonnen des Himmels dagegen entziehen sich der bildlichen Darstellung. Da stehen die Propheten, Heiligen und Märtyrer nur brav nebeneinander aufgereiht und es vermittelt sich kaum, wie sich Seligkeit anfühlen könnte. Sie bleibt „unbeschreiblich". Allein im berühmten Portal der Glorie der Kathedrale in Santiago habe ich bei den Alten der Apokalypse etwas von dem Entzücken spüren können, das sie wohl ergriffen hatte. Wie schwer ist es, die unaussprechliche Glückseligkeit, die wir mit dem Paradies[34] verbinden, in die schwere Materie des Steins zu meißeln!

Im Verlauf des Tages wandere ich immer wieder durch die kleine, noch weitgehend von Modernität verschonte Stadt und versuche, Blumen zu finden, die ich morgen Tim zu seinem Geburtstag schenken könnte. Ist es vorstellbar, dass ein Ort von wenigen Hundert Einwohnern derzeit über keine anderen Läden verfügt außer denen für Souvenirs und eine einzige Bäckerei? Mittags etwas Eßbares zu finden ist schwierig, denn ein großes Menu in einem Restaurant will ich nicht. Ich kann nur Brot und ein paar süße Stückchen kaufen. Schließlich finde ich ein Geschäft für „Feinschmecker-Souvenirs" und leiste mir ein Stück extrem teuren Käse. In der Herberge gibt es erst heute Abend wieder etwas zu essen und mein Proviant ist nach unserer Menu-Improvisation in Espeyrac aufgebraucht.

So umkreise ich also den Ort mit sehnsüchtigem Blick auf die Gärten der Häuser, in denen herrliche Herbstblumen blühen. Was soll ich tun? Wenn ich heimlich über den Zaun greife, einige pflücke und mit diesem Strauß in die Herberge komme, weiß jeder der Hopitaliers, die die Herberge betreuen, dass ich sie mitgehen ließ. An einem so frommen Ort wie einer Pilgerherberge wäre das eine schlechte Empfehlung. Aber Tim gar keine Blumen schenken? Ich streife über einige Wiesen und suche dort, finde aber zu dieser Jahreszeit nichts, was einen Geburtstagsstrauß bilden könnte. Wieder kehre ich zu den Gärten zurück, bin hin- und hergerissen. Da sehe ich auf einem Komposthaufen außerhalb eines Gartentores einem Haufen Ranken von einem blühenden Strauch, der sich „Trompeten von Jericho“ nennt. Einige Blüten sind noch nicht ganz verwelkt. Als ich die Ranken herausziehe, lassen sie zwar ziemlich die Köpfe hängen, doch ich habe die Hoffnung, dass sie sich, über Nacht in Wasser gestellt, vielleicht erholen könnten.

So komme ich mit einem zweifelhaften „Strauß“ zum Eingang des Klosters zurück. Unterwegs überholt mich eine Frau, die mit einem Korb Blumen ebenfalls die Pforte ansteuert. Wie beneide ich sie! Wie erwartet, sitzen die Hospitaliers in ihrer Pause draußen auf der Mauer und staunen nicht schlecht, als sie mich sehen. Auf ihre Frage, was ich denn um Himmels willen mit diesem Abfall wolle, erkläre ich ihnen, dass ich ihn mühsam gesammelt hätte, um mangels anderer Blumen damit morgen meinem Mann zu seinem 60. Geburtstag zu gratulieren. Und etwas seufzend: „Vielleicht wird die Hl. Fides ja noch ein Wunder wirken und die blühenden Zweige haben sich bis morgen erholt!“ Dafür ernte ich schallendes Gelächter!

Einige Stunden später nimmt mich dann einer von ihnen zur Seite und macht mir einen grandiosen Vorschlag: Er habe die Aufgabe, mit den Blumen, die ihm vorhin gebracht wurden, die Kirche zu schmücken. Das könne er auch auf morgen verschieben. Er würde mir heute Abend einen schönen Strauß arrangieren, mit dem ich morgen in der Frühe meinem Mann gratulieren könnte. Danach würde er ihn dann auf den Altar stellen. Ich bin entzückt und wir vereinbaren noch, wo er den Strauß verstecken kann, damit Tim ihn nicht sieht. So hat sich das Problem gelöst. Mit Hilfe der Hl. Fides?

Als ich nachmittags durch die Gassen schlendere, höre ich hinter mir ein vertrautes Rufen: Tim! Etwas erschöpft von der 18-stündigen Autofahrt ist er gerade in Conques angekommen. Bewegt und glücklich begrüßen wir uns. Die letzten Tage werden wir zusammen wandern. Sein gepackter Rucksack steht im Auto.

Um innerlich in der Existenzform des Pilgers und hier in Conques anzukommen, führe ich ihn bald aus dem Touristentreiben weg in den ruhigen Kirchenraum. Tim ist ebenso berührt von dem lichten, hochstrebenden Mittelschiff, das sich in die schlichte Apsis verlängert, von den mächtigen Pfeilern und Säulen, den sich nach oben verzweigenden und im Gewölbe zusammenfindenden Bogenlinien. Ich freue mich schon auf die abendliche Andacht in der stillen und nur von Kerzen erhellten Kirche, dem Klang der Orgel, den schwebenden Tönen, wenn einer der Mönche zu improvisieren beginnt...

Beim Abendessen treffen wir zu meiner Überraschung mit André und dem französischen Pulk zusammen, dem sich jetzt auch noch Barbara aus Freiburg und Claude aus Montreal zugesellt haben. Wir begrüßen uns freudig, und doch ist zu André und den Franzosen eine Distanz eingetreten. Ich bin ja von ihnen weggegangen und gehöre seit vielen Tagen nicht mehr dazu.

Später:

Der Tag hat mit der Andacht in der abendlich stillen Kirche und mit dem Pilgersegen geendet – dies ist der wirkliche Abschied. Wir erhalten das gleiche kleine Brötchen für den Weg morgen, das vor wenigen Jahren François seiner Frau für einen ganz anderen Weg mit in den Sarg gegeben hatte. Lange sitzen wir noch in der Kirche und lauschen dem Orgelspiel, bis es irgendwann verklingt. Diesmal dürfen wir die lebendige Stille danach auskosten, solange wir wollen...

Von Conques nach Figeac und Rocamadour

Jeder Ort auf dieser Erde
hat seine eigene Stille.
Indianischer Spruch

11. Tag

Von Conques bis Viviez bei Decazeville (Bahnhof) mit dem Auto.
Zu Fuß von Viviez – Montredon (ca 14 km),
Dienstag, den 1. Oktober

Der riesige Blumenstrauß, den ich noch im Morgengrauen vom verabredeten Ort aus einem dunklen Winkel des Klosterhofes viele Treppen und Stiegen bis zu unserem Zimmer unter dem Dach hochschleppte, war wirklich eine gelungene Überraschung! Der Hospitalier hatte sich alle Mühe gegeben, während meine Ranken immer noch mit hängenden Köpfen in einer Konservendose steckten. So konnte ich eine schöne Geburtstagsbescherung zaubern. Beim Frühstück bekommt Tim von den anderen Pilgern ein Ständchen gebracht – fast wie zu Hause.

So lange an diesem wunderbaren Ort gewesen zu sein, war ein großes Geschenk. Heute früh ging es weiter, und zwar per Auto einige Kilometer zum nächstgelegenen Bahnhof in Viviez bei Decazeville, wohin wir nach dem Ende unserer diesjährigen Strecke von Figeac aus mit dem Zug zurückkehren können. Doch wie finden wir nun den Einstieg zum Jakobsweg? Die dazu nötigen 3-4 km zurückzugehen wollen wir nicht. Gut gerüstet durch die genauen Karten des französischen Pilgerführers improvisieren wir also an diesem Vormittag,

Frohgemut brechen wir auf. Wir sind darauf gefasst, zu Anfang in dem engen Tal ein Stück an der befahrenen Nationalstraße entlangwandern zu müssen.

Trotzdem ist es jedes Mal ein Schock, sich plötzlich von Gestank und Lärm vorbeibrausender Laster bedrängt zu fühlen. Hinter dem Ort hören die Bürgersteige auf, so dass wir nur den schmalen Randstreifen zur Verfügung haben, um gefährlich um Kurven schlingernden Anhängern auszuweichen. Wie ohnmächtig fühle ich mich angesichts dieser fast monströsen, fauchenden Übermacht! Und doch: Trage ich nicht genauso wie andere zu diesem Lastverkehr bei, wenn ich es sommers wie winters selbstverständlich finde, dass z.B. Obst und Gemüse aus den unterschiedlichsten Ländern in den Regalen der Supermärkte zu finden sind? Der vielleicht einzige Weg läge in einem „Gesundschrumpfen“ unserer überzogenen Konsumgewohnheiten und einer Verlagerung der Prioritäten, um an anderen, sinnvolleren Stellen Arbeitsmöglichkeiten zu schaffen.

Während ich noch darüber nachdenke, entdecken wir ein schmales Sträßchen, das endlich weg vom Verkehr und steil einen Hang aufwärtsführt. Auf der Höhe ist vom hektischen Lärm im Tal unten nicht mehr viel zu hören. Jetzt haben wir die Wahl, in einem großen Bogen und parallel zur Nationalstraße den langgezogenen Bergrücken zu umrunden oder uns einen Durchgang quer über Weiden und Wälder bis zum Tal des Lot auf der anderen Seite zu suchen. Pfade sind in dieser Richtung nicht auf der Karte eingezeichnet.

Nachdem wir uns unterwegs an einem wilden Feigenbaum mit köstlichen Früchten gestärkt haben, beschließen wir, uns nach Daumen und Sonnenstand zu orientieren und den Weg querfeldein zu suchen. Zwar ist es beschwerlich, immer wieder zum Erstaunen wiederkäuender Rinder über Weidezäune zu klettern, doch wir kommen einigermaßen vorwärts. Wie anders fühlt es sich an, einer beschilderten Spur zu folgen! Schließlich wird dieser Versuch doch ermüdend und wir sind froh, als sich endlich die Höhe neigt und wir den Abstieg durch einen Wald beginnen können.

Irgendwann erreichen wir einen Pfad, dann eine kleine Straße und nach einer Biegung sehen wir endlich die Wasser des Lot in der Ferne schimmern. Danach noch ein Stück am Ufer entlang und dann geht es auf der Brücke nach Livinhac-le-Haut. Der Zusatz „le Haut“ (auf der Höhe) verwundert bei diesem netten Örtchen direkt am Fluss unten. Welchen Hintergrund hat er?

Hier haben wir den Anschluss zum Pilgerweg gefunden. Auf dem Platz mitten im Städtchen treffen wir Barbara und Claude im Gespräch auf einer Bank im Schatten von Platanen. Ich setze mich zu einem Plausch dazu. Der Nachmittag hat schon begonnen, als wir zu den letzten 6 km nach Montredon wieder vom Flusstal auf die Höhe steigen.

Der Weg führt weiter leicht bergauf. Abermals müssen wir Wälder durchwandern, in denen geschossen wird. Jedes Mal zucke ich zusammen, wenn in meiner Nähe ein Schuss abgeht. Fast fühle ich mich so ausgesetzt wie das gejagte Wild. Die Pilger stören offenbar die Jäger und die Jäger wiederum die Pilger. Ich beschleunige den Schritt, um bald wieder in ruhigere Gefilde zu kommen, doch die Schießerei begleitet mich fast bis zu unserem heutigen Etappenziel.

Immer wieder genieße ich den wunderbaren, weiten Blick über die gründgoldenen Höhen, bevor ich erneut in den Wald eintauche. Als das hübsche Dörfchen Montredon („runder Berg“) auftaucht, war die heutige Etappe zwar kurz, doch wir haben ein gutes Zeitpolster. Schon morgen werden wir nach 18 km Figeac erreichen. Die Strecke ist zu weit, um sie heute noch zu bewältigen, zumal es keine Unterkunftsmöglichkeit mehr auf diesem Stück gibt. So richten wir uns in Ruhe in einem kleinen Zimmer der privaten Pilgerherberge ein, und ich genieße es, im schönen Garten Tagebuch zu schreiben. Die anderen Pilger, die nach und nach hier eintreffen, kenne ich nicht mehr. Der französische Pulk um den alten André ist in Conques abgereist. Nur Barbara und Claude werden weitergehen. Immer noch quält sich Claude mit ihrer Entscheidung, ob sie nach jahrelanger Arbeit in Non-Profit-Organisationen jetzt mit fast 40 Jahren einen lukrativen Job annehmen soll, um Edeltouristen durch Nepal zu führen („Ich muss auch irgendwann mal Geld verdienen und für meine Rente sorgen!“), oder ob sie zu einer gerade aufgeblühten Liebe nach Montreal zurückkehrt.

Abends erscheint Barbara nicht zum Essen, sondern liegt mit Schüttelfrost und Magen-Darm-Grippe im Bett. Sie versteht es selbst nicht, heute Mittag ging es ihr noch ganz gut. Hoffentlich ist sie morgen wieder fit.

12. Tag

Montredon – Figeac (18,5 km), Mittwoch, den 2. Oktober

Barbara geht es richtig schlecht heute früh, offenbar hat sie auch Fieber. Wir bleiben noch eine Weile bei ihr und überlegen, wie wir ihr helfen können. Heute muss sie einfach im Bett bleiben, morgen kann sie zur Not ein Taxi bis Figeac nehmen. Wir werden in der Pilgerherberge für sie reservieren und heute Abend mal anrufen, damit sie sich nicht so verlassen fühlt. Es trifft sich gut, dass wir bis Samstagfrüh in Figeac bleiben wollen. Vielleicht geht es ihr ja übermorgen besser.

So starten wir heute erst gegen 9 Uhr von diesem hübschen Dorf. Wieder ist es ein strahlender, frischer Morgen und eine Lust, durch die sich immer mehr mit bunten Herbstfarben schmückende Landschaft zu wandern. Der Weg führt über weite, besonnte Höhen, die sich sacht abwärts zu neigen beginnen. Aus den Tälern steigt Morgennebel, an Wiesen und Pflanzen glitzern Tautropfen wie Diamanten. Wir wandern durch Eichen- und Esskastanienwälder und verweilen an den üppigen Brombeerhecken. Wie immer stoßen wir auf zahlreiche, verlassene Bauernhäuser, doch einige von ihnen sind auch wieder liebevoll restauriert. Uralte Dörfchen gibt es hier mit Brunnenhäusern aus vergangenen Jahrhunderten. Manchmal finden wir Feigen und Walnüsse, eine willkommene Wegzehrung für zwischendurch. Doch nach und nach häufen sich Häuser und Straßen, der Nachteil eines dichter besiedelten Gebiets.

In dem Dorf Saint-Felix stoßen wir auf ein kleines romanisches Kirchlein mit einem wirklich außergewöhnlichen, winzigen Tympanon: Er stellt die Verführung von Adam und Eva durch die Schlange dar. Was mag im 11. Jh. der Hintergrund für dieses Motiv auf einem Tympanon gewesen sein? In archaischer Einfachheit stehen sie nackt zu beiden Seiten vom Baum der Erkenntnis, noch in ihrer paradiesischen Unschuld, doch vom Steinmetz – wahrscheinlich im Auftrag des Klerus – vorsichtshalber mit einem riesigen Feigenblatt vor ihrer Scham versehen. Aus einem senkrechten Stamm wachsen an langen Ästen oder Stielen vier Äpfel. Den obersten ergreift Adam selbst und scheint damit direkt vom Baum der Erkenntnis zu essen, ohne von Eva verführt worden zu sein, eine erstaunliche Abweichung zur Genesis.

Fast notenschlüsselartig windet sich in zwei Schwüngen eine riesige Schlange um den Baum und scheint Eva einen Apfel zu reichen – oder pflückt sie ihn doch selbst vom darüber liegenden Stiel ab? Wieder lässt die Darstellung eine doppelte Auslegung zu. Die Hände sowohl von Adam wie von Eva sind am jeweiligen Apfel mit dem Stamm und der wiederum mit der Schlange verbunden. Wenn ich es richtig deute, essen sie auf diesem Tympanon beide vom Baum der Erkenntnis! Dieser Akt wird von der Kirche in Form eines Paradoxes als „felix culpa", als „glückliche Schuld" bezeichnet: „Schuld", weil sie das Gebot Gottes übertreten; „glücklich", weil ihnen durch diese Tat „die Augen aufgehen" und trotz allen Leids, das nach der Vertreibung aus dem Paradies entsteht, sich ihnen auch „Bewusstsein" vermittelt. Spiegelt sich bei dieser Ursprungsgeschichte nicht gerade in der Gabe des Bewusstseins der tiefe Widerspruch zwischen Neugier und Drang nach Erkenntnis einerseits und andererseits immerwährender, schmerzlicher Sehnsucht nach dem Zustand der Einheit mit allem, was existiert, wie er im Paradiesmythos beschrieben wird? Speist sich nicht daraus die Suche und manchmal auch „Sucht" oder auch der teilweise regressive Sog nach allem, was sich auf Erden ähnlich anfühlt? Von der Sehnsucht nach sexueller Vereinigung angefangen über die Sehnsucht nach Aufhebung der Dualität mit Hilfe von Drogen oder in der Ekstase?

Noch eine Weile beschäftigt mich die Paradiesgeschichte, wie dieses Tympanon sie erzählt. Jetzt bin ich froh, auf kleinen Straßen so vor mich hintrotten zu können. Doch dann biegt ein Pfad ab und ich muss mich erneut konzentrieren. Ab und zu wandern wir an Ziegenherden vorbei, manchmal begegnen wir ihnen auch auf einer Waldlichtung. Wir rasten im Schatten neben einem Weg durch einen wunderschönen Hochwald. Ich hätte nicht gedacht, dass es noch so warm werden kann um diese Zeit. So ist es möglich, sich einfach auf der Matte auszustrecken und zu schlafen.

Als wir ausgeruht wieder aufbrechen und bald aus dem Wald treten, nehmen die Häuser nach und nach zu. In dieser Gegend tragen die alten Gehöfte inmitten eines großen, ummauerten Geländes oft kleine Türmchen und erinnern damit manchmal an kleine Schlösser. Der Weg mündet schließlich in eine Landstraße ein, der Verkehr wächst an. Wir nähern uns der Stadt Figeac. Über die mittlere der drei Brücken überqueren wir schließlich den Célé, der sich weiter flussabwärts mit dem Lot vereinigen wird, und treten in eine noch intakt wirkende, mittelalterliche Altstadt ein. Ich bin bezaubert von den hohen, gotischen Häusern und Palästen mit ihren spitzbogigen Portalen und den engen, geschwungenen Straßen und Gassen. Wir durchqueren sie staunend und freuen uns darauf, später in das lebendige Treiben auf den Plätzen einzutauchen. Zuerst aber gilt es, unsere Last loszuwerden. Dazu müssen wir die ganze Talsenke durchqueren und uns bis zum gegenüberliegenden Hang hocharbeiten. Hier finden wir in einem grünen Vorort die private Herberge. Ich beneide die kleine Gruppe von Zigeunern, die sich mit ihren Wagen an einem tiefer liegenden Platz nahe bei der Altstadt niederlassen konnte.

Wieder verdankt sich diese Herberge einer privaten Initiative: Eine ältere Frau hat die oberen Stockwerke ihres großen Hauses, in dem sie offenbar jetzt alleine wohnt, den Pilgern zur Verfügung gestellt – und lebt sicher auch von diesen Einnahmen. Wir beziehen einen kleinen Raum, sicher eines der früheren Kinderzimmer, und haben von dort Zugang zu einer Dachterrasse mit wunderbarem Ausblick über den in der Ferne liegenden, alten Stadtkern. Barbara hat schon angerufen. Es geht ihr etwas besser. Sie wird morgen Nachmittag mit dem Taxi hierherkommen.

Später:

Es ist Spätnachmittag, als wir uns schließlich auf dem Platz um die mittelalterliche Münzprägestätte (dem Hôtel de la Monnaie) in einem Café niederlassen. Im Stadtmuseum haben wir über die lange Geschichte dieser Ansiedlung gestaunt. Wieder gehen die Anfänge auf eine Legende zurück, von der man vermutet, dass sie vielleicht in Täuschungsabsicht erfunden worden ist, da sie u.a. auch dazu diente, die Unabhängigkeit des späteren Klosters Figeac von Conques zu untermauern:[35]

Angeblich soll der Merowingerkönig Pippin der Kurze (715-68), als er das Gelände um den Fluss Célé durchstreifte, Stimmen gehört haben, dass er in dieser Flusssenke ein Kloster gründen solle. Die Legende berichtet weiter, dass Pippin bald darauf zwei Tauben sah, die am Himmel fliegend ein Kreuz zeichneten und daraufhin mit Olivenzweigen im Schnabel wieder an einer bestimmten Stelle landeten. Es heißt, Pippin sei überzeugt gewesen, dass dies der Platz für das Kloster werden solle, und veranlasste, dass eine Kirche zu Ehren Christi als „Heiligem Retter" (wie in Conques) gebaut würde.

Eine weitere Legende erzählt: Als Papst Stephan II. zur Einweihung der Kirche im Jahre 755 zugegen war, soll des Nachts Christus mit einer Schar von Engeln vom Himmel herabgestiegen sein und das Heiligtum eingeweiht haben – so deutete man himmlische Gesänge, die nachts vernommen, und die zahlreichen Kreuze mit Spuren von heiligem Öl, die angeblich tags darauf in der Kirche gefunden wurden.[36] So blumig wird dies in einer Chronik aus dem Jahr 755 berichtet, vielleicht um die Entstehung des Klosters von Figeac aufzuwerten?[37] Leider lassen sich die politischen, gesellschaftlichen oder persönlichen Hintergründe solcher Legendenbildungen selten rekonstruieren, um zu verstehen, aus welchen Interessen oder Konflikten heraus sie entstanden sind oder in welcher Weise wundersame Zeichen weiter ausgeschmückt wurden.

Das Kloster von Figeac stand in engem und vor allem kontroversen Kontakt zum Kloster von Conques, der Mutterabtei. Diese war wiederum mit dem damals bedeutenden Kloster Cluny verbunden. Bald entbrannte ein lang währender Streit zwischen Conques und Figeac um die Vormachtstellung, der offenbar die Mittel des Klosters in Figeac erschöpfte. Erst 1096 erhielt Figeac dann durch das Konzil von Nîmes seine volle Unabhängigkeit.[38]

Wie so häufig bildete sich in den Anfängen um ein Kloster auch eine Siedlung, erst recht, wenn vorbeiziehende Pilger eine Einnahmequelle bedeuteten. Im 12. Jh., zur Zeit des Höhepunkts der Pilgerströme, wurde in Figeac die Kirche Notre Dame de Puy errichtet. Das verweist auf eine enge Beziehung zur Marienverehrung in Le Puy, dem Ausgangspunkt der Via Podiensis. Auch die Entstehung dieser Kirche geht auf eine Legende zurück, wonach Maria angeblich an der Stelle eines karolingischen Oratoriums unter dem Schnee einen

Rosenstrauch erblühen ließ. Im 14. Jh. wurde die Siedlung Figeac vom Abt des Klosters dem franz. König Philipp dem Schönen unterstellt, der in dem Städtchen bald eine Münzprägestätte errichtete.[39]

Diese geschichtlichen Hintergründe deuten an, wie Klöster mit ihrem Reichtum und ihren Verbindungen sowohl untereinander als auch zu einflussreichen Adelsfamilien oft eine wichtige Funktion hatten, (kirchen)politische, finanzielle und persönliche Interessen durchzusetzen. Dies verwundert nicht vor dem Hintergrund, dass oft junge Adelssöhne die Leitung eines Klosters übernahmen. Weniger aus religiösen Gründen, sondern aus eben diesen (Macht-) Interessen heraus wurden sie häufig in solche Positionen lanciert. Insgesamt baute der Adel seinen Einflussbereich durch Schenkungen an Klöster aus. Es ist zu vermuten, dass die Pilger in der Regel wenig von diesen Hintergründen wussten, zumal sie oft Fremde waren und aus dem einfachen Volk stammten. Sie mögen fromm die blumigen Legenden geglaubt haben. Viele Pilgerreisen der Adeligen dagegen dienten auch dazu, politische Fäden zu knüpfen und entsprechende Schachzüge im Kampf um Machtpositionen vorzubereiten.[40]

Die mittelalterlichen Pilger, die von Conques kamen, passierten auf ihrem Weg zu den Pyrenäen meist Figeac mit seinen vier Hospizen. Viele von ihnen dürften von dort aus den Umweg zum ca. 60 km entfernten Marienheiligtum Rocamadour eingeschlagen haben. Solche Entfernungen waren zu damaliger Zeit nicht selten eine Pilgeretappe. Unsere Vorfahren waren noch besser zu Fuß. Meine längste Etappe auf dem spanischen Jakobsweg war gerade einmal 35 km lang, und auf diesem Wegabschnitt durch Frankreich bin ich noch weit entfernt davon. Aber es geht ja auch nicht um eine möglichst beeindruckende Anzahl von Kilometern pro Tag, obwohl ich zu Hause oft danach gefragt werde.

Die Altstadt von Figeac ist wirklich beeindruckend mit ihrer fast einheitlichen gotischen Bebauung: Unter mächtigen Portalen hängen uralte Eichentüren in ihren Scharnieren, hinter abweisenden, hohen Mauern verbergen sich oft lauschige Innenhöfe – oder nüchterne Parkplätze mit Müllkübeln. An die schon im Mittelalter drei- bis vierstöckigen Häuser sind auch hier immer wieder Türmchen angebaut. Die Obergeschosse kragen oft auf die Straße hinaus.

Darüber, in einer offenen Balkenkonstruktion des Daches, befindet sich häufig ein Trocknungsspeicher.

Dass Figeac bis heute noch seinen gotischen Stadtkern erhalten konnte, verweist zwar auf seine Blütezeit im späten Mittelalter, jedoch auch auf seinen späteren wirtschaftlichen Niedergang. Bekannt wurde es danach nur noch als Heimat von Jean-Francois Champollion: Als Sohn eines reichen Apothekers hier groß geworden, beschäftigte er sich bereits seit seiner Kindheit mit alten Sprachen und entzifferte später die ägyptischen Hieroglyphen. Wir betrachten fasziniert die alten Zeichen im Champollion-Museum und vor allem die vergrößerte Wiedergabe des im Original nur ca. 1 m großen „Steins von Rosette". Auf ihm war ein identischer Text in Griechisch, Koptisch und in Hieroplyphen eingemeißelt. Der Vergleich dieses Textes führte Champollion auf die entscheidende Spur zur Lösung des Hieroglyphen-Rätsels.

Es ist eine Wonne für alle Sinne, in dieser lebendigen Altstadt für ein schönes Essen einkaufen zu können! Wir kochen abends in der Küche von Madame und sitzen noch lange im Mondlicht auf unserer Dachterrasse. Morgen wollen wir tatsächlich zum Abschluss dieses ersten Teils auf dem französischen Jakobsweg noch zum mittelalterlichen Marienheiligtum nach Rocamadour fahren. Leider reicht unsere Zeit nicht mehr, um in zwei bis drei Tagen dorthin zu wandern, wie es die früheren Pilger taten.

13. Tag

Von Figeac nach Rocamadour.
Donnerstag, den 3. Oktober

Wir haben uns einen frühen Zug nach Rocamadour ausgesucht. Er arbeitet sich auf die Hochflächen der Causses hinauf. Auf den ausgedehnten und zum Teil verkarsteten Kalkflächen ist nur noch begrenzt Ackerbau möglich. Wir fahren an Weiden mit Schaf- und Ziegenherden vorbei, unterbrochen von Buschland, vereinzelten Wäldchen und nur wenigen Gehöften. Eigentlich hatten wir uns vorgenommen, nur bis Gramat den Zug zu nehmen, einem alten Städtchen mitten im Quercy, wie diese Landschaft heißt. Wir wären gerne noch die letzten 12 km nach Rocamadour gelaufen. Gestern erfuhren wir aber, dass viele Touristen immer noch dorthin streben. Ein Blick auf die Uhr belehrt uns, dass wir gleichzeitig mit den zahlreichen Reisebussen ankommen würden. Also steigen wir erst an einem kleinen Haltepunkt 4 km vor Rocamadour aus. Nach einer kurze Strecke auf der Straße biegen wir um eine Kurve und halten dann wirklich überrascht inne:

Schon von weitem ist die einmalige Lage dieses Marienheiligtums beeindruckend! Später als festungsartige Kirche mit vielen Treppen in den Steilhang eines mächtigen Felsens hineingebaut, liegt es am Ausgang einer Schlucht, durch die das Flüsschen Alzou rauscht. Schade, der alte Pilgerweg hätte uns unten durch die Klamm geführt, wahrscheinlich ein wunderschöner Weg! Obendrein waren die früheren Pilger sicher für die Symbolik empfänglich, aus Enge und Schatten des dunklen Tals schließlich zum Licht emporzusteigen! Doch nun sind wir bereits oben auf der Höhe und nähern uns den steil abfallenden Felsen von der Hochebene her, die von oben einen wunderbaren Blick auf die machtvolle Anlage ermöglicht. Wie bescheiden mag diese Gebetsstätte ursprünglich ausgesehen haben!

Rocamadour bedeutet so viel wie „Felsen des Amadour" (ein Eigenname der „von Gott geliebt" bedeuten könnte). Ein Einsiedler mit diesem Namen soll dort irgendwann in den ersten Jahrhunderten n. Chr. gelebt haben. Schon vor dem 11. Jh. begann der Zustrom von Pilgern zu seiner Höhle und einer Mariengebetsstätte. Dieses gab bald darauf Anlass für Eigentums-Auseinandersetzungen um diesen Ort zwischen dem Kloster von Marcilhac-sur-Célé und dem von Tulle, das zur mächtigen Abtei von Cluny gehörte. Eine Bulle des Papstes Pascal II. aus dem Jahre 1105 hatte Letzterem zwar angeblich die Besitzrechte an dem Ort zugesprochen und ist „der erste urkundliche Nachweis der Marienverehrung in Rocamadour"[41]. An anderer Stelle wird jedoch darauf verwiesen, dass die Mönche von Tulle diesen Ort 1113-1123 besetzten und die Streitigkeiten mit dem Kloster in Marcilhac bis 1193 weitergingen.[42] Unter Abt Geraud d`Escorailles (1152-1188) wurde das Heiligtum aufwändig ausgebaut und die heutige Basilika Saint-Sauveur errichtet, während die

Menschen zuvor zu der darunterliegenden Kirche des Heiligen Amadour gepilgert waren.[43]

Auch hier gibt es eine wundersame Legende, die die Entstehung dieser bekannten Wallfahrtsstätte ausschmückt. In der Chronik von Robert de Thorigny, eines Abtes des weit im Norden liegenden Mont-St.-Michel, heißt es, der „selige Amadour sei ein Diener Mariens gewesen", der nach ihrem Tod auf ihre Veranlassung hin „nach Gallien gegangen" sei und an diesem Ort „lange das Leben eines Einsiedlers geführt" habe. „Nach seinem Tod wurde er am Eingang des Oratoriums (Kapelle) der seligen Maria begraben. Der Ort blieb ohne Beachtung, es wurde nur gesagt, hier ruhe der Körper des seligen Amadour. Im Jahre 1166 hat ein Bewohner dieser Gegend auf dem Sterbebett, vielleicht durch göttliche Eingebung verfügt, dass seine Familie den Leichnam (erneut? Anm. d. Verf.) am Eingang des Oratoriums begrabe. Als dann die Erde ausgehoben wurde, fand man den unversehrten Leichnam des seligen Amadour und setzte ihn in der Kirche neben dem Altar bei, wo er immer noch unversehrt den Pilgern gezeigt wird. Dort geschehen viele und bis dahin ungehörte Wunder durch Fürsprache der Hl. Maria."[44]

Die Wunder der Heiligen Maria von Rocamadour wurden 1172 ähnlich wie die der Hl. Fides in einem sog. Mirakelbuch beschrieben, wie es um diese Zeit wohl häufig vorkam. Diese Bücher hatten vermutlich nicht nur fromme Absichten, sondern oft auch handfeste Interessen, nämlich den Pilgerstrom zum Heiligtum zu lenken und damit Ansehen und Einkünfte des Ortes zu vermehren. Im Falle von Rocamadour gab es jedoch vorher schon eine lange Pilgertradition. Entsprechend wurden die Wunder auch in den umliegenden Ländern berichtet, wie der immer breitere Zustrom von bekannten und hochgestellten Personen beweist. Darunter waren Könige, Vertreter des Adels, Bischöfe und Äbte. Und nicht zuletzt zehntausende unbekannte Jakobspilger.

Zwar gibt es an dem steilen Berghang und im engen Talgrund nur wenig Platz zum Bauen, doch soll es auch in Rocamadour Pilgerhospize gegeben haben. An den freigelegten Grundmauern von einem Hospiz etwas außerhalb laufen wir auf unserem Weg vorbei. Der Blick auf den Ort verrät heute nicht mehr, wo in dem karstigen Gestein die Höhle des Einsiedlers gewesen sein mag. Das

Kloster, der Palast des Abtes und die Kirche mit mehreren Kapellen, alles seit dem Mittelalter errichtet, verlangten mächtige Fundamente, Stützmauern und Pfeiler, fast wie bei einer Burg. Der im Talgrund liegende, kleine Ort, zu dem wir über eine schmale Straße gelangen, ist heute ganz auf den Tourismus ausgerichtet. Souvenirläden und Restaurants beherrschen das Bild. Doch wir haben Glück: Die Touristen sind noch nicht eingetroffen.

Über zahlreiche Treppen steigen wir dann am Fels empor zu den Klosteranlagen. Sie wirken so militärisch, als ob sie im Hundertjährigen Krieg eine Bastion gewesen sein könnten. Etwas irritiert gehen wir umher, finden keinen rechten Ort für uns. Wir sehen das (ursprüngliche?) schmucklose Grab des Amadour in eine Nische der Felswand eingelassen. Die große Kirche, zum Teil in eine Höhlung eingebaut, wirkt auf uns nicht einladend. Doch dann entdecken wir den Zugang zu einer kleinen, abgegrenzten Kapelle an ihrer Seite, die uns sofort anzieht.

Kaum dringt Licht von draußen herein, umso mehr leuchtet uns, von vielen Kerzen erhellt, eine kaum 80 cm große, aus dem Holz eines Birnbaums einfach geschnitzte, schmale Marienstatue entgegen mit dem Kind auf ihrem Schoß. Sie hat etwas so anrührend Schlichtes, dass vorstellbar wird, ein Einsiedler hätte sie für seine Gebetsnische selbst gefertigt. Lange sitze ich in der Stille, die hier so lebendig schwingt, lasse mich einhüllen vom zarten Duft der Kerzen und ihrem warmen, flackernden Licht. In diesem fast grottenähnlich wirkenden Raum, abseits von Prunk und Pracht, geht mir das Herz auf und hier komme ich innerlich an. Diese Kapelle wird mein Ort, um von dem ersten Teil des französischen Jakobswegs Abschied zu nehmen.

Die Zeit vergeht. Irgendwann treten nach und nach eine Handvoll alter Leute ein, die aus dem Ort zu stammen scheinen. Dann öffnet ein weißhaariger Greis eine der Türen, die von der Kirche in die Kapelle führen, und geht zum Altar, verneigt sich so tief, wie es sein steifgewordener Körper zulässt, und beginnt mit etwas brüchiger Stimme, zum Lobe Mariens zu singen und zu beten. Seine Worte tragen uns trotz der allmählich zunehmenden Unruhe von nebenan, wo Touristengruppen die große Kirche zu besichtigen beginnen. An diesem Morgen um 11 Uhr wird hier in aller Einfachheit eine Messe gefeiert und der weißhaarige Alte vermittelt uns fast das Gefühl, als ob wir hier wohnen würden. Beim Freundesgruß steigt er die wenigen Stufen vom Altar herab und geht zu jedem von uns, um uns die Hand zu schütteln und uns „la paix du Christ", den Frieden Christi zu wünschen. Gerade ist er fertig und steht noch neben einer Greisin in der Bank, als ein Schwall von lärmenden Menschen die Tür aufreißt und sich in die Kapelle ergießt. Trotz der Störung geht er ihnen freundlich entgegen und gibt auch ihnen die Hand: „La paix du Christ! La paix du Christ" Überrascht verstummen sie, etwas irritiert drücken sich die meisten vorbei und verlassen bald wieder den Raum.

Diese Geste des alten Priesters ist für mich wie ein Abschiedsgruß: Den „Frieden Christi" oder, wie ich es ausgedrückt hätte, die „innere Stille" oder „Stille jenseits der Stille" habe ich in den Tagen auf dem Jakobsweg immer wieder erahnen dürfen. Die weitgeschwungenen Berglinien des Aubrac, seine von Wolken verdüsterten oder sonnig durchlichteten Höhen und ins Unendliche weisenden Horizonte haben mir dabei geholfen. Eine beglückend schöne Natur, durch die der uralte Pilgerweg Tag für Tag führte, hat mein Herz und meine Sinne erfreut. Gerade Einsamkeit und Alleinsein, das Einssein mit mir selbst, ließen mich nach und nach durchlässiger werden für andere Ebenen. Die bewegende Schönheit der Landschaften, die Blumen, Wiesen und Wälder, die Früchte des Herbstes haben mich mit Fülle beschenkt, die rauschenden Bäche und gemächlich dahinziehenden Flüsse gaben mir Kraft. Wieder habe ich ein Stück des Weges erfahren und kehre glücklich davon zurück.

II.

Von Figeac bis zum ersten Pyrenäenblick in Lectoure

Frühlingsergriffen…

Nicht müde werden,
sondern dem Wunder
leise,
wie einem Vogel,
die Hand hinhalten.

H. Domin

1. Tag

Figeac – Béduer (12,5 km), Montag, den 14. April

Über 12 Stunden im Zug liegen hinter Tim und mir, eine Fahrt durch den beginnenden Frühling. Wir sind erschöpft nach dem langen Winter. Als wir gestern in den Zug stiegen, hat sich jeder von uns heimlich gefragt, warum wir nicht besser Urlaub machen. Doch das ist ja gerade das Verwunderliche: Wir können es selbst nicht so genau sagen. Trotz der befürchteten Anstrengungen ist da immer wieder diese Sehnsucht, die uns zieht. Sehnsucht, wieder auf diesem uralten Pilgerweg zu sein, den ganzen Tag in der Natur zu wandern, sich dem auszusetzen, was gerade kommt, nach und nach innerlich immer stiller und durchlässiger zu werden, dies besonders …

Als wir in Figeac aussteigen und wieder durch die gewundenen Gassen der Altstadt laufen, vorbei an den mächtigen Portalen der gotischen Häuser und Paläste, den geschichtsträchtigen Kirchen und belebten Plätzen, da erfasst mich schließlich eine große Freude, doch aufgebrochen zu sein. Jetzt kann ich innerlich wieder anknüpfen an unseren letzten Abend im vergangenen Herbst. Ich werde richtig aufgeregt, wieder hier zu sein, und habe fast das Gefühl, die unterbrochene Wanderung einfach fortsetzen zu können.

Bei dem Wegabschnitt bis Lectoure, den wir uns dieses Mal vorgenommen haben, sitzen wir in einem engeren Zeitkorsett als sonst. Es ist ja nicht einfach, den Erfahrungen auf dem Jakobsweg so viel Urlaubszeit einzuräumen. Deshalb müssen wir heute noch aufbrechen, um wenigstens eine halbe Etappe zu schaffen, auch wenn es nach ein paar Erledigungen schon fast 16 Uhr ist. Nach der langen Fahrt bin ich auch froh, mich endlich wieder zu bewegen und in einen Frühlingsnachmittag hineinzulaufen.

Trotz der späten Tageszeit wollen wir den Weg mit unserem kleinen Ritual beginnen und eine Weile in Stille sein. Als wir an der alten Klosterkirche Saint Sauveur vorbeikommen, erscheint sie uns als ein guter Ort dafür. Schon während wir die Türe öffnen, halten wir überrascht inne: Musik vom Band empfängt uns, bekannte Musik, von Bach scheint sie zu sein. Tatsächlich, es ist die Matthäuspassion, die hier am Montag der Karwoche erklingt. Still sitzen wir eine Weile in den Bänken und genießen es, einfach nur zuzuhören. Auch ein paar andere Pilger haben ihre Rucksäcke abgelegt und lauschen. Wie gut es mir tut, hier innezuhalten und mich durch diese wunderbaren Arien und Choräle beschenken zu lassen. Lange könnte ich so verweilen…

Trotzdem müssen wir uns irgendwann losreißen. Wir verlassen die Altstadt und überqueren den Fluss Célé, dem wir in den nächsten Tagen folgen werden. Auf der anderen Flussseite steigen wir die steilen Hänge zu den Causses hoch, den Kalkflächen aus den Ablagerungen urzeitlicher Meere. Sie bilden die Landschaften des Quercy mit zahlreichen Höhlen und unterirdischen Wasserläufen. Tief haben sich in diese verkarsteten Böden Flüsse und Bäche eingegraben. Es ist unangenehm windig bei glastig-sonnigem Wetter. Wir gehen an der Aiguilhe du Cingle vorbei, einem von ursprünglich vier Obelisken aus dem 13. Jh., die die Grenzen der Abtei Figeac absteckten. Ab hier verließ man den Klosterbereich, galt nicht mehr die „Sauveté“, der klösterliche Schutzbezirk, der im Mittelalter keine Gewalt erlaubte und Verfolgten Asyl gab.

Oben auf der Höhe schmerzt bereits mein rechtes Knie – ich war nicht warmgelaufen für diesen abrupt-steilen Aufstieg. Warum sind die ersten Tage auf dem Pilgerweg immer so hart, bis sich der Körper an die Anstrengungen gewöhnt hat? Ich versuche mich abzulenken, indem ich mich daran erfreue, was nach dem langen Winter hier auf den Wiesen und in den Gärten schon blüht und duftet: Satter, goldgelber Löwenzahn prangt überall, aber auch schon die ersten wilden Lilien entdecke ich an feuchten Stellen. Obstbäume blühen allenthalben in zarten Pastelltönen und tief violetter Flieder leuchtet ab und zu neben einem Haus auf. Selbst japanische Kirschen stehen in voller Blüte. Frühlingshungrig, wie ich bin, kann ich mich kaum satt daran sehen!

Über kleine Landstraßen, die an uralten Höfen vorbeiführen, erreichen wir den Ort Faycelles, der bereits hoch über einem anderen Tal liegt, dem Tal des Flusses Lot. Célé und Lot fließen hier nahe beieinander und werden sich bald vereinen. Von hier oben haben wir einen wunderbaren Blick über die fruchtbaren Flussauen. Doch wir müssen weiter, die Sonne steht schon tief. Nach geraumer Zeit sehen wir in der Ferne Umrisse, die auf ein mächtiges Schloss hinweisen könnten. Als wir näher kommen, zeigt sich tatsächlich das Schloss von Béduer, dem Ort, wo wir heute nächtigen wollen. Leider waren wir so fasziniert von dem Gebäude, dass wir den Abzweig zur Pilgerherberge einen Kilometer vorher verpasst haben und nun einen Teil des Hangs wieder hochsteigen und zurückgehen müssen.

Erschöpft treffen wir gegen 20 Uhr in der Herberge ein. Wir werden einen ehemaligen Kuhstall bewohnen, den ein cleverer Bauer notdürftig ausgebaut hat. Eisenbetten stehen in Reihen nebeneinander, es erinnert mich eher an ein Lazarett. Müde kochen wir uns noch ein paar Spaghetti und würzen den Fisch aus der Dose mit den unterwegs gesammelten Kräutern. Die zehn ausschließlich männlichen Pilger zwischen 20 und 65 Jahren liegen wegen des kühlen Abends bereits gegen 21 Uhr in ihren Schlafsäcken und schreiben Tagebuch. Ich suche mir ein Bett in einer Nische und bin froh, für heute angekommen zu sein.

2. Tag

Béduer – Marcilhac-sur-Célé (23 km),
Dienstag, den 15. April

Um 6 Uhr früh reißt mich das Geraschel derjenigen aus dem Schlaf, die bereits im Schein ihrer Taschenlampe den Rucksack packen. Bald darauf springen die Neonleuchten an und auch die Letzten erwachen. Das Frühstück fällt knapp aus: ein kleiner Rest vom Reiseproviant und dünner Tee aus ein paar Blättern Wiesenkräutern. Also geht es mit etwas knurrendem Magen los.

Die meisten Pilger nehmen den Weg über die Hochebenen der Causses nach Cajarc und sind schon vor uns aufgebrochen. Mir erscheinen diese Hochflächen außerhalb der Ortschaften aber dermaßen karg, dass ich Sehnsüchte nach der Wegvariante am Célé entlang entwickele, wo der Frühling schon bunter sein wird. Glücklicherweise ist Tim nicht abgeneigt. Wieder geht es am beeindruckenden Schloss von Béduer vorbei. Ein uralter Weg zwischen dunkel bemoosten Steinmauern führt hinunter zum gemächlich hinströmenden Célé. Wir tauchen ein in eine Sinfonie von frühlingsberauschtem Vogelgezwitscher: Alles, was Stimme hat, scheint zu jubilieren! Die grau-grünen Wasser des Flusses bilden eine Art Kontrapunkt zu den Grün- und Goldtönen der Ufer: Das frisch ausgetriebene Laub der Bäume, gold-oliv bei knospenden Eichen und schon anmutig-hellgrün entfaltet bei Buchen und Pappeln, die Äcker mit ihrem Flaum von Getreidehalmen und die saftigen Wiesen, bunt gesprenkelt von Frühlingsblumen, ein vielstimmiger Chor von zartesten bis zu kräftigsten Grün-Variationen. Die mittelalterliche Mystikerin und Heilkundige Hildegard von Bingen (1098-1179) besang diese „Grünkraft" der Erde und schrieb ihr eine heilende Wirkung zu.

Während wir durch die Flussauen wandern, begleiten uns immer wieder die melodischen Lieder von Drosseln und Nachtigallen. Hier unten im feuchten Flusstal sind die uralten Bäume bemoost und manchmal von Flechten behangen. Auch heute ist es leicht dunstig und noch schattig-kühl. An den Spinnweben zittern glitzernde Tautropfen. Der Boden ist von Nässe vollgesogen. Langsam finden wir wieder unseren Rhythmus beim Gehen, während wir beglückt dem Vogelgesang lauschen. Welch ein Balzen und Flattern, sich Locken und Jagen!

Wir überqueren den Célé bei Boussac und entdecken dort eine der vielen alten Wassermühlen. Sie scheint noch in Betrieb zu sein, ein paar alte Nachen liegen vor dem Eingang, wahrscheinlich sind in ihnen die Getreidesäcke transportiert worden. Wir ersparen uns den Aufstieg auf die Höhe und bald darauf wieder den Abstieg bis zum nahen Dorf Corn (ein englisches Wort aus dem Hundertjährigen Krieg?) und wandern ein Stück auf der Straße. Damit hatten wir eine gute Intuition, denn in Corn schaffen wir es gerade noch, hinter dem plötzlich auftauchenden Bäckerauto herzurennen und uns etwas Brot und zwei köstliche Rosinenschnecken für eine Frühstückspause zu ergattern. In diesen kleinen Orten gibt es heute keine Läden mehr. Das erschwert den Alltag der Pilger.

Mittlerweile hat sich der Morgendunst verzogen und die hellen Kalksteinabbrüche seitlich des Flusstals leuchten in der Sonne. Wieder geht es über den Fluss und etwas oberhalb am Schloss von Goudou vorbei. Bei Rian sehen wir eine der kunstvoll aus Bruchgestein aufgeschichteten Rundhütten mit kegelförmig zulaufendem Dach. Wozu mögen sie gedient haben? Als Schäferhütten oder Ställe? Gegen Mittag rasten wir auf einer Wiese unter duftend blühenden Kirschbäumen und summenden Insekten. Die Wärme reicht sogar für ein Schläfchen im Freien.

Erholt erreichen wir dann nach wenigen Kilometern den kleinen, uralten Ort Espagnac am Célé, der sich vermutlich um ein 1211 begründetes Nonnenkloster herum gebildet hat. Religiöse Frauen hatten sich hier zu einer nach der Augustinerregel[45] lebenden Gemeinschaft zusammen geschlossen (oder waren es mehr die ledig – da oft ohne Erbe – gebliebenen Töchter des Adels, die häufig in Klöster „abgeschoben“ wurden?). Wir schauen nur kurz in die gotische Kirche aus dem 13./14. Jh. hinein, die zahlreiche Umbauten erfuhr, und entscheiden uns dann weiterzugehen. Ein gutes Stück Weg liegt noch vor uns.

Statt des großen Bogens, den der Weg über die Höhen nimmt, bleiben wir unten am Fluss. Dann werden oben, an den weißen Kalksteinabbrüchen unterhalb der Hochebene, dunkle Öffnungen sichtbar, wahrscheinlich Höhlenausgänge. Wir sehen die Ruinen der sicher aus dem Hundertjährigen Krieg stammenden Felsenfestung „Chateau des Anglais" („Schloss der Engländer") und eine winzige Gestalt, die dort entlanggeht. Jetzt bedauern wir doch, nicht hochgestiegen zu sein. Deshalb nutzen wir die nächste Gelegenheit, um einen der gerölligen Pfade aufwärts zu erklimmen. Auf der Höhe bläst ein scharfer Wind, einzelne Tropfen fallen, doch das Wetter hält sich noch. Wir wandern durch Buchsbaum- und Wacholdergebüsch einen lauschigen, uralten Weg zwischen von Flechten überzogenen Steinen entlang. Sie wurden von Generationen hier aufgeschichtet, um die Weideflächen zu bereinigen und einzufrieden. Blaue Akelei und steingartenähnliche Gewächse blühen schon in geschützten Nischen.

Nach wenigen Kilometern erreichen wir, wieder abwärts steigend die Burgruine des Adelsgeschlechts von St. Sulpice. An den Steilhang gebaut und den Fluss unter sich war diese Anlage sicher gut vor Angriffen geschützt. Wahrscheinlich siedelten seit Urzeiten Menschen in den ausgedehnten Höhlensystemen dieses Karstgebietes, wie wir es schon in Rocamadour gesehen haben. Immer wieder begegnen wir in den Dörfern Plakaten, in denen auf die zahlreichen Steinzeitfunde und Höhlenmalereien in den erschlossenen Höhlen hingewiesen wird. Wir sparen uns hinter St. Sulpice den erneuten Anstieg auf die Hochfläche und wählen einen Pfad abwärts zur kleinen Landstraße, auf der wir nach wenigen Kilometern das wieder um eine alte Abtei entstandene Dorf Marcilhac-sur-Célé erreichen, unser heutiges Etappenziel. Wir sind völlig erschöpft von diesem Tag.

Später:

Nachdem wir uns etwas ausgeruht haben, steigen wir doch noch in die Ruinen des Klosters von Marcilhac. Es wurde schon im 9. Jh. in Urkunden erwähnt. Seinen Höhepunkt erlebte Marcilhac im 13. Jh., als einige Äbte eine wichtige Rolle in der Kirche und der neugegründeten Universität des nahegelegenen Cahors spielten. Im Hundertjährigen Krieg wurde das Kloster, das schutzlos am Ufer des Célé lag, stark geplündert und fast zerstört. In den folgenden 200 Jahren bis zu seiner Auflösung wurde die Abtwürde jeweils vom Onkel auf den

Neffen der Adelsfamilie übertragen, die das Kloster angeblich schützte (aber damit auch Zugang zu seinen Pfründen erhielt).

Die kommunale Pilgerherberge, in der wir nächtigen, ist in einem alten Haus ganz nahe bei der Kirchenruine untergebracht. Wir sind nur zu siebt heute. Immerhin gibt es hier einen kleinen Laden, in dem wir Konserven und die obligatorischen Spaghetti kaufen können, aber keinerlei Obst oder frisches Gemüse. Glücklicherweise habe ich wieder Kräuter gesammelt und dabei auch eine Art wilden Fenchel bzw. wilde Zwiebel gefunden, die unsere Mahlzeit bereichern. Wie wir später erfahren, malt eine am Fluss gelegene alte Mühle bis heute das Getreide für das Brot der Dorfbewohner.

3. Tag

Marcilhac-sur-Célé – Cabrerets (19 km), Mittwoch, den 16. April

Ich habe schlecht geschlafen und fühle mich wie gerädert. Wahrscheinlich trägt der „verflixte dritte Tag" dazu bei, das kenne ich schon bei mir. Auch Tim fühlt sich erschöpft. Die heutige Etappe ist mit 19 km eigentlich erträglich, aber was wir nicht wussten: Es waren einige Quertäler mit entsprechenden Abstiegen und Aufstiegen zu bewältigen, und das bei diesem bröckeligen Kalkboden! Das sind in der Summe jeweils einige hundert Meter Höhenunterschied gewesen.

Von Marcilhac aus führt der Weg durch Weinberge bis auf die Höhen der Causses. Oben wandern wir entlang lauschiger Pfade. Buchsbaumgebüsch, Flaumeichen und Kreuzdorn sind von Moos überwachsen, dazwischen blühen Akelei und andere Frühlingsblumen. Karge Weiden wechseln ab mit kleinen Äckern, beides hinter sorgsam aufgeschichteten Steinmauern. In Zeiten der Globalisierung scheint diesem Boden kein Wert mehr beigemessen zu werden. Was hier mit Mühe gedeiht, kann auf dem Markt nicht konkurrieren. So verwildern die Flächen, die ärmlichen Steinhäuser und Ställe verfallen. Wer beherrscht heute noch die Kunst, aus flachen Steinplatten Rundhütten mit dem charakteristischen, kegelförmig zulaufenden Dach zu bauen?

Der wunderschöne Höhenweg steigt nach einiger Zeit in ein Seitental ab. Es ist unangenehm, auf dem schotterigen und scharfkantigen Kalkstein bergab zu laufen. Irgendwann halten wir durch ein seltsames Geräusch oder besser Echo inne, das wie ein tausendfach verstärktes zwitscherndes Zirpen klingt und dann auf einmal abrupt aufhört. Bald darauf setzt es wieder ein, um nach einer Weile ebenso abrupt wieder zu enden. Wir können es nicht deuten, bis wir in einiger Entfernung unten im Tal eine riesige Halle sehen, aus deren Luken entweder Perlhühner oder Truthennen zu Hunderten in das Freigehege „quellen". Auf dem viel zu engen Terrain bilden sie Strömungen und Wirbel nach einer geheimnisvollen Choreographie und begleiten dies mit Lauten, die in vielstimmiger Resonanz zu diesem seltsamen Gezirre zusammenfließen. Doch wer oder was bestimmt jeweils, dass alle Tiere gemeinsam beginnen und aufhören? Als wir kurz darauf am Gehege vorbeigehen, schmerzt es mich, die zusammengepferchten Tiere so hektisch herumrennen zu sehen, die in der Halle wahrscheinlich noch viel stärker eingeengt sind. Welche Qual mag diese Tierhaltung für sie bedeuten!

Bald darauf ein erneuter Anstieg, dann eine Weile auf dem Höhenweg, erneuter Abstieg ins Quertal zu einem Bachlauf, wieder Anstieg und immer so weiter… einfach ermüdend! Endlich steigen wir den Steilhang in das alte Dorf Sauliac ab, das nur aus einer in den überhängenden Felsen gebauten Häuserzeile besteht. Ich frage mich, ob an der Felswand dahinter vielleicht noch Höhleneingänge waren und die früheren Bewohner auch Verbindungswege zwischen Höhlen kannten. Jedenfalls wirken diese kleinen Siedlungen fast uneinnehmbar. Unten in einer Biegung des Célé liegt malerisch das erst im 16. Jh. erbaute, gediegene Schloss Saint-Geniès. Häufig finden wir auf der Karte Schlösser eingetragen. Der Landadel scheint hier zahlreich vertreten gewesen zu sein – auf Kosten der Menschen, die diesen kargen Boden bestellten und ihnen die Abgaben bezahlen mussten.

Vielleicht macht mich die Erschöpfung heute zu dünnhäutig und überkritisch. Auch mit Tim gibt es ab und zu gereiztes Geplänkel. Als Gegenmittel ziehen wir einen Abstand voneinander vor und nach und nach kann ich mich wieder über den Gesang der Nachtigallen und die wunderbaren Frühlingsblumen freuen. Wie alles duftet! Nur die berühmte „blaue Blume des Quercy" bleibt mir unbekannt, vielleicht blüht sie nicht zu dieser Zeit.

Nachdem wir neben den kleineren Auf- und Abstiegen an den Bächen das vierte tiefe Quertal überwunden haben, erreichen wir schließlich ein Sträßchen, das uns durch das Tal der Sagne nach Cabrerets führt. Wieder sind die Ruinen einer alten Burg erkennbar, die abermals in Erinnerung an den Hundertjährigen Krieg „Chateau des Anglais" bzw. „Chateau du Diable" (Schloss des Teufels) genannt wird.

Der Ort Cabrerets war schon in vorgeschichtlicher Zeit besiedelt, wie die Funde in den zahlreichen Höhlen der Umgebung belegen. Die bekannte Höhle Pech Merle liegt oberhalb des Ortes. 1920 wurde sie von zwei Jungen entdeckt und danach von einem Pfarrer erforscht. Sie bildete sich über Jahrtausende durch unterirdische Wasserläufe, die die Kalkfelsen bis in große Tiefen ausgewaschen haben. Durch geschickte Beleuchtung entsteht heute in den hohen „Hallen" wegen der vielen Tropfsteinsäulen fast der Eindruck einer Kathedrale. Bekannt geworden ist dieses Höhlensystem wegen der steinzeitlichen Malereien (z.B. den „punktierten Pferden") und seltenen Steinformationen. Doch ich bin immer noch abgestumpft vor Müdigkeit. Heute ist einfach nicht mein Tag. Es reicht mir, dass ich danach abermals durch die Wiesen streifen muss, um neben Pimpernell, Borretsch, Knoblauchrauke und Mayoran wilde Zwiebel und Brennesselspitzen zu suchen, damit unsere Nahrung durch frisches Gemüse angereichert wird.

Später:

Ich denke darüber nach, warum ich mich während der letzten Tage so matt fühle. Klar, wenn nur wenig Zeit zur Verfügung steht, ist der Einsatz auf dem Jakobsweg wegen der Anfangsschwierigkeiten und körperlichen Belastungen hoch. Trotzdem ziehen es viele Menschen vor, jeweils nur ein bis zwei Wochen zu wandern. Vielleicht bewährte es sich doch, längere Zeit am Stück zu gehen, weil man sich spätestens nach einer Woche an die neue Lebensweise gewöhnt hat!

Oder ist es der arbeitsame, lange Winter, der hinter mir liegt? Die fehlende Kondition, weil wir uns für dieses Stück Weg nicht durch „Probewandern" vorbereitet haben? Ist das ebenfalls ein Zeichen dafür, dass wir die Anstrengungen nicht ernst genug genommen haben? Vielleicht habe ich überhaupt den Weg diesmal nicht ernst genug genommen? Bin in Figeac losgelaufen, ohne richtig angekommen zu sein, vor allen Dingen innerlich angekommen zu sein!

Entsteht irgendwo in mir doch eine Gewöhnung und Abstumpfung, die ich mir nicht gerne zugeben möchte? Mir geht eine jüdische Geschichte durch den Sinn, die auch eine Zen-Geschichte sein könnte:

Die Schüler fragten den Rabbi, was das Geheimnis seiner Weisheit sei. Darauf antwortete er ihnen: „Wenn ich sitze, dann sitze ich; wenn ich stehe, dann stehe ich; wenn ich gehe, dann gehe ich." Die Schüler sahen sich betreten an und meinten, sie hätten nicht recht verstanden. Also fragten sie ihn erneut: „Meister, was ist das Geheimnis deiner Weisheit?" Er aber sagte: „Wenn ich sitze, dann sitze ich; wenn ich stehe, dann stehe ich; wenn ich gehe, dann gehe ich." Da wurden die Schüler ungehalten und erwiderten: „Meister, was du sagst, das tun wir auch, aber wir sind weit entfernt von deiner Weisheit." Da schüttelte der Rabbi lächelnd den Kopf. „Nein", sagte er, „wenn ihr sitzt, seid ihr schon aufgestanden; wenn ihr steht, seid ihr schon losgegangen; wenn ihr geht, seid ihr schon angekommen".[46]

Vielleicht fehlte mir in diesem Frühling etwas von dieser Achtsamkeit des Rabbi. Aus den bisherigen Erfahrungen haben sich möglicherweise innere Bilder über das Pilgern im Kopf festgesetzt. Verhindern sie, dass ich mich jeden Tag neu und unvoreingenommen einlasse? Oder trage ich innerlich noch zu viel „emotionales Gepäck" von den letzten Monaten mit mir herum? Ich brauche jedes Mal einige Zeit, um mich im positiven Sinne innerlich „leer zu laufen", leer zu werden und damit offen und frei für anderes. Auch beschäftigt mich, dass wir so viele Wehrbauten, Wehrdörfer, Festungen und zerstörte Kirchen und Klöster sehen. Wir sind in altem Kriegsgebiet. Doch welche Landschaft in Europa ist nicht durch frühere Kriege gezeichnet? Trotzdem macht es etwas mit mir. Vielleicht gerade, weil ich beim langsamen Wandern die Zerstörungen stärker wahrnehme? Sie wirken auf mich oft wie alte Narben einer schmerzlichen Geschichte inmitten einer sich immer wieder erneuernden Natur.

4. Tag

Cabrerets – Saint-Circq-Lapopie (14 km),
danach bis nach Cahors getrampt.
Donnerstag, 17. April

Der Morgen beginnt mit dem steilen Aufstieg an der Höhle Pech Merle vorbei. Dann führt der Weg an einen der fast senkrecht abfallenden Steilhänge, wie wir sie in den letzten Tagen so oft gesehen haben. Wir werfen einen letzten Blick auf Cabrerets unten am Fluss. Danach geht es weiter über die Höhen durch Buschwerk und Eichenwälder. Ich spüre immer noch meine Erschöpfung in allen Gliedern. So bin ich froh, als sich der Weg etwas senkt und wir irgendwann staunend durch ein paar Bäume in ein Tal schauen, in dem Célé und Lot offenbar weiter hinten zusammenfließen und eine weite Eisenbahnbrücke Tal und Flusslauf überspannt.

Wie schon öfter passieren wir eine frühere Burg, als wir zum Ort Conduché hinabsteigen, dessen alter Teil wieder in eine überragende Felswand hineingebaut ist. Unten angekommen, werden wir das letzte Stück bis zur Hängebrücke über den Lot bei Bouziès auf die schmale Landstraße geschickt, die – nur durch ein Mäuerchen begrenzt – auf der einen Seite steil zum Lot abfällt und sich auf der anderen um den Steilhang windet. Dies ohne Fußgängerstreifen und bei brausendem Verkehr in beiden Richtungen ist heute so richtig nach meinem Geschmack! Ich stapfe also missgelaunt vor mich hin, um möglichst schnell dieses Stück hinter mich zu bringen, als ich fast über ein Federknäuel stolpere und in letzter Minute noch zur Seite springen kann. Jetzt werde ich doch hellwach. Da ist ein junger Greifvogel, wahrscheinlich eine Eule, aus einem Nest weit oben im Fels gefallen. Ihre Federn an den Flügeln sind noch nicht voll entwickelt, hoffentlich hat sie sich nicht verletzt. Sie faucht mich an und öffnet ihren scharfen, gebogenen Schnabel. So zucke ich doch zurück. Um sie aufzuheben und wegzutragen, würde ich Handschuhe brauchen. Und wohin sie auch tragen? Ich bin ratlos. Da hockt sie wahrscheinlich zu Tode erschrocken wenige Zentimeter von vorbeidonnernden Autos entfernt an der Mauer und ich vermute, dass die Elternvögel sie in diesem Verkehr aufgegeben haben. Wir gehen schließlich weiter, aber es beschäftigt mich, wie ich ihr helfen könnte.

Auf der anderen Flussseite angekommen, frage ich einen Mann an einem der ersten Häuser des kleinen Ortes Bouziès, wo es hier vielleicht einen Vogelschützer oder Vogelliebhaber gebe, gegenüber an der Straße sitze eine junge, noch nicht flügge Eule. Der Mann horcht auf, schließt sein Buch, auf dem ich in Englisch „Birds" lese, und legt sein Fernglas zur Seite. Nicht zu fassen: Ich habe in ihm bereits einen Vogelschützer gefunden! Ich beschreibe ihm genau, wo die Eule sitzt und bin sehr erleichtert, weil ich nun weiß, dass er sich um sie kümmern wird. Wie sich das gefügt hat!

Die vier Kilometer Weg bis nach Saint-Cirq-Lapopie führen unter der Eisenbahnbrücke durch und dann teilweise auf einem schmalen Weg wenige Meter über den träge dahinfließenden Wassern des Lot entlang. Immer wieder entdecken wir höhlenartige Öffnungen von unterirdischen Wasserläufen im Fels, mal schmaler, mal beeindruckend weit und oft mit geschwungen ausgewaschenen Naturformen. Ob sie in nasseren Jahreszeiten noch Wasser führen? Wahrscheinlich gehen wir auf einem früheren Treidelpfad, der hier in den überhängenden Fels gehauen oder gesprengt wurde. Seit 1989 ist er mit geschmackvollen Wandreliefs geschmückt, die ein Künstler aus dem Kalkstein herausgearbeitet hat.

Als der Pfad dann in der Mittagshitze steil, sehr steil nach Saint-Cirq-Lapopie hochführt, frage ich mich, warum ich heute Morgen dafür war, mir dieses angeblich „schönste Dorf Frankreichs" unbedingt anschauen zu wollen. Außer Atem und in Schweiß gebadet rasten wir auf einer Aussichtsterrasse kurz vor dem Plateau des Felsens. Seit 763 ist der Ort in Urkunden erwähnt, doch er ist sicher älter. Ich habe die Phantasie, dass dieser Fels durch seine herausragende und fast uneinnehmbare Lage wahrscheinlich schon zu Urzeiten besiedelt war und auch Ort eines vorchristlichen Heiligtums gewesen sein könnte.

Die bezeugte Geschichte dieses Städtchens beginnt damit, dass es im 8. Jh. letzter Stützpunkt des um seine Unabhängigkeit kämpfenden Herzogs Waifre von Aquitanien war. Er wurde besiegt und der Ort fiel an Pippin den Kurzen.[47] Fast ein halbes Jahrtausend später, im Jahre 1199, versuchte Richard Löwenherz vergeblich, die Festung einzunehmen. Um diese Zeit hatten sich gleich drei, später sogar vier einflussreiche Adelsfamilien in Burgen auf diesem schmalen Plateau angesiedelt, was unweigerlich zu Auseinandersetzungen zwischen ihnen führte. Dies wurde noch verstärkt, als zur Zeit des von der Kirche ausgerufenen Kreuzzugs gegen die Katharer[48] im Süden Frankreichs (1209-1244) zwischen den verfeindeten Familien auch noch zwei religiöse Lager entstanden.

Während des Hundertjährigen Krieges wurde der Ort wichtige Festung der Franzosen mitten im „Feindesland" der Engländer und war wieder entsprechend umkämpft. Zeitweise konnte er auch von den Engländern erobert werden. Immer wieder diente er im Verlauf der Geschichte als wichtiger Stützpunkt für Revolten und Aufstände. Heinrich von Navarra befahl als König von Frankreich schließlich, alles niederzureißen, was noch von militärischem Nutzen sein konnte, und so verfiel der Ort im Verlauf der Zeit. Erst als sich im vergangenen Jahrhundert Maler und Dichter wie A. Breton dort niederließen, erwachte ein touristisches Interesse an ihm (was danach zur Flucht der Künstler führte). Trotzdem ist bis heute eine Anzahl von Kunsthandwerkern in den überwiegend noch mittelalterlichen Häusern zu finden, und das gibt dem Ort noch ein gewisses Flair.

Wir steigen auf die unterschiedlichen Burgruinen, schauen ins Museum hinein, schlendern in den alten Gassen herum und freuen uns daran, dass die Menschen hier Blumen so lieben, die überall vor den Fenstern und in den lauschigen Gärtchen blühen. Selbst am Wegrand neben der Kirche wachsen wilde blaue und gelbe Lilien. Doch dann wollen wir dem Touristenrummel gerne wieder entkommen und nicht hier oben übernachten. So gehen wir zur Landstraße hinunter und beschließen, so weit in Richtung Cahors zu trampen, wie wir heute noch kommen. Es ist leichter als gedacht. Bald hält ein Wagen und schon mit dem zweiten Lift kommen wir gegen 18 Uhr in Cahors an.

Die einmalige Lage der Stadt in einer engen Schleife des Lot macht sofort klar, dass hier ebenfalls schon seit frühesten Zeiten gesiedelt wurde. Von drei Seiten ist sie vom Fluss umgeben und damit geschützt. Cahors wirkt mit seinen alten Häusern und Plätzen ausgesprochen lebendig. Gleichzeitig ist sie wie alle Großstädte lärmend und verkehrsreich. So müde, wie ich mich heute fühle, erlebe ich es nur noch als Reizüberflutung. Wir fragen uns durch zur Herberge und landen erst einmal in der falschen. Dann, in der großen Unterkunft der „Jeunesse ouvrière“ erwischen wir sogar noch ein einfaches Zimmer für uns beide.

Am liebsten hätte ich heute, am Gründonnerstag, ein Oratorium in einer Kirche gehört. Doch wir finden kein Konzert, das für uns zu Fuß erreichbar wäre. Selbst die im 11. und 12. Jh. erbaute Kathedrale Saint-Etienne erscheint uns an diesem Abend geschlossen. So irren wir durch die Gassen und fühlen uns ein wenig verloren in dem Betrieb dieser großen Stadt und genauso zwischen den kreischenden und johlenden Teenagern der Arbeiterjugend in unserer Unterkunft.

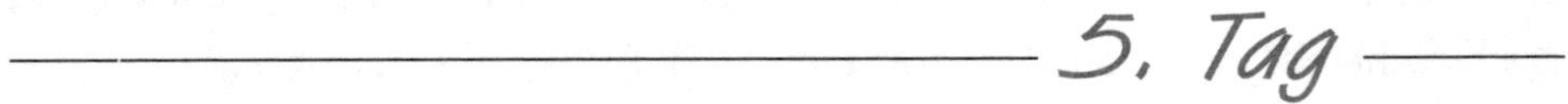

5. Tag

Cahors – Lascabanes (21 km),
Karfreitag, den 18. April

Wie anders erlebe ich den Tag, wenn ich nachts gut geschlafen habe! Auch das ergiebige Frühstücksbuffet der Herberge war eine Freude, die wir bei unserem sonst so spartanischen Frühstück, Brot vom Vortag in eine Tüte Milch getunkt, gar nicht mehr erwartet haben. In Cahors gibt es alles, was unser Herz begehrt – vorausgesetzt wir sind bereit, es kilometerweit mitzuschleppen. Unser Herz begehrt am Karfreitagmorgen allerdings eher Stille und Einkehr. Es ist ein strahlend sonniger Frühlingstag, wunderbares Wetter zum Wandern.

Trotzdem gehen wir abermals zur Kathedrale, in der Hoffnung, dass sie nun geöffnet ist.

Eine alte Frau spricht mich freudig vor den Portalen an. Vielleicht hat sie die Jakobsmuschel an meinem Rucksack baumeln gesehen? Sie schwärmt mir vor, wie schön es an einem Frühlingsmorgen sei, durch die Gascogne zu wandern, in ihrer Jugend habe sie das oft gemacht! Ich nicke, weiß ich doch um den Zauber der Frühe! Dann frage ich sie, durch welche Türe ich die Kathedrale betreten könne, und tatsächlich zeigt sie mir ein Seitentor. Haben wir es gestern Abend übersehen?

Als wir leise eintreten, sind wir erstaunt über den weiten Kirchenraum. Er ist von Kuppeln überwölbt. Offenbar war das Vorbild die Hagia Sophia in Byzanz. Doch wieso kam diese Vorliebe gerade hier auf? Von einem Band erklingt meditative Musik: Zuerst orthodoxe Gesänge, dann Pachelbels Kanon und andere, uns gut bekannte langsame Sätze, gespielt von Harfe, Querflöte und Gitarre. Wir hören eine Weile dankbar zu. Leise öffnet sich immer wieder die schmale Türe. Ein paar alte Frauen treten ein, bekreuzigen sich, knien sich zu einem kurzen Gebet und gehen bald wieder, als ob sie gerade mal bei einem Freund zu einem kurzen Gruß vorbeigeschaut hätten. Dann ein alter Mann, der steif und unbeholfen auf die Knie fällt und offenbar inbrünstig betet. Ab und zu huscht eine Gestalt zu einem der Seitenaltäre, um dort eine Kerze zu entzünden. Nach einer kurzen Andacht huscht sie wieder hinaus, vielleicht um noch rechtzeitig zur Arbeit zu kommen.

So wird es kurz nach 9 Uhr auch ruhiger und schließlich sind wir alleine in der Kathedrale. Als ich ganz hinten stehe und in den Kirchenraum vor mir schaue, ergreift mich eine solche Sehnsucht zu singen, dass ich – anfangs leise und zögernd – auf die mir bekannten Melodien klassischer Musik mitzusingen beginne. Tim schaut überrascht zu mir herüber, doch nach einer Weile kommt er und wir singen gemeinsam. Jetzt erst merke ich, wie sehr ich es vermisste, in den letzten Tagen nicht in einer Kirche gesungen zu haben. Es klingt wunderschön und erfüllt mich mit Andacht und Freude an diesem Karfreitagmorgen.

Als ich schließlich hinaustrete, erscheint mir der strahlende Tag so „besonders", dass ich wie geblendet bin. Es kommt mir vor, als ob ein innerer Schleier weggezogen worden wäre. Die Lebendigkeit der Altstadtstraßen nervt mich nicht mehr wie noch gestern Abend, sondern stimmt mich eher heiter. An einer Ampel hält ein Auto, aus dessen offenen Fenstern mitreißende, lateinamerikanische Salsa-Musik dringt – ein wahres Kontrastprogramm zu unserem Singen! Und doch weckt es in mir plötzlich so viele bunte Erinnerungen an meine Jahre in Chile, Peru und Bolivien, dass ich die ganze Ampelphase neben dem Wagen stehen bleibe, um möglichst lange dieser Musik zu lauschen. Danach biege ich um eine Häuserecke und stehe plötzlich vor dem Innenhof zum Kloster. Hier geht es zu dem Kreuzgang, den wir gestern so gesucht haben – wie sich das fügt. Zwar ist er verschlossen, doch etwas von seiner Stille weht zu mir herüber und erreicht mich. Auch hier verweile ich.

Eigentlich spähe ich nach der mittelalterlichen Brücke, an der ich mich mit Tim treffen will. Um dorthin zu gelangen, mache ich ein paar Umwege durch enge Gassen, vorbei an den gotischen Portalen der alten Häuser, wie ich sie schon in Figeac bewundert habe. Alles scheine ich heute besonders intensiv wahrzunehmen. In einem Bistro fällt mir eine Frau mit einem faszinierenden Gesicht auf, die sich hinter der Theke intensiv mit dem einzigen Gast unterhält, während lautstark Chansons von Edith Piaf erklingen: „Je ne regrette rien!" Aus einem der Häuser in einer anderen Gasse dringen wunderschöne, gefühlvolle Melodien, gespielt von Cello und Klavier, und das ausgerechnet oberhalb eines Metzgerladens, in dem immer wieder das Beil knochenzersplitternd auf ein Hackbrett saust.

Heute Morgen kann ich all diese Kontraste annehmen, die mir in dieser kurzen Zeit begegnen und mir die Spannbreite des Lebendigen aufzeigen. Im Gegenteil, sie scheinen mich auf die ganze Fülle des Lebens zu verweisen! Dabei liegt es vielleicht nur daran, dass ich gerade innerlich offen und bereit dazu bin und auf diese Weise eine so tiefe, innere Resonanz mit dem entstehen kann, was mich umgibt.

Manchmal stehen wir auf,
stehen wir zur Auferstehung auf
mitten am Tage
mit unserem lebendigen Haar
mit unserer atmenden Haut.

Nur das Gewohnte ist um uns.
Keine Fata Morgana von Palmen
von weidenden Löwen
und sanften Wölfen.
Die Weckuhren hören nicht auf zu ticken,
ihre Leuchtziffern löschen nicht aus.

Und dennoch leicht
und dennoch unverwundbar
geordnet in geheimnisvolle Ordnung
vorweggenommen in ein Haus aus Licht.

Schon immer ist mir dieses Gedicht von Marie Luise Kaschnitz[49] nahe gegangen. Ich ahne mehr und mehr, was gemeint ist…

Später, an der Brücke, treffe ich schließlich Tim. Vom anderen Ufer aus umwandern wir nun noch einmal die alte Stadt Cahors, deren Vergangenheit noch auf die Kelten und Gallier zurückgeht. Erst jetzt nehmen wir uns einen Augenblick Zeit, um uns auch ihre Geschichte klarzumachen[50]:

Es heißt, dass von den Römern diese Siedlung nach der Quelle Divona, wie sie bei der keltisch-gallischen Bevölkerung hieß, Divona Cadurcorum genannt wurde, die Quelle des gallischen Stammes der Cadurci. Daraus wurde in der Folgezeit kurz Cadurca und daraus schließlich Cahors. Caesar besiegte in dieser Gegend die letzten aufständischen gallischen Truppen. Cahors wurde danach schon zu römischen Zeiten eine wohlhabende Stadt, die mit Leinen und Geweben sowie Gänsedaunen und Matratzen handelte. Im 12. Jh. wurde mit dem Bau der heutigen Kathedrale begonnen, und im 13. Jh. entwickelte sich die Stadt zu einem Handelsplatz und Finanzzentrum von weitreichender Bedeutung.

Zu drei Seiten vom Lot umflossen, spielten Brücken seit der Zeit der Römer eine wichtige Rolle. 1306 wurde mit dem Bau der berühmten Valentré-Brücke mit ihren acht Bogen und drei Festungstürmen begonnen, vor der wir jetzt gerade stehen. Wieder ist eine Geschichte mit ihr verbunden: Nachdem der Bau mit vielen Hindernissen zu kämpfen hatte und nicht fertig zu werden drohte, verschrieb der Baumeister in seiner Verzweiflung seine Seele dem Teufel. Der versprach dafür, alle seine Aufträge auszuführen. Plötzlich machte der Bau große Fortschritte und stand fast vor der Vollendung. Nun wollte der arme Mann doch versuchen, seine Seele noch zu retten. So gab er als Letztes dem Teufel den Auftrag, ihm in einem Sieb Wasser von den Quellen des Lot zu holen. Da auch der Teufel dies nicht schaffen konnte, rächte er sich, indem er in seiner Wut einen der Ecksteine des mittleren Turms herausriss, der seitdem „Turm des Teufels" genannt wird.

Wir blicken noch einmal auf Cahors zurück und suchen dann den Anschluss an den markierten Hauptweg, der weiter in Richtung Moissac verläuft. Mit einem Seufzer sehe ich, dass er sich den Steilhang des Lot hochschlängelt und z.T. an den Felsen Haltegriffe angebracht sind, um überhaupt hochzukommen. Fast auf der Höhe, an einem großen Kreuz, werfen wir einen letzten Blick auf diese lebendige, alte Stadt mit ihren drei Brücken, bevor wir uns wieder den Eichenwäldern auf den Hochflächen der Causses zuwenden – so glaubten wir es zumindest. Wir wussten noch nichts von dem riesigen Bauvorhaben einer neuen Autobahn mit Anschlüssen zu Schnellstraßen und Zubringern. So irren wir nach einem kurzen Gang durch den Wald zwischen weitläufige Baustellen und Umleitungen umher und suchen verzweifelt die Wegmarkierungen. Es kostet uns eine Menge Zeit, bis wir wieder den Weg gefunden haben.

Bei der Hitze heute und den Kletterpartien geht uns zum ersten Mal das Wasser aus – und auf den Kalksteinböden lassen sich keine Quellen finden. Wir müssen in einem Haus um Wasser bitten. Bis Labastide-Marnhac verläuft der

Weg durch schöne Wälder. Doch schon zur Mittagszeit werde ich müde. Das ist der Preis des schönen Morgens in Cahors! Es hilft nichts, wir müssen weiter, noch 11 km liegen vor uns, zwei bis drei Stunden Marsch. Ab jetzt ist es richtig heiß! Wir quälen uns die nächsten Stunden durch den „weißen Quercy" über fast glühende Hochebenen und spitzen Kalkschotter. Der gleißend helle Kreidekalkstein auf dem Weg schmerzt in den Augen. So sind wir froh, als wir endlich im Dörfchen Lascabanes ankommen. Dort finden wir eine schön renovierte Pilgerherberge im ehemaligen Pfarrhaus neben der Kirche. Eine junge Frau führt sie, fast an den Grenzen ihrer Kräfte, denn sie hat daneben noch ihren Säugling zu versorgen.

Es ist Karfreitagnachmittag. Wie wir gehört haben, gibt es hier zur Feier des Tages vor dem Abendbrot eine Pilgermesse. Diese in Spanien völlig selbstverständliche Tradition ist mir auf der Via podiensis bisher nur in Conques begegnet. Erwartungsvoll gehe ich hin, doch der Priester scheint völlig genervt zu sein. Es wird eine ärmliche Feier. Lediglich der Pilger, der das Evangelium liest, gibt sich in die Worte hinein. Bei der späteren, gemeinsamen Pilgertafel lernen wir ihn etwas kennen. Nach dem allgemeinen Woher und Wohin erfahren wir dann, dass Roger zwanzig Jahre lang selbst Priester war, davon einige Jahre in Afrika. Viele Monate verbrachte er in der Wüste, danach fast ein Jahr in einem Karthäuserkloster. Vielleicht erleben wir deshalb bei ihm spirituelle Dichte. Jetzt ist er seit einigen Jahren verheiratet und lebt im Süden.

In der Herberge sind wir nur zwölf Pilger, eine überschaubare Zahl, die es erlaubt, sich etwas kennen zu lernen. Zu unserer großen Überraschung gibt es eine französische Vierergruppe (drei Frauen und ein Mann), die alle etwas Deutsch sprechen, eine wirkliche Seltenheit. Und was können sie am besten? Deutsche Gedichte! Wer hätte vermutet, dass wir an diesem Abend gemeinsam Gedichte rezitieren und zum Abschluss „Der Mond ist aufgegangen" singen? Danach sitzen wir noch lange auf der alten Steintreppe in der beginnenden Nacht und lauschen den quakenden Fröschen, bis später der wunderbare Gesang der Nachtigallen beginnt.

6. Tag

Lascabanes – Lauzerte (23 km),
Ostersamstag, den 19. April

Aus dem heißen Tag gestern haben wir gelernt und beginnen heute unseren Weg wieder in der Frühe. Vorbei an einem uralten Steinkreuz, wie es sie auf der Via podiensis so häufig gibt, geht es hinauf auf die Anhöhe. Nach einem „Morgenspaziergang" im Frühgesang der Vögel und bei herrlichstem Wetter entdecken wir am Weg eine kleine Kapelle, die Johannes dem Täufer geweiht ist. Sie steht offen und ist ein wunderbarer Ort für unser Morgenritual. Gemeinsam singen Tim und ich das „Hagios ho theos" immer wieder und merken gar nicht, wie Roger draußen stehen bleibt und zuhört. Danach hat er uns ins Herz geschlossen und wir ihn. Er könne zwar nicht singen, meint er, umso schöner sei es, dass wir es täten. Und dann führt er uns zu einer kleinen Grotte, in der sich Wasser aus einer Quelle sammelt. Seit der Zeit der Druiden werde ihr große Heilkraft zugesprochen. Fast wird es ein kleines Osterritual, in der Frühe an einer Quelle in Stille Wasser zu schöpfen, auch wenn heute erst Ostersamstag ist.

Weiter geht es über die Höhen. Gediegene Gehöfte aus dem hellen Kalkstein liegen häufig auf den Bergkuppen, Ställe und Scheunen um sich geschart wie bei einem kleinen Dorf. Ich unterhalte mich beim Gehen lange mit Roger, der jetzt ganz offen über seinen Lebensweg erzählt: Seit einigen Jahren sei er mit der Frau verheiratet, die er schon lange liebe. Er sei der Heimlichkeiten müde gewesen. Jetzt lebe er mit sich im Reinen und arbeite mit Obdachlosen. Früher, als er aus Afrika zurückgekehrt war, habe er als Priester noch Immigranten und ausländische Studenten betreut. Ein bewegtes Leben hatte er, aber er sei tief verletzt durch die Katholische Kirche: Nach 20 Jahren im Priesteramt erhalte er eine so erbärmlich geringe Rente, dass er davon nicht leben könne. Dann habe er kürzlich einen befreundeten ehemaligen Priester bei seinem Sterbeprozess begleitet. Nach seinem Tod habe sich der Pfarrer der Gemeinde geweigert, ihn auf dem Friedhof beizusetzen: Das erlaube die Kirche nicht. Warum nicht? Weil er sein Priesteramt aufgegeben habe. Noch nach seinem Tod wird er ausgestoßen. Nicht zu fassen!

Auf einer Anhöhe mit weitem Blick über das umgebende Land rasten wir mitten in blauen Blumen, die wie ein Steingartengewächs den kargen Boden bedecken. Zu unserer Überraschung zieht Roger einen kleinen Gaskocher aus dem Rucksack und lädt uns zu einem Kaffee ein. Wir steuern ein paar Feigen und Nüsse bei und genießen bei schönster Aussicht ein zweites Frühstück.

Nach langen Wegen durch Eichenwälder wird der Boden lehmig, wenn nicht sogar tonig. Einmal finden wir bei einem Anstieg ein dickes Seil am Hang angebracht und die jetzt getrockneten Gleitspuren von unseren Vorgängern zeigen, dass das wohl sehr hilfreich war. Die letzten ca. acht Kilometer bis Lauzerte vergehen auf Feldwegen. Ich bin müde, doch dann entdecke ich voller Freude, dass in der Umgebung die ersten blühenden Rapsfelder leuchten. Lange halte ich inne, kann mich kaum daran sattsehen. Wieder ergreift mich die vor meinen Augen ausgebreitete Schönheit und mir kommen die Worte…

Aufstrahlend
goldgetränkt
aus grünen Tiefen
sonnenheller Jubel
im Gesang der Lerchen
unter weit gewölbter Bläue…

Aus der Einöde des „weißen Quercy“ geht es zunehmend in eine landwirtschaftlich genutzte Gegend. Nach und nach wird es nicht nur heiß, sondern drückend schwül. Seit zwei Tagen wandern wir auf Wegen, die von schmalen Reitpfaden begleitet sind. Nur habe ich bisher noch keine Reiter gesehen. Während ich mich immer wieder umschaue, den weiten Blick und die golden leuchtenden Rapsfelder genieße, stolpere ich plötzlich und falle – mitten in ein umgehauenes, trockenes Wacholdergesträuch. Ich stürze mitsamt Rucksack so unglücklich, dass ich mich nur mit Hilfe meiner Stöcke wieder aufrichten kann – gespickt überall mit nadelspitzen Stacheln.

Lauzerte, das Ziel unserer heutigen Etappe, wird wegen seiner herausragenden Lage auch „das Toledo des Quercy“ genannt. Bald entdecke ich es in der Ferne auf einem Berg, der nach allen Seiten abfällt. Allerdings müssen wir vorher noch in eine Ebene absteigen, die sich aus drei Flusstälern gebildet hat. Der Ort bewachte von alters her die Straße von Cahors nach Moissac. Seine Gründung geht auf eine „Bastide" zurück: eine „befestigte Siedlung" mit Stadtmauern, bei denen ein Netz rechtwinkliger Straßen um einen freien Platz herumführt, in dessen Nähe sich Kirche, Schloss oder beide befanden. Zwischen dem 12. und 14. Jh. wurden diese Bastides an den Grenzen zu dem von den Engländern beanspruchten Territorium errichtet. Trotz seiner Wälle und Türme wurde Lauzerte jedoch im Hundertjährigen Krieg wie auch in den Religionskriegen des 16. Jahrhunderts geplündert und teilweise zerstört. Doch um den zentralen Platz mit seinen schönen Arkaden und Straßencafés stehen auch heute noch die gotischen Häuser aus der Zeit der Stadtgründung 1241.

Wir sind erschöpft, als wir schließlich den historischen Stadtkern auf der Höhe erreichen. Ich schleppe in meiner Leinentasche die gesammelten Wildkräuter, Tim den Einkauf vom Supermarkt unten im Tal. Die Pilgerherberge ist im ehemaligen Krankenhaus der Stadt untergebracht. Hier stehen in den Schlafräumen uralte, weiße Betten auf Rädern. Das Haus ist weitläufig und angenehm. Das Einzige, was mir an dem Städtchen nicht gefällt, sind die Mobilfunkantennen im Kirchturm. Sie sind versteckt hinter Attrappen, auf denen Fenster aufgemalt sind. Wir hätten das gar nicht bemerkt, wenn nicht viele Bewohner in unmittelbarer Nähe gegen die Antennen mit Transparenten und bemalten Laken, die aus den Fenstern hängen, protestierten. Ähnlich hatten wir vor ein paar Jahren auch gegen die ersten Mobilfunkantennen in Wohngebieten protestiert. So gibt es auch hier eine Bürgerinitiative, das freut mich.

7. Tag

Lauzerte – Moissac (25 km), Ostersonntag, den 20. April

Welch ein Pech, dass ich in dieser Nacht nur wenig schlafen konnte. Trotz großer Erschöpfung wurde mein Körper so gar nicht „bettschwer“ und unruhig wälzte ich mich bis 2 Uhr früh herum. Hatte es mit der Wirkung der nahen Mobilfunkantennen auf fast gleicher Höhe zu tun?[51] Jedenfalls habe ich mich aus dem 2. Stockwerk schließlich ins Parterre auf meine Matte gelegt. Dort habe ich bis sechs geschlafen – leider zu wenig für einen anstrengenden Wandertag.

Heute Nacht hat es zudem noch gewittert. Eine Weile war es ein beeindruckendes Spektakel, hier von der Höhe die Blitze über der weiten Landschaft niedergehen zu sehen und den Donner allmählich immer ferner grollen zu hören. Es hat die ganze Nacht in Strömen gegossen und auch jetzt noch hängt der Himmel voll grauer, regenschwerer Wolken. Kein strahlender Ostersonntag also, keine blühenden Osterglocken und bunten Eier, keine Messe in der Morgendämmerung, in der das Osterlicht an alle weitergegeben wird, keine jubelnde, frohlockende Musik und erst recht kein festliches Osterfrühstück. Klingt alles nach einem trüben Morgen.

Mit sorgenvollem Blick durchs Fenster wünschen wir uns trotzdem frohe Ostern. Alle ziehen bereits ihre Regenkleidung an oder entrollen die Ponchos. Kaum aus der Tür herausgetreten, klatschen uns schon die Tropfen ins Gesicht. Am Rande der noch schlafenden Stadt halten Tim und ich inne und singen das „Hagios ho theos“ in eine dunstverhangene Weite. Ich brauche meinen ganzen Humor, um mich nicht von der verregneten Stimmung anstecken zu lassen. Dann steigen wir behutsam über glitschige Stufen und gepflasterte Gassen abwärts, bis wir wieder in den ausgeschilderten Weg einmünden. Uns fehlt heute Morgen die rechte Aufmerksamkeit für den besonders schönen Taubenturm auf dem Gelände des Landguts Le Chartron. Seit Tagen schon wandern wir an den unterschiedlichsten Taubenhäusern in dieser Gegend vorbei.

Überraschend finden wir am Rande eines schmalen Tals eine große Kapelle aus romanischer Zeit. Warum steht sie hier in dieser Einsamkeit? Lag früher hier noch ein Kloster? Sie wäre längst verfallen, hätte nicht eine private Initiative sich ihrer angenommen und vor allem das Dach wiederhergestellt. In dieser Gegend gibt es offenbar engagierte Leute! Wir schenken dem Kirchenraum etwas von uns, indem wir erneut singen, anfangs ein wenig zögernd, denn andere Pilger kommen nach. Besonders ich muss mich daran gewöhnen. Doch wir haben gestern mit Roger die Erfahrung gemacht, dass andere es eher schön finden, wenn solch ein sakraler Raum durch Gesang belebt wird. Die Kirche, die den Gesang aufnimmt, schenkt mir Freude zurück. So fühle ich mich zwar immer noch müde, aber innerlich gestärkt, um den Weg durch den Regen fortzusetzen…

Auf den Causses, wo das Wasser schnell in den karstigen Böden versickert, wäre der Regen sicher nicht zum Problem geworden. Doch hier kommen wir zunehmend auf Lehmböden. Das blaue Seil gestern hing nicht ohne Grund an einem Hang. Heute hätten wir solch eine Hilfe gut brauchen können. Der Boden ist von Nässe vollgesogen und aufgeweicht. Wenn es nicht über geteerte Wege oder Waldboden geht, sondern über Feldwege, dann reiße ich bei jedem Schritt mit den Profilsohlen meiner Bergschuhe kiloschwere Lehmplacken heraus. Es geht mir durch den Sinn, dass sich nicht umsonst eine Töpferei im Landgut Le Chartron angesiedelt hat, denn der Lehm hat Tonqualität. Die Töpfer werden ihn schätzen, wir sind mehr als behindert davon.

Während der Regen strömt, frage ich mich immer wieder, wie wir mit dem Gewicht des Lehms an den Sohlen heute 25 km bewältigen wollen? Dabei hatte ich mir ausgemalt, in Moissac noch etwas vom Ostersonntag genießen zu können. Doch alle paar Meter muss ich anhalten und mit den Stöcken versuchen, die Erdplacken von den Schuhen zu lösen. Dieses Stop-and-go bringt mich nicht nur aus dem Wanderrhythmus, sondern es hält auf, nervt und ermüdet.

Nach nur knapp 10 km in dreieinhalb anstrengenden Stunden fühle ich mich völlig erschöpft. Wir machen Rast in einem alleinstehenden Rohbau. Hier finden wir wenigstens ein paar Holzbretter, auf die wir uns setzen können, und es ist trocken. Leider ist es zu kalt, um zu schlafen, wie ich es nach der kurzen Nacht gebraucht hätte. In einem kleinen Ort entdecken wir dann an einer Landstraßenkreuzung ein geöffnetes Lokal, in dem wir uns mit warmem Kaffee und Kuchen trösten. Danach ist klar: Wir werden heute auf der Straße weitergehen. Der Weg läuft sowieso parallel zur D 16. Hoffentlich hat es am Ostersonntag wenig Verkehr.

Vielleicht fahren sogar weniger Wagen als sonst, doch es reichen immer noch diejenigen, die weit spritzend vorbeibrausen. So geht es Stunde um Stunde auf dem Asphalt eine endlos scheinende Allee entlang. Bei dem monoton vor sich hinströmenden Landregen scheint die Zeit fast stehen zu bleiben. Trotz Goretex-Anorak und Regenhose sind wir nass bis auf die Haut. Dass ich so verschwitzt bin, ist fast tröstlich, so kommt es auch nicht mehr darauf an, die Herkunft der Nässe unterscheiden zu wollen. Aber es zieht die Stimmung herunter. Irgendwann schwankt eine verhüllte Gestalt an uns vorbei und spricht uns an. Es ist Roger, der uns in dieser Nässe einen Kaffee anbieten will – freundlich gemeint, aber ich will gar nicht mehr merken, wie müde ich bin, sondern nur noch ankommen. Vielleicht war es eine falsche Entscheidung, hätte uns die Kaffee-Improvisation mitten im Landregen doch gutgetan. Doch ich laufe heute mit letzten Kräften und die Landstraße scheint nicht aufzuhören. Als wir endlich die langgezogenen Vororte von Moissac erreichen und der Verkehr wirklich lästig wird – da klart es plötzlich auf.

Später:

Wer hätte gedacht, dass es so schwierig werden kann, an einem Ostersonntag den Schlüssel zu eine früheren Pfarrwohnung zu erhalten, die der Pfarrer großzügig für Pilger zur Verfügung gestellt hat. Vielleicht schlenderte er nach der Ostersonntagsmesse durch das bunte Treiben um Buden und Stände auf den Straßen von Moissac? Während Tim ihn telefonisch zu erreichen versucht, sitze ich erschöpft und frierend in meinen durchnässten Klamotten auf der Haustreppe zum verschlossenen Quartier. Endlich kommen andere Pilger, die bereits dort wohnen, und damit wendet sich für uns das Schicksal zum Guten: nette Leute, die ausgeruht sind, weil sie heute einen freien Tag in Moissac eingelegt haben, wie wir es auch ursprünglich vorhatten. Aus den Plastiktüten im

Rucksack schälen wir noch trockene Wäsche und werden in Pilgersolidarität später zu einem wunderbaren, selbstgekochten Abendessen eingeladen.

Von Roger, der in die große Pilgerherberge gezogen ist, nehmen wir am späteren Abend Abschied, denn er wird morgen weiterwandern. Immer wieder diese Abschiede von Menschen, mit denen ich noch gerne längere Zeit verbracht hätte!

In Moissac – nachdenklich.

Wer baute das siebentorige Theben?
In den Büchern stehen die Namen von Königen.
Haben die Könige die Felsbrocken herbeigeschleppt?
Bertolt Brecht

Ostermontag, den 21. April: Ruhetag

Nach sieben Tagen auf dem Weg genießen wir es, einen Tag nur herumzubummeln und Zeit zum Schlafen und Besichtigen zu haben. Denn Moissac hat eine bemerkenswerte Geschichte:

Natürlich gibt es eine Gründungslegende[52], doch historische Hinweise legen nahe, dass das Kloster im 7. Jh. von einem Mönch aus Saint Wandrille als benediktinische Abtei begründet wurde.[53] Schenkungen trugen zu seinem baldigen Reichtum bei. In der folgenden Zeit geriet es aber immer wieder durch Überfälle in die Gefahr, sich auflösen zu müssen: Zuerst plünderten und zerstörten es im 8. Jh. die von Spanien vordringenden Araber, danach im 9. Jh. die Normannen und im 10. Jh. erschienen ungarische Reiterhorden, die es erneut verwüsteten. Offenbar wurde es auch ein Opfer der Flammen und 1031 stürzte das Dach der Klosterkirche ein, was damals in den Augen der Menschen Unheil bedeutete. Dieses „Unheil" trat bald ein: Die Verfassung des Klosters sah einen geistlichen Abt und einen weltlichen Vogt vor, der als „Laienabt" für den Schutz des Klosters verantwortlich sein sollte. Dafür konnte dieser sich an seinen Pfründen bedienen, was er auch tat. Dadurch verarmte das Kloster immer mehr. Angeblich sank auch die Klosterzucht auf einen Tiefpunkt und der Abt Peyrac bezeichnet es in seiner Chronik als eine „Räuberhöhle".[54]

Odilo, Abt des mächtigen burgundischen Klosters Cluny, stellte das Kloster in Moissac 1047 unter die cluniazensische Regel[55]. Er entsandte als Abt einen fähigen Verwalter, der das Kloster wieder zu Wohlstand brachte. Darüber hinaus gelang es diesem, die Befreiung von der sogenannten „Schutzherrschaft“ eines Laienabts zu erreichen.

Unter seinem Nachfolger wurde mit dem Bau des heute noch erhaltenen, wunderbaren Kreuzganges begonnen, der unter dem nächsten Abt fertiggestellt wurde. Unter ihm erlebte das Kloster schließlich seine Blütezeit. Danach wurden das Tympanon und die berühmte Portalvorhalle der Kirche vollendet. Die Bauleute und Steinmetzen, die die beeindruckenden Statuen und Kapitelle schufen, blieben zu dieser Zeit meist ungenannt. Ihre Werke wurden den Äbten zugerechnet, die zunehmend im ganzen Südwesten Frankreichs großen Einfluss gewannen.

In den nächsten Jahrhunderten litt die Abtei erneut unter Schicksalsschlägen. In den Wirren des Hundertjährigen Krieges wurde das Kloster abermals schwer beschädigt. Aber erneut gab es Versuche, die Zerstörungen auszugleichen und den Kreuzgang und die Kirche wiederherzustellen. Portal, Portalvorhalle und Kapitelle des Kreuzgangs gehören heute noch zu den Kostbarkeiten romanischer Bildhauerkunst in Frankreich.

Der Niedergang des Klosters von Moissac begann wie bei den meisten anderen Klöstern damit, dass im Konkordat von Bologna 1514 die Kommende zugelassen wurde. Das bedeutete, dass ein kirchliches Amt mitsamt den Pfründen jemandem übertragen werden konnte, *ohne* dass für ihn Dienstverpflichtungen daraus entstanden. Gerade die Abtwürde wurde daraufhin an sogenannte Kommendataräbte vergeben, die die Ressourcen des Klosters häufig abschöpften. Gut hundert Jahre später (1626) löste der Papst das Kloster in seiner bisherigen Form auf. 1790, ein Jahr nach der Französischen Revolution, wurde das Kloster säkularisiert und verkauft. Dass der Kreuzgang heute noch erhalten ist, gleicht einem Wunder, da er dem Bau einer Eisenbahnlinie weichen sollte. Doch mittlerweile gab es den französischen Denkmalschutz. Dafür rasen jetzt die Züge wenige Meter hinter der Klostermauer vorbei…

Ich habe mir heute Zeit genommen, um mir diese wechselvolle Geschichte des Klosters etwas konkreter vor Augen zu führen. In den verschiedenen Beschreibungen, die ich lese, nehme ich – wie meistens – schmerzlich wahr, dass während seines über tausendjährigen Bestehens nur Äbte, Könige oder Fürsten erwähnt werden, aber weder Handwerker, noch Bauern oder gar Frauen. Es scheint fast, als ob es diese Bevölkerungsgruppen nicht gegeben hätte! Was die Bauleute einer Kirche taten, geschah im Mittelalter meist „zur Ehre Gottes" und nicht, um sich persönlich zu verewigen. Dieses Bedürfnis entsteht erst mit der Renaissance, als zumindest die Künstler beginnen, ihre Werke zu unterzeichnen. Doch glaubt man den heutigen Darstellungen in den Führern und Prospekten, so geht es immer nur um Herrschende und um die Sicherung ihres Einflusses oder ihrer Macht.

Die vielen Frauen, die Leben und Überleben der Generationen damals mittrugen, sind nie einer Erwähnung wert. Dass sie während all der Kriege, in denen die Männer kämpften oder verwundet zurückkehrten, versuchen mussten, immer wieder die Felder zu bestellen, auch wenn sie verwüstet oder die Ernten geraubt worden waren; dass sie es trotz aller Not oft schafften, nicht zu verhungern und ihre Kinder alleine großzuziehen, über diese anonymen Schicksale der Frauen nach den zahlreichen Verwüstungen spricht niemand.

Dafür kommen – selten genug – Frauen bei den Steinmetzarbeiten vor. Nach der (patriarchalen) Überlieferung der Bibel sind die dargestellten Frauen meist in „Sünderinnen" oder „Heilige" aufgeteilt. Wie selten gab es damals Frauen (und Darstellungen von ihnen), die ihr seelisches und geistiges Potential leben konnten! In der Portalvorhalle der Kirche ist die Begegnung zwischen Maria und Elisabeth thematisiert. Beide zeigen auf ihre Brüste und weisen dadurch auf ihre Schwangerschaft hin. Doch beide Male ist es eine „heilige" Schwangerschaft von „heiligen" Frauen. Daneben kommt nur eine einzige andere Frau vor. Es ist die Allegorie für „Frau Wollust". Damit alle sehen, wie verwerflich sie ist, ringeln sich hier Schlangen um ihre Brüste und eine Kröte sitzt an ihrer Scham. Es gibt also „gute" = heilige und „böse" = wollüstige Brüste. Warum immer diese Spaltungen? Wahrscheinlich sollte diese Abbildung der „Frau Wollust" eher die Männer in ihrer Begehrlichkeit abschrecken.[56] Dass viele solcher Darstellungen gleichzeitig die Frauen abwerteten, wurde hingenommen.

Im Kreuzgang wandere ich an den Steinsäulen mit den wunderbaren Kapitellen entlang. Viele sind „verletzt“, weil den menschlichen Gestalten während der Französischen Revolution die Köpfe abgeschlagen wurden. Das erschwert das Verständnis. Doch ich kann sowieso die „in Stein gehauene Bibel“ nicht mehr so entziffern, wie die Menschen des Mittelalters es vermochten. So lasse ich mich mehr von der Stille des Kreuzgangs tragen, soweit jedenfalls kein Zug direkt dahinter vorbeibraust. Die riesige Zeder, die an einer Seite des Rasengevierts steht, wirft schwingende Schatten von ihren mächtigen Ästen auf Bögen und Säulen. Hier bin ich gerne und den Arbeitern und Mönchen dankbar, die dieses Kleinod errichtet haben. Trotzdem wirken die Reste dieses berühmten Klosters heute auf mich nur noch wie eine „Hülse“, aus der spirituelles Leben entwichen zu sein scheint. Oder ist mir mein eigener innerer Zugang dazu gerade verstellt?

Ich kehre zurück in die Portalvorhalle der Kirche. Am meisten bewegt mich hier die Darstellung eines Mannes, der als Jeremiah bezeichnet wird. In seinen überlangen Körperlinien und schwingenden Gewandfalten wirkt er zart und leicht, fast dem Irdischen schon enthoben. Sein Gesichtsausdruck erscheint mir nachdenklich-melancholisch, als ob er viel Schmerzliches erlebt hätte. War er nicht der Prophet, der seine Klage zum Himmel erhob? Mich berührt an ihm sein sinnender Blick, der die Höhen und Tiefen menschlichen Seins zu kennen scheint. Ein Prophet, ein Seher und Verkünder! Einer, der durchlässig genug war, um andere Wirklichkeiten zu erspüren. Ihm fühle ich mich am stärksten verbunden und dem Unbekannten, der ihn gestaltet hat, als ob er selbst etwas von diesem Mysterium erahnen könnte…

Immer wieder denke ich darüber nach, was mich wohl an einigen der Klöster, Kirchen oder Kapellen so berührt, an denen ich auf dem Jakobsweg vorübergehe. Manchmal ergibt sich mit ihnen eine innere Resonanz wie von selbst. Vielleicht ist es das: in Fühlung zu kommen mit einem „heiligen Ort“, in dem Menschen diesem „ganz Anderen“, das wir Gott nennen, dieser „ersten Wirklichkeit“[57], ihr Leben geweiht haben. Einige haben als Künstler ihrer Vision in Worten, Klängen, Farben oder im Stein Ausdruck verliehen, andere im Gebet oder im Schweigen. Sie haben diese Stätten mit ihrem Geist geprägt. Wie viele Ungenannte haben sie nach ihrer Zerstörung immer wieder aufgebaut, sie von

Neuem mit Leben erfüllt oder sie zu schützen versucht! Nicht zuletzt diejenigen, die in einer Institution des Denkmalschutzes saßen und im richtigen Augenblick von diesem Platz inspiriert waren…

8. Tag

Moissac – Auvillar (20 km), Dienstag, den 22. April

Ein bequemer und angenehmer Tag heute. Bei klarem, sonnigem Wetter brechen wir früh auf und wandern durch die morgendlich stillen Straßen aus Moissac hinaus zum Garonne-Seitenkanal. Hier folgen wir einem alten Treidelweg im Schatten von Pappeln und Platanen. Bald entdecken wir zwischen den Bäumen den eigentlichen Fluss, es ist aber nicht die Garonne, wie wir anfangs dachten, sondern der Tarn, der bald in sie einmünden wird. Wir kommen an alten Schleusenanlagen und Brückchen vorbei und irgendwann sehen wir dann jenseits der Flussauen den beeindruckend breiten Strom der Garonne, mal näher, mal ferner.

Ungefähr drei Viertel der Etappe gehen wir heute im Schatten der Platanen am Kanal entlang. Ab und zu scheinen hier alte Männer aus den Dörfern zu angeln, manchmal fast vor ihrem Haus, so dass sie ihren Stuhl gleich stehen lassen bis zur nächsten Angelzeit. An einem dieser Plätze finden wir einen toten Karpfen. Hat ihn jemand vergessen, liegengelassen? Oder war er ihm zu klein? Wir schauen uns um, doch finden niemanden. Nun, der Fisch riecht noch gut, er könnte unsere Abendmahlzeit wunderbar bereichern. Warum nicht auch mal einen Karpfen essen? Wir packen ihn also ein und überlegen im Weitergehen schon, wie wir ihn zubereiten können.

Plötzlich höre ich Tim hinter mir rufen. Ihm ist mit Schrecken eingefallen, dass er seinen Anorak in der Herberge in Moissac im Schrank hängen gelassen hat. Da machen wir einen Tag Pause, leben nicht nur aus dem Rucksack und schon rächt es sich, die „sieben Sachen“ ausgeräumt zu haben. Tim muss zurück. Ich wandere alleine weiter. Aus einiger Entfernung sehe ich beklommen, wie beachtliche Dampfwolken aus den Kühltürmen des Atomkraftwerks von Golfech aufsteigen. Auf einer langen Brücke überquere ich den mächtigen Strom der schiffbaren Garonne. Danach schlängelt sich der Weg weiter durch landwirtschaftliches Gelände, bis ich die Straße nach Espalais erreiche und bald danach auf einer Hängebrücke die eigentliche Garonne überschreite.

Damit habe ich auch die Grenze zur Provinz Gascogne überschritten. Zuerst einmal geht es für heute nur noch zu dem unteren Ortsteil von Auvillar, „Hafen" genannt, wo auch die Pilgerherberge liegt. Morgen werden wir dann durch ein fruchtbares Hügelland, die Lomagne, wandern. Es reicht bis nach Lectoure, wo wir unseren zweiten Pilgerweg-Abschnitt beenden wollen.

Die kommunale Herberge ist in einem freundlichen Haus eingerichtet. Sie verfügt sogar über einen verwilderten Garten, in dem ich noch ein paar Mangoldstauden entdecke. Als ich zurückkehre, sind mittlerweile mehrere Pilger angekommen. Es sind auch fünf „Damen" eingetroffen, die nach Art ihrer Kleidung nicht gerade wie Pilger aussehen. Richtig, nach einem Weilchen hält auch ein Wagen von Transbagage[58] vor der Türe und jemand schleppt für jede von ihnen einen großen Koffer heraus. Daraufhin okkupieren sie zum Ärger der andern mit schweren Necessaires das Bad, um ihre Reinigungsrituale zu begehen. Warum gehen sie nicht in ein Hotel, diese „Primadonnen", wie ich sie etwas boshaft nenne. Tim ist immer noch nicht angekommen. Offenbar hat es Schwierigkeiten gegeben.

„...endliche Taten wie schwache Fontänen..." (Rilke)

Wer nicht an Wunder glaubt,
ist kein Realist.
Ben Gurion

9. Tag

Auvillar – Miradoux (ca 20 km), Mittwoch, den 23. April

Es wurde gestern 19.30 Uhr, bis Tim völlig erschöpft eintraf. Die Straße nach Moissac war teilweise gesperrt und so musste er 11 km zusätzlich laufen. Das war bei der Hitze dann doch hart. Er ist immer noch schlapp heute. Das sonnige Wetter ist wunderbar zum Wandern, die Luft vom Regen bereinigt und der Himmel fast transparent. In den Gärten duften weiß und violett blühende Fliederbüsche, und Frühlingsblumen leuchten in allen Farben wie erfrischt vom langen Regen. Selbst das Gras glänzt grün-seidig in allen Schattierungen, gesprenkelt von goldgelbem Löwenzahn.

Da unser Weg auf den Berg hoch und durch Auvillar führt, können wir dieses alte Städtchen aus dem 10. Jh. im frühen Morgen betrachten. Am alten Römerweg von Toulouse nach Agen gelegen und mit einem Hafen an der Garonne ausgestattet, hat es im Verlauf seiner Geschichte ähnliche Verwüstungen erlitten wie das nahe Moissac.[59] Durch seine Lage oben auf dem Berg und den späteren Ausbau als Bastide war es jedoch besser zu verteidigen.

Oben im Ort gelangen wir zuerst zu dem historischen Rundbau der Markthalle. Ihn umgibt ein von Säulen getragener Gang, durch den jetzt in der Frühe die Katzen streichen. Als wir die Aussichtsterrasse erreichen, ist dies ein guter Ort, um innezuhalten: Mein Blick schweift weit über das frischgrüne Tal und den geschwungenen Lauf der Garonne. Dann ertappe ich mich dabei, immer wieder voll Unbehagen auf die Kühltürme des nahen Atomkraftwerks zu blicken.

Erst um 9.30 Uhr kommen wir wirklich auf den Weg. Doch irgendwann halte ich plötzlich inne. Als ob ein letzter Tropfen das Fass zum Überlaufen bringt, wird mir meine diffuse innere Spannung der letzten Tage schlagartig bewusst: Seit unserem Aufbruch zu diesem zweiten Teil des Jakobsweges habe ich beim Lesen von Wanderführer oder örtlichen Prospekten das Gefühl, als ob ich meist durch früheres Kriegsgebiet wandern würde, auch wenn diese Kriege Jahrhunderte zurückliegen. Wie vielen Ruinen von Burgen und befestigten Dörfern sind wir bisher begegnet! Wie viele alte Klöster, Kirchen und Kapellen stehen verletzt oder ganz zerstört herum, oft genug beschädigt aus der Zeit der Religionskriege oder der Französischen Revolution – als symbolischer Racheakt gegenüber der machtvollen Institution Kirche. Und jetzt noch das Atomkraftwerk, die heutige Macht der Atomenergie-Konzerne mit ihrer angeblich so „sauberen“ Energiegewinnung, wo doch die Gefahren spätestens seit Tschernobyl bekannt sind! Eine Begegnung mit einem Teilbereich struktureller Gewalt heute.

Ich fühle mich hin- und hergerissen. Wenn ich versuche, mich in die Situation damaliger Menschen hineinzuversetzen (geht das überhaupt?), kann ich die geballte Wut gegen einen selbstgefälligen und ausbeuterischen Klerus oder Adel gut verstehen. Wie scheinheilig musste es wirken, zum Beispiel von sogenannten Kommendatar-Äbten, die das Amt oft als persönliche Pfründe betrachteten und teilweise in großem Luxus und gegen die Ordensregel lebten, verwaltet zu werden oder gar das Evangelium gepredigt zu bekommen! Kein Wunder, dass religiöse Gegenbewegungen entstanden, die bei der Bevölkerung großen Zulauf hatten. Diese außerkirchlichen „Reinigungsbewegungen“, wie z.B. die Katharer und Waldenser[60], konnten sich vermutlich auf dem Boden einer immensen Verbitterung in der Bevölkerung verwurzeln, auch wenn damit das Pendel teilweise extrem in die Gegenrichtung ausschlug. Innerkirchlich gab es die Versuche einer Respiritualisierung durch die Bettelorden, wie z.B.

die Franziskaner, die oft eine Gratwanderung wagen mussten, um nicht selbst des Ketzertums bezichtigt zu werden. Auch im mächtigen Kloster Cluny gab es Reformbestrebungen, wie es z.B. die Entstehung des Zisterzienserordens zeigt, doch diese erneuernden Kräfte erlahmten häufig nach einigen Jahrzehnten wieder.[61]

Trotz der lieblich-hügeligen Landschaft, erfüllt vom Frühlingsgesang der Vögel, hänge ich noch lange diesen Gedanken nach. Ich spüre, dass ich irritiert darüber bin, wie mittelalterliche Klöster, z.B. in Figeac und Conques, für lange Zeit wegen bestimmter Privilegien einen subtilen Krieg führten. Es bringt mich auf, dass von Mönchen (oder von den vom Adel lancierten Äbten?) Intrigen geschmiedet wurden, um z.B. einen Raub wie den der Fides-Reliquien durchzuführen und damit ihrem abgelegenen Kloster die Pilgerströme zuzuleiten[62]. Es empört mich, dass diese Pilger, oft einfache Menschen mit einfachem Gemüt, nicht selten durch Legendenbildungen an der Nase herumgeführt worden sein dürften!

Es „menschelte" an diesen „heiligen Orten" wie überall, und offenbar war ich so naiv, mir eine idealisierende Vorstellung davon zu machen. Zwar bin ich beeindruckt, welche Kulturleistungen wir den Klöstern verdanken[63] und wie freigiebig sie oft gegenüber Armen und Pilgern waren. Doch auch an diesen Orten ging es genauso um die Dynamik von Existenzsicherung einerseits, aber auch um Geltung, Macht und Mehrung von Besitz. Dass damit eine subtile Destruktivität verbunden gewesen sein mag, die sich unter dem Mantel der Frömmigkeit äußerte, schmerzt mich. Und wie ist es heute mit der Macht der Kirche? Wo erlebe ich heute den Machtfaktor gesellschaftlicher Strukturen, die ja nicht nur durch die Gigantomanie der AKWs sichtbar werden? Sofort fällt mir die teils subtile, teils offene Destruktivität im Gefolge der Globalisierung ein. Hier, mitten auf dem Weg, trifft mich durch meine größere Durchlässigkeit unvorbereitet das, was ich längst weiß, wie ein Schlag. Es bringt mich auf und erfüllt mich gleichzeitig mit Bitterkeit. Ich habe mich häufig in meinem Leben engagiert, aber in diesem Augenblick springt mich ein Gefühl von Ohnmacht und Vergeblichkeit an. Mir ist zum Heulen!

Lange kaue ich auf meinen Tränen herum, bis ich wieder etwas Abstand gewinne. Irgendwann gehen mir die Gedichtzeilen von R.M. Rilke durch den Sinn, die mich jedes Mal neu zum Nachdenken bringen:

Aus unendlichen Sehnsüchten steigen
endliche Taten wie schwache Fontänen,
die sich zeitig und zitternd neigen.
Aber, die sich uns sonst verschweigen,
unsere fröhlichen Kräfte – zeigen
sich in diesen tanzenden Tränen.[64]

Viel ließe sich darüber phantasieren. Eingerastet sind mir die „endlichen Taten wie schwache Fontänen". Auseinandergesetzt habe ich mich in den letzten Tagen dieses zweiten Wegabschnitts meist mit den bis heute beschriebenen Taten der Mächtigen. Ich könnte auch einmal versuchen, auf das zu schauen, was nicht in den Geschichtsbüchern tradiert wird. Vielleicht sollte ich meine Wahrnehmung mehr auf die Zwischenräume lenken, die Phasen zwischen den historischen Akzenten, die bis heute gesetzt werden: Welches Aushalten von Not und Verzweiflung, welch gläubige Hingabe, welcher Mut und welche Ausdauer gehörten zum Beispiel dazu, nach jeder der Zerstörungen früherer Jahrhunderte immer wieder Stein auf Stein zu legen, wieder von vorne zu beginnen! Nicht am Leben zu verzweifeln, sondern es weiterzugeben, sogar wieder Lebensmut und Freude zu entwickeln! Das sind vielleicht die „fröhlichen", dem Leben zugewandten Kräfte all der Unbekannten, die sich in dem Bild der „tanzenden Tränen" zeigen.

Vielleicht lassen sich bis heute die schwierigen äußeren, gesellschaftlichen Entwicklungen und die Situationen menschlichen Versagens, wie bei einem Vexierbild, auch anders sehen: sie zu begreifen als immer neu gestellte Herausforderungen, bestimmte Lernschritte in unserer eigenen, inneren, seelischen und geistigen Entwicklung und damit in unserer Kultur endlich zu vollziehen und danach zu handeln. Statt mich über das „Hauen und Stechen" anderer in längst vergangenen Zeiten aufzuregen, während ich durch diese Landschaften der Burgen und Bastides wandere und ganz aktuell dem Atomkraftwerk begegne, könnte ich auch versuchen zu ergründen, warum es mich so anspringt? Bin ich so empfindsam, weil ich in meinem Beruf tagtäglich die Zerstörungen in den „Seelenlandschaften" meiner Patienten wahrnehme, die sie mir häufig unter Tränen schildern? Auch hier fühle ich mich zuerst oft ohnmächtig und entdecke dann nach und nach doch so viele Potentiale bei diesen Menschen!

Oder habe ich ein schlechtes Gewissen, dass ich mich gesellschaftlich eher weniger als früher engagiere? Manchmal sage ich: „Meine Zeit des Aktivismus ist vorbei!" Seit Jahren arbeiten die Worte von LaoTse in mir: „Der Weg zum Tun ist zu sein."[65] In dieser paradox erscheinenden Formulierung habe ich eine tiefe Wahrheit gefunden: Beginne bei dir selbst und damit, wie du hier und jetzt da bist! Und tue das, was du in deinem Umfeld tun kannst!

Wenn ich auf mein eigenes Leben schaue: Da gibt es Verletzungen oder Empfindlichkeiten, bei denen ich mich schwertue und die immer wieder einmal schmerzen, auch wenn es teilweise ganz normale Prozesse sind. Hat mir das Leben diese Erfahrungen jetzt vielleicht vor die Füße gelegt, damit ich diesen oder jenen Lernschritt endlich vollziehe?

Gleichzeitig weiß ich, dass wir immer Opfer *und* Täter sind! Dass es auch zerstörerische Energien in mir selbst gibt. Und ich weiß, wie schwierig es ist, diese so zu „bearbeiten", dass im eigenen Inneren und im Außen Versöhnung geschehen kann. Wie schwer tue ich mich häufig, bei mir selbst anzufangen! Nicht nur nach Frieden in der Gesellschaft zu rufen, sondern wach und aufrichtig genug zu sein, um meine eigenen Aggressionen zu entschärfen und integrieren zu lernen, vielleicht sogar zu verwandeln, damit sie möglichst wenig nach außen wirken und anrichten können.

Und doch: Wenn ich an das AKW nahe bei Auvillar denke, halte ich schon wieder inne. Wo engagiere ich mich, wo es doch genug an Herausforderungen gibt? Wo fange ich konkret in meinem ganz persönlichen Umfeld damit an? Und wie ist es möglich, immer wieder das „rechte Maß" herauszufinden: Mich nicht selbst zu überschätzen, damit Herausforderungen nicht zu auszehrenden Überforderungen werden, sondern ein Stimulus für Entwicklung bleiben können?

Ich wandere weiter und kann mich erst nach geraumer Zeit wieder in den Rhythmus des Gehens fallen lassen, der mich beruhigt. Wie wohl es mir tut, jetzt keine Entscheidungen treffen zu müssen, sondern es einfach sacken lassen zu können! Der Weg reduziert meine Existenz für eine begrenzte Zeit auf das Elementare. Aber auch hier schimmern die Fragen nach Sein und Sinn durch. Doch nach und nach fühle ich mich wieder etwas zuversichtlicher. Geht es nicht auch darum, nach Erfahrungen mit den eigenen begrenzten Kräften gerade nicht zu resignieren, gerade nicht sich zurückzuziehen und sich abzustumpfen durch Kompensationen aller Art[66], sondern sich innerlich wach, fühlend und lebendig zu halten? Dabei hilft mir dieser Weg. Auch wenn die entstehenden Gefühle oft schmerzen.

Als ich irgendwann wieder anfange, vor mich hin zu summen, blitzt mir plötzlich das Gedicht von Rose Ausländer auf:

Wir müssen wach sein,
unsere Stimme
wach halten,
um singen zu können.
Ein ruhiger,
atmender Morgen

Lange hat mir dieses einfach wirkende Gedicht nicht viel gesagt – bis ich eines Tages plötzlich innehielt: Ja, wach sein, mein bewusstes Sein und meine Stimme wach halten, um sie im gegebenen Moment zu erheben – aber nicht nur, um zu argumentieren oder zu protestieren, sondern ausgerechnet um singen zu können! Und jetzt fallen mir diese Zeilen wieder ein, als ich nach schweren Gedanken wieder etwas Distanz gewinne.

Warum wird hier ausgerechnet das Singen genannt? Vielleicht, weil damit eine andere Ebene in uns angesprochen wird, die es erlaubt, Ohnmacht und Wut besser psychisch einzubinden? Mehr bei mir selbst zu bleiben, statt mich provozieren oder entmutigen zu lassen? Weil gerade auch in Liedern eine Vision weiterlebt? Wie wichtig waren die Gospels während der Rassenunruhen in

Amerika! Im Singen bleiben wir fühlend, es gelingt eher, die Hoffnung weiterzutragen. Wir bleiben berührbar, auch für das Schöne, wie den Zauber der Frühe, dem „ruhigen, atmenden Morgen“ jenseits oder trotz der Ambivalenzen und Zersplitterungen des alltäglichen Lebens. Einem Morgen, der auf eine lebendige Zukunft verweisen könnte?

So laufe ich in Gedanken verloren bergauf, bergab vor mich hin, bis wir schließlich in das Tal des Flüsschens Arrats hinuntersteigen. Wir gehen an einer alten Wassermühle vorbei, die einst den Antonitern gehörte. Sie hatten ihren Sitz im nahe gelegenen Kloster St. Antoine.

Als wir durch den alten Torturm eines früheren Pilgerhospizes treten, erblicken wir ein winziges, liebevoll mit Blumen geschmücktes Dorf und sind gleich bezaubert. Wir lassen die Rucksäcke am sprudelnden Brunnen stehen und gehen in das gegenüberliegende uralte Kirchlein mit seinem mozarabischen Portal. Offenbar gab es hier im Süden Frankreichs bereits Baumeister, die in arabischer Baukunst erfahren waren. Die Kirche wirkt freundlich und so verweilen wir ein wenig und beginnen irgendwann auch zu singen. Wieder ist es eine Freude und je mehr ich mich traue, umso mehr ergreift und erfüllt es mich und hilft mir, wieder Abstand zu den ungelösten Fragen herzustellen, die mich die ganze Zeit umtreiben…

Auf einer schnurgeraden, alten Pilgerstraße durchqueren wir den Ort. Sie erinnert mich an die spanische „sirga peregrinal“, die mittelalterliche Pilgerstraße, um die sich viele Ortschaften bildeten. Anscheinend ist dies wirklich ein historischer Wegabschnitt, der danach durch üppige Hügel führt. Weit und breit Felder, kaum gibt es Wald, dafür sehen wir vereinzelte Schirmpinien hier und dort, manchmal auch Zypressen. Fast schwingt hier etwas vom Zauber der Toskana mit. Oben auf den Hügelkuppen liegen alte Höfe. Manchmal geben ihnen die Taubentürme tatsächlich etwas von dem Charme eines kleinen Landsitzes.

Wir rasten unter einer Eiche an einem Weiher. Libellen huschen mit glänzenden Flügeln umher, Insekten summen, unzählige Frösche quaken. Immer wieder schaue ich auf das weit geschwungene, fruchtbare Land. Auf der folgenden

Wegstrecke entdecken wir häufig gleich zwei oder drei Burgruinen auf einen Blick. Schon nach einer Stunde über kleine Straßen und Wege steigen wir zum Ort Miradoux hoch, was halb spanisch, halb französisch so viel wie „lieblicher Blick“ heißen könnte. Die Aussicht ist tatsächlich „lieblich“. Aber wie alle Bastides hat auch sie hinter den starken Befestigungsmauern rechtwinklig angelegten Straßen und Plätze, soweit das Terrain dies zuließ. Wir werfen jedoch nur einen kurzen Blick in das Städtchen und suchen dann nach Madame Thérèse, die laut Auskunft von Miam-Miam-Do-Do[67] hier eine private Pilgerherberge betreibt. Wir finden ihr bescheidenes Häuschen an der Straße, es ist offen, doch sie ist nicht da.

Auf unser Rufen erscheinen zwei andere Pilger, die sich bereits einquartiert haben. Sie zeigen uns den weiteren Schlafraum, in den eingezwängt eine möglichst große Zahl von Betten steht. Bald kommt Madame und weist uns in ihr Haus ein, in dem ein sehr familiär wirkendes Durcheinander herrscht. Sie ist eine kräftige, etwas chaotisch wirkende Frau älteren Jahrgangs, die uns offen begegnet. Wie sie uns gleich mitteilt, wird bei ihr abends gemeinsam gegessen, sie wird für uns kochen. Uns soll es recht sein. Hinter dem Haus flattern lange Leinen mit Wäsche. Gänse und Hunde laufen im Garten herum, Hühner gackern. Im hinteren Teil eines alten Obstgartens ist es verwunschen schön und ruhig. Nachdem wir uns etwas ausgeruht haben, sitzen wir unter blühenden Kirschbäumen im hohen Gras, Bienen summen um uns herum und Vögel singen geradezu himmlisch. Es ist ein idyllisches Fleckchen, an dem wir unseren vorletzten Nachmittag verbringen.

Später:

Miradoux ist angeblich die älteste Bastide des Gers, so heißt dieser Teil der Gascogne hier. Vor dem Abendessen bummeln wir durch die alten Gassen. Doch alles wirkt etwas verlassen, obwohl die Häuser teilweise noch bewohnt erscheinen. Auch die Städtchen sind offenbar von der Landflucht betroffen, nicht nur die vielen Bauernhäuser, die wir mit vernagelten Fenstern und Türen auf diesem zweiten Teil des Jakobsweges gesehen haben. Allerorten findet man die Schilder „á vendre“ – „zu verkaufen“.

Das gemeinsame Abendessen bei Madame Thérèse in ihrer Wohnküche ist überaus lebendig. Wir sind acht Pilger und sie hat für uns ein deftiges Essen gekocht. Es geht zu wie in einer großen Familie, die einen decken den Tisch, andere bringen die Schüsseln vom Herd, an dem sie zwischen diversen Katzen das Regiment führt. Als schließlich alle gegessen haben, bleibt die Runde noch lange sitzen, um zu erzählen. Es ist schön, dass sich auf diese Weise etwas Gemeinschaft mit den anderen Pilgern bildet. Von Madame erfahren wir, dass die Pilger ihr Leben komplett verändert hätten. Es seien jetzt tagein, tagaus Pilger aus aller Welt hier, das finde sie wunderbar. Sie stehe oft noch nach Jahren in Briefkontakt mit einigen und habe „so viele Postkarten erhalten, dass sie damit dieses Zimmer tapezieren könne!“ Etwas später dann: Dass sie viel vom Heiligen Geist halte und auch nach Jerusalem gereist sei. In ihrer Wohnküche seien in den letzten Jahren auch schon drei Messen gelesen worden. Später ergänzt sie in geheimnisvollem Ton, dass sie als 12-jähriges Mädchen im Zusammenhang mit einem Blinddarmdurchbruch drei Tage im Koma gelegen habe. Damals habe sie eine Art Traum oder Vision gehabt, dass sie „zwischen Krankenhaus und Friedhof sich in einem Haus um Leute kümmere“. Heute sei das für sie eingetreten und sie sei glücklich darüber. Das ehemalige kleine Krankenhaus liegt fast nebenan, der Friedhof nicht weit entfernt, ihr Haus tatsächlich dazwischen.

10. Tag

Miradoux – Lectoure (15 km), Donnerstag, den 24. April

Der letzte Wandertag dieses zweiten Wegabschnitts hat begonnen. Wie so oft brechen wir an einem frischen Morgen auf und genießen den weiten Blick über die in allen Grüntönen ausgebreitete Landschaft. Lange wechseln sich kleine Straßen und Feldwege ab. In der Nähe eines Gehöfts soll sich das Pilgerhospiz Peyronelle befunden haben, das im Mittelalter angeblich der Kirche von Jerusalem geschenkt wurde. Ich staune immer wieder, wie weit sich zu damaliger Zeit Beziehungen und Querverbindungen erstreckten. Wie kommt ein Hospiz mitten im tiefsten Frankreich zu einer Verbindung mit Jerusalem?

Nach einem wunderschönen Pfad am Bach entlang, begleitet von jubilierenden Nachtigallen, rasten wir an einem Weiher. Fischteichen und Weihern begegnen wir in den letzten Tagen häufiger. Es ist warm genug, um in der Sonne dösend dem Konzert von Fröschen, Insekten und Vögeln zu lauschen. Bald darauf entdecken wir schon den Kirchturm von Lectoure von ferne auf einer Felsnase. Lectoure erhielt seinen Namen von lat. lactarius, was so viel wie Milchbauer bedeutet. Zwar dauert es noch, bis wir uns „heranarbeiten", doch am späten Mittag ist es geschafft. Wieder gibt es einen steilen Aufstieg zur Stadt hoch, die in gallo-römischen Zeiten ursprünglich unten im Tal des Flusses Gers gelegen haben soll. Doch zahlreiche Überfälle und Plünderungen machten es offenbar nötig, sich auf den Berg zurückzuziehen. Dort oben lag ursprünglich ein Heiligtum der Göttin Cybele, der in römischen Zeiten Stieropfer (später nur noch ihre Hoden) dargebracht wurden. Wie so oft, errichtete man Jahrhunderte später die Kathedrale teilweise über diesem Heiligtum. Im Mittelalter wurden mächtige Befestigungsmauern um die Stadt angelegt, die eine der Residenzen der Grafen von Armagnac wurde, einer großen Region der Gascogne.

Im Touristenbüro bekommen wir die Code-Nummer für die Türe zur Pilgerherberge gesagt. Bald darauf machen wir es uns in dem alten, winkligen Haus in einer der steilen Straßen bequem. Der Nachmittag vergeht damit, durch dieses freundliche Städtchen zu schlendern, das seine eigene kleine Welt auf diesem Bergrücken errichtet hat. Jakobspilger fanden hier zeitweise neun Hospize vor.

Auf einem großen Aussichtsplateau mit beeindruckendem Fernblick sind die Männer des Ortes in zahlreichen Gruppen völlig in ihr Boule-Spiel vertieft. Kinder springen mit Bällen umher oder flitzen mit dem Fahrrad um die alten Bäume. Alte Frauen und junge Mütter sitzen strickend und plaudernd auf den Bänken. Die Zeit vergeht träge bis zum Abend. An diesem Nachmittag werde ich fast schon an spanisches Alltagsleben auf einer Plaza erinnert. Für uns als „Fremde" ist das wohltuend, weil wir in diesem „öffentlichen Raum" das Gefühl haben, aufgenommen zu sein.

Mit uns sind nur noch drei Männer in der Herberge, ein Australier in Tims Alter, der seit Jahren Fernwanderungen macht. Dann ein Franzose aus Paris, der jetzt auf dem Weg nach Lourdes ist und einmal im Frühjahr von Vézelay nach Santiago und im gleichen Herbst diese Strecke wieder zurückgewandert ist. Zuletzt ein etwas seltsamer Flame, der sich auch bald zurückzieht. Noch lange sitzen wir nach dem Essen am Küchentisch mit Fragen nach dem Woher, Wohin und manchmal nach dem Warum. Frei von Dünkel und Rollen entscheidet jeder, wie viel er dazu sagen mag – und schon beginnen meist tiefe Gespräche. Plötzlich stellt sich heraus, dass sich der Australier und der Franzose vor genau einem Jahr ebenfalls hier begegnet sind, und zwar am gleichen Tag. Eine seltsame Synchronizität.

11. Tag

Von Lectoure im Bus nach Agen und von dort mit dem Zug nach Bordeaux. Freitag, den 25. April

Am Vormittag haben wir noch einige Stunden Muße bis zur Abfahrt unseres Busses. Wir umrunden dieses Städtchen entlang seiner Befestigungsmauern, bewundern den weiten Blick – und halten überrascht inne: Im Morgendunst und weit entfernt entdecken wir die Bergketten der Pyrenäen, eigentlich mehr die schwach schimmernden Schneeplacken auf ihnen. Bis dorthin wird uns also unser Weg im nächsten Teil führen. Es erscheint mir unerhört weit!

Dann schauen wir uns mit Ruhe in der Kathedrale um, die nach den vielen kleinen Kirchen auf uns fast befremdlich groß wirkt. Im Verlauf des Vormittags ist es hier still. Irgendwann trauen wir uns und singen zum letzten Mal unser „Hagios ho theos". Wieder ist es ein Abschied von einer Zeit unterwegs, der schmerzt.

Auf diesem Teil des Weges war ich manchmal verwirrt und erschrocken, durch eine in den vergangenen Jahrhunderten immer wieder verletzte Landschaft zu wandern. Ich hatte mir nicht klargemacht: Welche Landschaft in Europa ist eigentlich nicht verletzt durch Kriege und Verwüstungen? Und doch gibt es in diesen ländlichen Gebieten weitab von den industriellen Zentren das

Gegengewicht einer üppigen, blühenden Natur. Es gibt friedliche Dörfer, in denen Menschen versuchen, bis heute ihr Auskommen zu finden, auch wenn die Jungen zunehmend abwandern.

Mir sind diesmal die kriegerischen Auseinandersetzungen in der Geschichte dieser Region stärker unter die Haut gegangen. Kein Wunder, dass sich ab dem 14./15. Jh. angesichts dieser Gefahren auch die Pilgerströme ausdünnten. Warum hat mich all dies so stark erreicht? Weil ich langsam vorübergewandert bin und nach Tagen in der Natur durchlässiger, empfindsamer werde? Bin ich in meinem Wunsch nach einer inneren „Idylle der Stille“ dadurch herausgerissen worden? Gilt für mich der Vorwurf des Eskapismus, wie Ken Wilber ihn gegen manche Anhänger der New-Age-Bewegung erhebt?[68] Wollte ich innerlich abschweben, mich weg ins „Wahre, Schöne, Gute“ verdrücken? Oder hat es mit der „mystischen Empfindlichkeit“ zu tun, von der Dorothee Sölle meint, dass sie aus dem tiefen Wahrnehmen der Schönheit des Lebens entstehe, zu der aber auch die „unerbittliche Wahrnehmung der Zersplitterung des Lebens“ gehöre[69]?

Bei diesem Stück Pilgerweg war ich zeitweise wie verstellt, absorbiert von schmerzlichen Gedanken. Ich musste mich daran erinnern, auch die hinter den Ruinen verborgenen Anstrengungen von Generationen zu sehen, die versuchten, die zerstörten Plätze immer wieder neu zu beleben, bis manche eines Tages trotzdem endgültig verödeten. Und doch sind wir bei diesem Wegabschnitt ab und zu auf Initiativen gestoßen, die mit viel Liebe versuchten, diese Orte heute wieder zu verlebendigen. Wie lassen sich stärker diese lebensvollen Energien entdecken und herausfiltern, die oft noch im Schwierigsten verborgen sind, oft gerade im Schwierigen?

Immer wieder muss ich an die „Bitte“ von Hilde Domin denken:

Wir werden eingetaucht
und mit dem Wasser der Sintflut gewaschen,
wir werden durchnässt
bis auf die Herzhaut.

Der Wunsch nach der Landschaft
diesseits der Tränengrenze
taugt nicht,
der Wunsch, den Blütenfrühling zu halten,
der Wunsch, verschont zu bleiben,
taugt nicht.

Es taugt die Bitte,
dass bei Sonnenaufgang die Taube
den Zweig vom Ölbaum bringe.
Dass die Frucht so bunt wie die Blüte sei,
dass noch die Blätter der Rose am Boden
eine leuchtende Krone bilden.

Und dass aus der Flut,
dass wir aus der Löwengrube und dem feurigen Ofen
immer versehrter und immer heiler
stets von neuem
zu uns selbst
entlassen werden.[70]

III.

Von Lectoure bis zum Saum der Pyrenäen nach St.-Jean-Pied-de-Port

Es gibt keinen Weg zum Glück.
Glücklichsein ist der Weg.
Buddha

Hinfahrt: Freitag, den 17. September

Es riecht nach Fluss, als Tim und ich gegen fünf Uhr früh, noch in der Dunkelheit, in Arles aus dem Nachtzug steigen. Der bescheidene Bahnhof wirkt verlassen, die Stadt scheint noch zu schlafen. Nur ein Kiosk in der Nähe wird gerade aufgeschlossen und ein Mann zieht Stapel von Zeitungen hinter sich herein. Was tun, wenn wir auf einen Anschluss nach Agen warten müssen? Der feuchten Luft nach ist es nicht weit bis zum Ufer der Rhône und schon nach wenigen Minuten entdecke ich den mächtigen Strom. Träge ziehen seine dunklen Wasser vorbei, auf denen sich die gelblichen Laternen spiegeln. An der Uferpromenade reihen sich Häuser vergangener Epochen aneinander. Eine riesige Kirche ragt als Ruine in den sich schwach aufhellenden Himmel. Jeder Meter scheint hier von uraltem Kulturraum zu erzählen. Gerne würde ich die Innenstadt wiederentdecken, die mich vor Jahrzehnten so faszinierte. Doch bald muss ich zum Bahnhof zurück. Der Zug fährt uns im frühen Morgen durch die Weingärten des Languedoc, vorbei an Nîmes, Beziers, Narbonne, Carcassonne, schließlich Toulouse und die Garonne hinab bis nach Agen.

Agen: Ich erinnere mich! Hier wurden im 9. Jh. die Reliquien der Hl. Fides geraubt, die schließlich in Conques landeten. Als wir unsere Rucksäcke im Bus nach Lectoure verstauen, deutet ein junger Mann auf die Jakobsmuscheln, die an ihnen baumeln, und fragt uns, ob wir auf den Pilgerweg wollten. Das überrascht mich dann doch. Im Bus zieht er einen Prospekt von Bordeaux aus der Tasche, in dem die Bedeutung dieser Stadt für die Jakobspilger erwähnt wird. Eine gute Einstimmung. Ich bin aufgeregt vor Freude, endlich wieder „auf den Weg“ zu kommen.

Die weitläufig hügelige Landschaft, die wir zuletzt durchfahren, lässt mich innerlich an das Frühjahr des vergangenen Jahres anknüpfen, als wir von Figeac aus hierher gewandert waren. Die schon herbstlich wirkenden Felder liegen jetzt meist abgeerntet da. Als in der Ferne oben auf dem Bergsporn die Silhouette von Lectoure sichtbar wird, erscheint mir diese kleine Stadt schon irgendwie vertraut. Endlich oben angekommen, steigen wir in der Nähe der Aussichtsterrasse aus. Wieder stehen hier im Schatten der Bäume ein paar Männer ins Boulespiel vertieft. Wir gehen an der mächtigen Kathedrale vorbei, holen uns den Code für die Türe zur Pilgerherberge und beziehen dort dasselbe Zimmer wie im vergangenen Jahr. Aus Erfahrung habe ich gelernt, dass es mir nicht guttut, am gleichen Tag aufzubrechen, ohne innerlich richtig angekommen zu sein. So werden wir erst morgen früh zum alten Kloster von La Romieu wandern.

Nach und nach trudeln die ersten Pilger ein. Einer ist in 47 Tagen von Zürich bis hierher gewandert und wird seinen Weg nach Santiago fortsetzen. Ein anderer dagegen hat sich seine Füße so mit Blasen ruiniert, dass er den Weg hier abbrechen wird. Ein Australier lobt die landschaftliche Schönheit des französischen Weges: „Schöner noch als Spanien", das er im letzten Jahr durchwandert habe. Ich denke darüber nach und kann mich noch nicht recht entscheiden. Muss ich das überhaupt?

Bei einem Bummel durch die Stadt schwelge ich in der Fülle herbstlicher Früchte aus der Gascogne. Da gibt es zahllose Traubensorten, Granatäpfel, Reineclauden, dann die berühmten Pflaumen der Region Agen. Bunt prangt Gemüse in den Auslagen. Als ich nach den Gassen suche, die uns wieder auf den Jakobsweg führen, finde ich am Hang hinter dem gotischen Diana-Brunnen einen Feigenbaum mit saftigen, blauen Früchten wie eine lebendige Einladung. Ich esse mich satt und sammle ein paar für Tim heute Abend, weiß ich doch: Ab morgen früh muss alles getragen oder zurückgelassen werden.

Am Spätnachmittag stehen wir dann erneut an der alten Befestigungsmauer dieser Bastide. Im letzten Frühjahr dachte ich hier daran, wie dieser weite Blick meinen alten Vater beglücken würde, „ein Blick wie in die Ewigkeit". Meine Intuition damals war richtig: Nach der Rückkehr unseres Sohnes von seinem Auslandsjahr starb er wenige Wochen später, von uns begleitet bis zu dieser letzten Schwelle. Mit welch strahlendem Blick hat er uns einige Male beschenkt, als er noch einmal die Augen aufschlug! Und was hat sich seitdem alles verändert! „Der Wunsch, verschont zu bleiben, taugt nicht“, dichtet Hilde Domin. Auch ich fühle mich nach schweren Erfahrungen in den letzten Monaten „versehrter“ und bin erst dabei, zu ahnen, was das Heilende daran sein könnte.

In der Ferne entdecken wir wieder schemenhaft die Gebirgskette der Pyrenäen. Dieses Mal werden wir so lange südwestlich darauf zuwandern, bis wir bei St.-Jean-Pied-de-Port am Fuße des Passes ankommen werden, dem Endpunkt des Jakobsweges durch Frankreich. Im Augenblick kann ich mir kaum vorstellen, wie wir das in den zwei Wochen bewältigen wollen…

Immer weiter auf das große Gebirge zu …

Wir mögen die Welt durchreisen,
um das Schöne zu finden,
aber wir müssen es in uns tragen,
sonst finden wir es nicht.
Ralph Waldo Emerson

1. Tag

Lectoure – La Romieu (19 km), Samstag, den 18.9.04

Ich sitze im Schatten des Kreuzgangs im mittelalterlichen Kloster La Romieu und genieße die Stille des Nachmittags. Aus einem Beet bunter Herbstblumen in der Mitte des Rasengevierts ragt der alte Brunnen hervor. Die verwitterten, gotischen Arkaden mit ihren zierlichen Säulen werfen schräge Schatten auf die abgetretenen Steinplatten. Wie lange mag es her sein, dass hier Mönche wandelten, die dieses Kloster belebten? Doch der Reihe nach:

Als wir heute kurz nach Sonnenaufgang aufbrechen, wandern wir in einen strahlend schönen Spätsommermorgen hinein – oder ist es vielleicht doch eher ein früh-herbstlicher? An der Stadtmauer entdecken wir in der türkishellen Ferne die zarten Linien des Pyrenäengebirges, während über dem hügeligen Vorgebirgsland noch feiner Dunst liegt. Die Luft atmet sich frisch und erquickend. Das frühe Licht fällt in golden gefächerten Strahlenbündeln durch das Laub der Bäume am Hang. Es geht den Bergsporn von Lectoure hinab und nach einer Weile überqueren wir die milchig grünen Wasser des Gers, der dieser Region den Namen gibt. Zwischen Buschwerk und Wiesen hat sich niedriger Nebel gehalten. Auf einer Weide glänzen plötzlich zwei Schimmel auf, als sie erstaunt über uns Wanderer die Köpfe aus dem Bodennebel ins Sonnenlicht heben.

Ein schöner Weg führt uns über weite Felder, auf denen Zwiebeln und Knoblauch gedeihen. Manchmal sind die Böden aufgesprungen von der Hitze des Sommers. Gegen 10 Uhr wird es auch jetzt so heiß, dass wir froh sind, bald im Dorf Marsolan (die Gottheit „Mars“ im Namen deutet schon auf den römischen Ursprung hin) eine wunderbar schattige Aussichtsterrasse zu finden. Wie gut tut es, die ungewohnt schweren Rucksäcke abwerfen zu können! Wieder das Gefühl, mindestens 10 cm zu wachsen! Unter uralten Kastanienbäumen halten wir unsere erste Rast.

Danach kündigt sich ein glühender Mittag an. Umso mehr erfreut mich eine schön gefasste Quelle inmitten von Blumen, an der wir unser Wasser auffüllen können. Offenbar gibt es pilgerfreundliche Menschen hier, denn bald darauf, an einer Kreuzung von Feldwegen, finden wir eine umgedrehte Kiste mit zwei Thermoskannen voll Tee bzw. Kaffee, Zucker in einem Glasbehälter daneben und einem Zettel, dass wir uns für 1 € bedienen können. Zwar habe ich meinen Durst gerade mit Quellwasser gelöscht, doch Tim freut sich über die Aussicht auf einen Kaffee – und die Bauersleute profitieren von einem Nebenerwerb. Ich entdecke auf dem abgeernteten Feld seitlich in einem Haufen welken Grünzeugs winzige Melonen – offenbar zu klein, um sie noch zu vermarkten, doch köstlich für uns an einem heißen Wandertag. Kleine Geschenke des Weges!

Ein Stück geht es über eine Höhe auf dem historischen Jakobsweg entlang. An der romanischen Kapelle von Abrin stießen die alte Römerstraße aus dem Norden, „la Peyrigne“ genannt und der Pilgerweg von Rocamadour über Agen auf die „Via podiensis“. Schon 1195 hatten sich hier die Johanniter niedergelassen und ein Hospiz begründet. Während früher der Jakobsweg geradewegs nach Condom führte, macht er heute einen Umweg über den kleinen Ort La Romieu mit seiner mächtigen Stiftskirche. Bis dahin müssen wir aber noch einige Höhen und Täler überqueren.

Auf dem letzten Abschnitt vor dem Ziel gerate ich an diesem ersten Wandertag prompt an die Grenzen meiner Kraft. Der Rucksack scheint mit der Müdigkeit immer schwerer zu werden! Schließlich schleppe ich mich nur noch entlang der Wegzeichen durch die Landschaft. Zuletzt geht es an wohlgeordneten Plantagen entlang, durch einen Graben von uns getrennt. Sind es Mandelbäume? Nein, es sind Pflaumenbäume! Sie sind bereits abgeerntet, doch unter den Bäumen liegen noch zahlreiche Früchte, die der maschinellen Ernte offenbar entgingen. Wir durchklettern den Graben und kosten: Es sind die köstlichsten Pflaumen, die ich in meinem ganzen Leben gegessen habe! Von der Größe eines Hühnereis, jede so voller Saft, dass er mir die Hände herunterrinnt. Nach dem anstrengenden Tag sind wir hingerissen von dieser unerwarteten Pflaumen-Wonne, wieder ein Geschenk am Weg! Danach geht sich die restliche Strecke viel leichter. Jetzt können wir uns auch das brummende Motorengeräusch in den eigentümlichen Gebäuden erklären, die wir ab und zu entdecken: Es sind wohl die Trocknungsanlangen! Diese Pflaumen sind in ganz Frankreich berühmt: Die „Prunes d´Agen". Jetzt weiß ich in Zukunft, welche Köstlichkeit damit gemeint ist – auch wenn sie frisch geerntet sicher noch besser schmecken!

Irgendwann entdecken wir einen kleinen See zur Bewässerung hinter den Plantagen und dahinter ein massiv wirkendes Kirchengebäude mit zwei mächtigen, seitlichen Türmen: La Romieu. Der Ort wurde angeblich schon um 1080 von einem Mönch auf der Rückkehr von Santiago gegründet. Er baute sich in diesem lieblichen Tal eine Zelle und bald kamen andere dazu. Aus dem Jahr 1082 ist eine Schenkungsurkunde erhalten, die den Landbesitz der Benediktinerabtei Saint Victor von Marseille vermacht und La Romieu als eine „salvitas" (franz. „sauveté) bezeichnet, d.h. ein Ort, an dem Einheimische wie Fremde besonderen Schutz genossen,[71] ähnlich, wie wir es schon in Figeac gesehen haben.

Bekannt wurde La Romieu durch den 1260 hier geborenen Arnauld d´Aux aus einer Seitenlinie der Grafen von Armagnac. Er war ein Neffe des späteren Papstes Clemens V. und errichtete in seinem Heimatort zwischen 1313-1318 dieses Kanonikerstift mit der heute noch erhaltenen einschiffigen Kirche, den beiden mächtigen Türmen (der eine davon achteckig) und dem anmutigen Kreuzgang, in dem ich mich niedergelassen habe.

Hier genieße ich die Stille, die immer wieder einkehrt. Ich sitze einfach nur an die Mauer gelehnt und lasse die Ausstrahlung dieses Gevierts mit seinen gotischen Arkaden und Säulen auf mich wirken, lausche den zirpenden Vögeln und staune innerlich, dass ich hier bin. In Strahlenbündeln fällt Licht durch das zum Teil verletzte Maßwerk der Bögen. Die Schatten der Arkaden wandern langsam auf den Steinplatten entlang. Blumenduft weht herüber. Auch dieser Ort kündet von einer Blütezeit und von Zerstörung und Verfall. Trotzdem wirkt er in seiner Ruhe so wohltuend. Liegt es daran, dass ich mich nach und nach zu öffnen vermag? Gegen Abend habe ich das Gefühl, mich wieder auf „den Weg“ einlassen zu können.

2. Tag

La Romieu – Condom (17 km), Sonntag, den 19. April

Ich habe wunderbar in der angeblich ältesten Kirche von La Romieu geschlafen, in deren Mauern heute die Pilgerherberge eingerichtet ist. Sind sakrale Bauten nicht auf besonderen Plätzen erbaut? In den Pilgerherbergen, die in ehemaligen Klöstern und Kirchen eingerichtet waren, hatte ich immer einen besonders erholsamen Schlaf, das ist mir schon auf dem spanischen Jakobsweg aufgefallen. Am Nachmittag hatte sich noch eine große Hochzeitsgesellschaft hier einquartiert, doch ich habe sie nachts noch nicht einmal von ihrer Feier zurückkehren hören.

Beim Frühstück lernen wir Janine kennen, eine ca. 60-jährige Pilgerin aus Brüssel. Wir plaudern und kommen erst gegen 9 Uhr auf den Weg. Da ist es bereits wolkig und schwül. Auf einer Höhe, am Rande eines Maisfeldes, halten wir unser kleines Morgenritual, um diesen neuen Tag bewusst zu beginnen. Mais wird hier in Mengen angebaut, dazwischen aber auch Hirse, die seit der Antike in dieser Region beheimatet ist. Dann ziehen wir vorbei an dem kleinen Schloss von Maridac mit seinem vorspringenden Eckturm. Solche Türme sind hier auch bei wohlhabenden Höfen manchmal zu sehen. Nach bereits fünf Kilometern erreichen wir einen winzigen, aber intakt wirkenden Weiler, Castelnau-sur-l`Auvignon.

Bereits im 11. Jh. gegründet, liegen die jetzt irgendwie neu wirkenden Häuser aus weiß-gelblichem Kalkstein an der einzigen Straße sonntagsverträumt da. Aus Blumenkästen und Vorgärten blüht es bunt und doch ist niemand zu sehen. Wir schauen in die geöffnete alte Kirche hinein und haben spontan Lust, zu singen. Weil es uns so tief erfüllt und auch zweistimmig so schön klingt, wollen wir gar nicht aufhören und sind so richtig freudig im Singen, als wir hinten Schritte hören. Wir blicken uns um, da steht ein erstaunter älterer Mann. Nach einer Pause sagt er in die Stille: „Es ist schön, dass ihr hier singt, in dieser Kirche wird viel zu wenig gesungen!“ Er fragt uns nach unserer Herkunft – und dann erzählt er uns kurz die Geschichte dieses Dorfes: Sowohl im spanischen Bürgerkrieg wie auch im 2. Weltkrieg hatte es Widerstandskämpfer aufgenommen. Daraufhin wurde es von den deutschen Besatzern weitgehend zerstört, nur ein Teil der Kirche und der Turm des Schlosses blieben erhalten. Die Kirche hätten sie wieder aufgebaut. „Es ist gut, dass ihr als Deutsche jetzt mit eurem Singen etwas Schönes in diesen Ort gebracht habt!“

Ich bin tief betroffen über diese Fakten. Mir fallen Worte von Yehudi Menuhin ein:

„Wenn einer aus seiner Seele singt, heilt er zugleich seine innere Welt. Wenn alle aus ihrer Seele singen und eins sind in der Musik, heilen sie zugleich auch die äußere Welt.“[72]

Zwar sind wir nicht „schuld“ an dem, was durch die Deutschen angerichtet wurde, aber als spätere Generation sind wir besonders dafür verantwortlich, dass so etwas nie wieder passiert – und diese Verantwortung beginnt bei dem Destruktiven, das jeder schon in sich selbst entdecken kann. – Ebenso fallen mir die Initiativen von Menschen aller Religionen (oft Hinterbliebene der Opfer) ein, die in Gruppen an „verletzte Orte“, wie z.B. Kriegsschauplätze, Konzentrations- und Arbeitslager, gehen, um sie, aber auch sich selbst, durch Meditationen zu heilen.[73] Darin zu singen, wäre sicher auch eine heilende Energie. Warum bin ich nicht darauf gekommen, als ich beim letzten Wegabschnitt an all diesen Ruinen vorbeigegangen bin? Nachdenklich verlassen wir das Dorf.

Ich zucke zusammen, als beim Weg hinab ins Tal aus einem nahen Waldstück plötzlich Schüsse ertönen, immer wieder. Klar, es ist Herbst und offenbar ist die Jagdsaison eröffnet. Doch irgendwie läuft mir jedes Mal eine Gänsehaut über den Rücken, bin ich doch in meinen Gedanken immer noch mit der Verfolgung der Widerstandskämpfer in diesem kleinen Dorf beschäftigt. So mag auch damals geschossen worden sein.

Umso mehr freut es mich, als wir nach einer Weile hinter einem Gehöft zur romanischen Kapelle von St. Germain hochsteigen und sie – entgegen der Angaben im Führer – mit neuem Dach und liebevoll restauriert vorfinden. Nach meinen inneren Bildern von Zerstörung und Tod tut es gut, dass dieser Ort wieder seine Würde erhalten hat. Ich weiß nicht, welches Schicksal dieses Bauwerk hatte. Eine Tafel zeigt, wie verfallen es war. Vielleicht war es nur der Zahn der Zeit, der an ihm nagte? An vielen Details spürt man jetzt jedoch, dass sich Menschen dieses Ortes angenommen haben. Welche Gruppe ergreift da plötzlich die Initiative? Engagiert sich für die Reparaturen, sammelt Geld und setzt viel Liebe, Zeit und Kraft in diese Arbeiten? Im Vorhof erstrahlt ein wunderschönes Blumenbeet. Die Kapelle ist schlicht gehalten und mit nur wenigen Blüten geschmückt. So versuchen auch wir etwas beizutragen, indem wir uns Zeit nehmen, sie mit unserem Gesang zu erfüllen. Es ist ein Sonntagmorgen und ich bin glücklich, dass wir ihn gleich zweimal singend begehen…

Wir haben uns angewöhnt, danach noch eine Weile der Stille nachzulauschen, in sie einzutauchen. So geöffnet und lebendig, wie ich mich nach dem Singen fühle, ist dies jedes Mal eine ganz besondere Erfahrung für mich. Immer tiefer verstehe ich die Worte von R.M.Rilke :

"... das Wehende höre,
die ununterbrochene Nachricht,
die aus Stille sich bildet..."[74]

Lange gehen wir schweigend. Dann führt uns irgendwann der Weg durch Weingärten. Es hat etwas Heiteres, durch diese Fülle der üppig mit Trauben behangenen Rebstöcke zu ziehen und darüber zu staunen, welche zarten und aromatischen Früchte dieses knorzige Holz hervorbringt. Zwar ist es schwülwarm und drückend, doch fühle ich mich innerlich wieder leichter.

Nach einer Weile sehen wir in der Ferne die alte Stadt Condom im Tal liegen. Auch sie soll aus einem schon um 804 gegründeten Kloster entstanden sein, das als Stätte benediktinischer Gelehrsamkeit weithin einen Ruf hatte. Umso schwieriger war es, dass die Stadt in den Wirren des Hundertjährigen Krieges mal von Frankreich, mal von England erobert bzw. zerstört wurde. Die Kathedrale wurde 1531 im typischen Stil der gotischen Kirchen des Languedoc fertiggestellt[75]. Während der Hugenottenkriege 1569 wurde die Stadt vom protestantischen Heerführer Montgomery besetzt und völlig ausgeraubt. Immerhin zerstörte er die Kathedrale aber nach Zahlung von 10 000 Goldtalern nicht.

Die heutige Pilgerherberge ist mittlerweile im zweiten Stockwerk eines ehemaligen Schulgebäudes untergebracht, dem Centre Salvandy. Es gibt hier in den früheren Klassenräumen zwei Schlafsäle mit einfachen Betten und eine Küche. Mittags um 13 Uhr wieseln bereits viele Pilger herum. Wie meistens in Frankreich sind es überwiegend Ältere. Sie machen sich anscheinend auf den Weg als Ritual für den Übergang in den Ruhestand. Wir können gerade noch die letzten beiden Betten belegen. Auch Janine aus Brüssel, mit der wir heute Morgen frühstückten, ist schon da. In der Küche wird bereits heftig gekocht. Aus übriggebliebenen Resten verschiedener Tüten und dem, was wir im Vorübergehen schnell eingekauft haben, zaubern auch wir uns erst einmal ein improvisiertes Essen. Es ist jedes Mal erstaunlich, welch guter Koch ein ausgewachsener Hunger ist! Auch wenn es dabei Irrtümer gibt und ich mir aus einer übrig gelassenen, aufgerissenen Folientüte, aus der es nach Milchpulver riecht, etwas in den Kaffee schütte und sich danach herausstellt, dass es wohl Pulver für Kartoffelbrei war.

Der Name der Stadt Condom (der viele überrascht aufhorchen und schmunzeln lässt) soll sich aber von lat. condominium ableiten, was so viel wie Gemeinschaftsbesitz hieß. Sie liegt in der Provinz Armagnac, die für ihren Schnaps berühmt ist. Über seine Herstellung werden wir im Verlauf des Nachmittags im Museum ausführlich informiert. Später, schon in der Dunkelheit, ziehen wir dann noch einmal gemeinsam los, um für morgen früh bereits den

Weg aus der Stadt heraus kennen zu lernen – eine sinnvolle Angewohnheit, die sich im Laufe der Zeit ergeben hat. Als wir kurz nach 21 Uhr zur Herberge zurückkehren, erklingt aus dem Schlafsaal bereits ein Schnarchkonzert, das mich Schreckliches ahnen lässt.

3. Tag

Condom – Montréal-sur-Gers – Séviac (ca. 20 km), Montag, den 20. September

Meine Vorahnung gestern Abend erwies sich als richtig: Die Nacht im Schlafsaal war ein Horror. Es ist für mich jedes Mal erstaunlich, welch unterschiedliche Geräusche Menschen im Schlaf von sich geben können. Die einen röhren oder orgeln im Rhythmus ihrer Atmung, andere schnaufen, schnappen ab und zu nach Luft oder seufzen im Traum tief auf. Ein belgisches Ehepaar in der Ecke übertraf alle: Während er mit tiefem Bass vor sich hin dröhnte, verwandelte seine tagsüber so freundliche Frau sich nachts in einen fauchenden Drachen. Auch mein Bett-Nachbar konnte manchmal eigentümliche Bell-Geräusche zustande bringen, die mich schier ausrasten ließen, wenn ich gerade wieder im Einschlafen war. Klar, letztlich hält mich wohl meine eigene Verzweiflung und Wut darüber wach, dass ich mich dermaßen gestört fühle.

Als um 6 Uhr früh der Alte aus Quebec, Kanada, bereits aufsteht und seinen Rucksack packt, werden in einer Art Kettenreaktion nach und nach alle wach. So sind auch wir schon gegen 7.30 Uhr auf dem Weg, gerade zum Sonnenaufgang. Leider ist die alte Jakobskirche immer noch geschlossen, so dass wir uns einen lauschigen Winkel am Fluss für unser Morgenritual suchen. Danach geht es wieder bergauf, bergab durch Felder und Wiesen. Neben braunen und verblühten Sonnenblumen, vertrockneten Maisstauden und Hirse entdecke ich jetzt auch Sojabohnen.

Nach wenigen Kilometern finden wir den Hinweis auf Larressingle, das als „eines der schönsten befestigten Dörfer der Gascogne" gilt und von den Einheimischen (in liebevoller Übertreibung) als das „Carcassonne des Gers“ bezeichnet wird[76]. Bereits um 1286 ließ es ein Abt von Condom ausbauen und zu einem befestigten Landsitz der Äbte und Bischöfe von Lectoure umgestalten. Wir überqueren eine Art Burggraben und treten über eine Brücke durch das Tor eines weitgehend intakten Festungsgürtels, der den winzigen Ort umringt. An ihn drängen sich von innen die wenigen Häuser. Dahinter liegt gleich die innere Burganlage mitsamt einer Kirche. Warum mussten sich diese geistlichen Herren dermaßen absichern? Ich lese, dass schon im 13. Jh. hier die Auseinandersetzungen zwischen England und Frankreich begannen, also schon lange vor dem Ausbruch des Hundertjährigen Krieges.

Die schwere, alte Kirchentüre ist zu öffnen und wir betreten einen außergewöhnlichen Raum: Offenbar ist an das frühere romanische Kirchenschiff mit Apsis und halbrund gemauertem Kuppeldach noch ein weiterer gotischer Raum angebaut worden, verbunden durch einen Rundbogen. Da wir alleine sind, beginnen wir wie immer zu singen, als ob wir diesen Raum begrüßten und er uns den Klang zurückschenkt. Ich fahre jedoch zusammen, als es bald ungeduldig an der großen Eingangstüre ruckelt. Ja, die Klinke klemmt etwas. Stimmengewirr dringt herein, offenbar steht draußen ein ärgerliches kleines Grüppchen. Wir verstummen angesichts dieser lärmenden Übermacht. Bevor ich noch öffnen kann, treten laut schwatzend andere ein, die Fotoapparate klicken und Blitzlichter leuchten auf. Ich fühle mich in der Defensive gegenüber diesem Ansturm. Oder hätten wir doch weitersingen sollen? Vielleicht wäre es ein Angebot gewesen, diesen Ort einmal anders, nämlich „erklingend“ wahrzunehmen?

Wieder zurück auf dem Weg geht es bald darauf über eine romanische Brücke über das Flüsschen Osse. Diese Brücke gehörte ursprünglich dem Erzbistum von Santiago und sollte besonders den Pilgern dienen. Ich bin jedes Mal beeindruckt, mit welcher „Infrastruktur“ man schon im Mittelalter versuchte, den riesigen Pilgerströmen gerecht zu werden.

Allmählich wird es heiß über den weiten Feldern, bei denen die Weinberge immer mehr zunehmen. Ich spüre, wie übernächtigt ich bin. Abgestumpft laufe ich eine lange Strecke vor mich hin, hügelauf, hügelab, möchte eigentlich nur noch ankommen. So bin ich froh, als wir hinter dem Weiler Routgès mitten in den Weingärten auf einer kleinen Anhöhe ein altes Kirchlein unter Schatten spendenden Bäumen entdecken. Dort rasten wir. Leise streicht die Hitze durch die Blätter, auf dem moosigen Boden spielen Licht und Schatten miteinander, würziger Duft weht herüber.

Zu unserem Erstaunen besitzt diese kleine Kirche zwei Eingänge. Wie ich im Pilgerführer erfahre[77], diente der eine vermutlich für die „rechten" Menschen und der andere für die „cagots", eine Art Unterschicht hier im südlichsten Frankreich. Zwar weiß ich, dass man z.B. den Aussätzigen des Mittelalters von außen oft einen „Durchblick" durch die Kirchenmauer auf den Altar hin gewährte. Wegen der vermuteten Ansteckungsgefahr konnte das vielleicht noch nachvollziehbar sein. Doch ein Zwei-Klassen-System innerhalb der Landbevölkerung des Pyrenäenvorlandes, das sich bis in die Kirchengebäude ausformt, macht mich nachdenklich. Die vorherrschenden Stände des Mittelalters waren Klerus, Adel und Bauern. Letzterer Stand differenzierte sich jedoch mit Entstehung der Städte weiter. Was war der Hintergrund für die Entstehung der „Cagots"? Früher hielt man sie für Zuwanderer, heute weiß man, dass sie sich biologisch nicht von der übrigen Bevölkerung unterschieden. Waren es die Nachgeborenen, die nichts erbten und deshalb nicht sesshaft werden konnten?

Nach der Rast durchqueren wir die weit ausgebreitete Hügellandschaft, in der einzelne Gehöfte manchmal wie kleine Landsitze auf einer Anhöhe liegen. Wir begegnen wenigen Menschen tagsüber, doch mir fällt auf, dass es fast nur Ältere sind. Ich stelle mir vor, wie es diesen Bauernfamilien gehen mag, wenn sie ihren Kindern bessere Ausbildungen zu ermöglichen versuchen. Das dürfte, abgesehen von den häufig damit verbundenen Entfremdungsprozessen, bedeuten, dass die junge Generation fast unweigerlich abwandern muss, um einen adäquaten Job zu finden, während die Eltern auf dem Hof bleiben und mit zunehmendem Alter wahrscheinlich mit der Landwirtschaft immer mehr überlastet sind.

Ich bin erleichtert, als ich endlich das Städtchen Montréal vor mir liegen sehe. Auch diese Siedlung, auf einem Felsvorsprung über dem Flüsschen Auzoue gelegen, geht auf die Kelten- bzw. Römerzeit zurück und gehörte 1289 zu einer der ersten Bastides der Gascogne. Auf dem zentralen Platz des Städtchens, unter den Bogengängen, finden wir schon Janine aus Brüssel bei einem Kaffee und setzen uns zu ihr. Für sie endet heute die Zeit auf dem Pilgerweg. Gerade haben wir uns ein wenig kennen gelernt, da müssen wir uns schon wieder verabschieden, wie so oft unterwegs.

Nach einem Einkauf für das Abendessen und den Proviant für morgen wandern wir das letzte Stück in der sengenden Hitze bis nach Séviac, um mitten in einem riesigen Ausgrabungsgelände in der dortigen Pilgerherberge zu übernachten. Sie gehörte zu dem kleinen Gehöft einer Familie, bei der sich eine Frau 1959 daran erinnerte, dass ihr als Kind der Vater die Geschichte von einem römischen „Palast" auf dem Grundstück erzählt hatte. Dieser sei beim Hausbau Mitte des 19. Jh. entdeckt und durch private Initiative auch zu einem Teil ausgegraben worden. Als man bei Probegrabungen erneut fündig wurde, konnte nach und nach eine prachtvolle römische Villa aus dem 2.-5. Jh. mit Thermen, Fußbodenheizung und zahlreichen Mosaiken freigelegt werden.

Wir sind heute nur sechs Pilger und mit einem älteren Paar, Elaine und Jean, in einem der winzigen Zimmer untergebracht. Beide lassen ihr Gepäck, elegante Koffer, von Transbagage[78] bringen und wirken wahrlich nicht wie Wanderer. Er hat eher etwas von einem an Publicity gewöhnten Politiker, der jedem leutselig die Hand schüttelt und zu allem etwas anzumerken hat. Am Spätnachmittag haben wir viel Zeit, ausgiebig alle z.T. überdachten Ausgrabungen anzuschauen, die einen Einblick in eine ganz andere Zeit ermöglichen. Gegen Abend stoßen dann noch vier weitere Personen mit zwei Pferden und zwei Eseln dazu, die auf den Wiesen ein Zelt aufbauen. Sie machen eine Art „Probewandern" für den Pilgerweg, diesmal nur drei Tage lang. An einem langen Tisch essen wir abends zusammen, es ist eine nette Truppe. Danach genießen wir die Stille hier draußen, jenseits von städtischem Getriebe. Die Sonne geht mit einem beeindruckenden Abendrot unter, die Grillen zirpen, manchmal schreit einer der Esel oder wiehert ein Pferd. Es tut einfach nur gut, hier zu sein.

4. Tag

Séviac – Eauze (16 km),
Dienstag, 21. September

Heute war der „Tag des grünen Tunnels", weil wir fast die Hälfte des Weges auf einer ehemaligen Eisenbahntrasse im Schatten von Buschwerk und Bäumen gelaufen sind. Anfangs schien es bequem zu sein. Leider gab es auf dem Bahndamm zeitweise immer noch den alten Schotter oder Kies, und wer schon einmal Stunden darauf gegangen ist, weiß, welche Belastung dieser nachgebende Untergrund für die Bänder von Fuß- und Kniegelenken darstellt. Der Weg hat mich schnell ermüdet und heute Abend habe ich zum ersten Mal richtig Schmerzen in meinem rechten Knie. Doch der Reihe nach:

Nach einem fast gemütlichen Aufbruch und Abschied von der Truppe zu Pferd bzw. zu Esel haben wir uns entlang von kleinen Sträßchen wieder auf dem eigentlichen Jakobsweg hinter Montréal eingefädelt. Danach geht es bald wieder durch Weingärten und Felder. Wir haben gehört, dass die Nachfrage nach Wein wegen der Importe nachlasse, weshalb mehr Mais, offenbar Futtermais für die Gänsemast, angebaut werde. Ja, die Gänsemast und die „foie gras", die „fette Leber"! Überall sehen wir, wie sie als Delikatesse angeboten wird, wahrscheinlich konsumiert mit einem Armagnac? Angeblich haben schon die Ägypter beobachtet, wie sich Gänse vor ihrem Rückflug nach Europa fett fraßen. Was ursprünglich natürliche Vorbereitung auf einen Energie verzehrenden Langstreckenflug war, wird heute bei den zusammengepferchten Gänsen künstlich „gestopft". In der Mastperiode zwischen November und Frühling sollen sie ein ganzes Kilo Mais pro Tag durch den langen Hals gedrückt bekommen![79] Ich bin empört über diese Tierquälerei und verweigere mich deshalb dieser „Spezialität".

Danach dann die restlichen sieben Kilometer bis Eauze auf besagtem Eisenbahndamm, meist mit dichter Böschung zu beiden Seiten, so dass kaum Ausblicke möglich sind. Irgendwann schließlich ein paar Industrievororte und dann endlich die eigentliche Stadt. Eauze wurde schon zu Zeiten Caesars unter dem Namen „Elusa“ erwähnt. Auch hier wurde um 950 ein Priorat der Benediktiner gegründet. In den Religionskriegen wurde um Eauze heftig gekämpft, was mit zahlreichen Zerstörungen einherging. Eauze ist ebenfalls bekannt als Zentrum der Herstellung von Armagnac, der aus Weißwein destilliert und in Eichenfässern gelagert wird. Die Trauben zu diesem Wein, die wir unterwegs immer mal kosten, schmecken jedenfalls köstlich. Wenn mein Knie bloß nicht so schmerzen würde!

5. Tag

Eauze – Nogaro (20 km), Mittwoch, den 22. September

Die Schmerzen im Knie ließen mich lange nicht einschlafen. Doch heute Morgen ist das Wetter nach dem gestrigen Regen so prickelnd frisch, dass ich mich wieder aufs Wandern freue. Die Sonne strahlt aus einem transparent-blauen Himmel, die Natur scheint erfrischt, noch in morgendlichen Dunst gehüllt. Als wir eine Zeitlang gewandert sind, begegnen wir einem deutschen Paar aus Ulm. Sie sind zu Hause losgegangen und über Konstanz, Einsiedeln, Genf und Le Puy gekommen. Jedes Jahr verbringen sie zwei Wochen auf dem Jakobsweg. Bis hierher haben sie es also schon geschafft.

In der fast mittelgebirgigen Landschaft geht es wie gestern durch Weinberge, Maisfelder und kleine Wäldchen. Nur ab und zu sehen wir Gehöfte oder durchqueren einen Weiler. Fast überall auf den Höfen begegnen wir schnatternden Gänseherden. Wie schön und vor allem wachsam diese Tiere sind! Die Zeit vergeht mir heute wie im Fluge. Schneller als gedacht gelangen wir nach Manciet, wo wir sogar eine kleine Stierkampf-Arena entdecken. Das nahe Spanien lässt grüßen.

Nicht weit von Manciet entfernt liegt eine Kapelle mitten im Wald, die von einem Johanniter-Hospiz übrig blieb. Sie erinnert daran, dass hier früher eine Komturei, die Ordensniederlassung „L’Hôpital-Sainte-Christie“ befand. Der

Orden finanzierte sich und seine Kreuzzüge über Einkünfte aus Ländereien, die ihnen wie hier in der weiteren Umgebung ihrer Niederlassungen gehörten. Den Pilgern kamen ihre Hospize zugute. Wir gehen den kleinen Umweg zu dieser einsam gelegenen Kapelle, finden sie aber verschlossen vor. Etwas traurig halten wir erst einmal unsere Rast im Schatten der alten Bäume. Als wir danach um das Gebäude streichen, um es wenigstens von außen mehr kennen zu lernen, entdecken wir in der Nähe der Türe schließlich einen Zettel mit dem Hinweis, wo der Schlüssel versteckt ist. Nun können wir die kleine Kirche mit einem riesigen, alten „Petrus-Schlüssel" aufschließen und betreten den dunklen Raum. Erst nach und nach erkennen wir, wie liebevoll er von Ansässigen gepflegt wird.

Auch der Weg zurück durch den Wald ist sehr fürsorglich für die Pilger gestaltet. Entlang kleiner Straßen geht es weiter. Endlich steigen wir in das weit ausgebreitete Tal von Nogaro hinunter, das seinen Namen den Walnussbäumen verdankt. Auch hier wurde bereits 1055 ein Kloster und damit eine „salvitas"[80] begründet. Doch die sich ausbreitende Stadt wurde während der Religionskriege ähnlich wie viele andere dieser Gegend von den „Glaubenskriegern" oder Söldnern des berühmt-berüchtigten Montgomery ausgeraubt und zerstört. Wir wandern durch die Straßen auf der Suche nach der Pilgerherberge. Da sehen wir einen Mann vor einem Geldautomaten, der einen Esel am Zügel führt. Er scheint ebenfalls Pilger zu sein. Später finden wir ihn im Areal der ausgedehnten Sportanlagen wieder, wo die Herberge mit „luxuriösen" Zweibett-Zimmern eingerichtet ist. Er nächtigt im Zelt und der Esel weidet in den Grünanlagen. Anfang Juni brach er von Le Puy nach Santiago auf, jetzt ist er bereits auf dem Rückweg und will nach Rocamadour.

Ich bin froh, angekommen zu sein, doch auch bekümmert, denn mein Knie schmerzt so stark, dass ich der langen Etappe morgen mit Sorge entgegenschaue. Wie soll das bloß weitergehen?

6. Tag

Nogaro – Aire-sur-l'Adour (28km mit dem Bus), Donnerstag, 23. September

Schlecht geschlafen wegen der Schmerzen. Mir wird klar: Ich kann die heutige Etappe nicht gehen! Gegen 6 Uhr stehen die Ersten auf. Ich erfahre, dass auch ein älterer Kanadier, Laurent, mit dem Bus fahren wird. Er ist zum 3. Mal auf dem Weg nach Santiago. Außerdem weiß er schon die Abfahrtszeiten und die Haltestelle. Es tröstet mich ein wenig, dass ich nicht die Einzige bin, die fährt.

So verabschiede ich mich von Tim, der aufbricht in einen kühlen Tag mit bedecktem Himmel. Ein seltsames Gefühl: Der originale Jakobsweg ist heute zur Route Nationale 124 ausgebaut, die ich fahren werde. Wieder bin ich sprachlos über die Geschwindigkeit, mit der im Bus die Landschaft plötzlich an mir vorbeifliegt. Die alte Geschichte von dem Indianer fällt mir ein, der zum ersten Mal in einem Auto fährt und nach wenigen Kilometern aussteigen will, weil „seine Seele nicht nachkomme"! Ich kann ihn nach den vielen Wander-Erfahrungen heute ganz anders verstehen.

Schon nach 40 Minuten komme ich in Aire-sur-l'Adour an, wieder einem Ort mit langer Geschichte: Schon ein keltisch-iberischer Volksstamm siedelte hier. Von den Römern erobert, wurde er im 5. Jh. Sitz des Westgotenkönigs Alarich II. Es kam zu Spannungen zwischen den katholischen Einheimischen und den arianischen[81] Westgoten. Einer Legende zufolge weigerte sich im Jahr 478 eine westgotische Prinzessin, die spätere Hl. Quitterie, dem arianischen Glauben zu huldigen. Sie wurde daraufhin in der Nähe enthauptet. Angeblich trug sie ihren abgeschlagenen Kopf bis zur Stelle der heutigen Krypta, wo sofort eine Quelle entsprang (ähnlich wie es beim Hl. Hilarianus in der Nähe von Espalion erzählt wird). Zu der später errichteten Kirche mit ihren Reliquien und der gleichnamigen Benediktinerabtei pilgerten die Menschen von fern und nah. Sogar in Spanien und Portugal wurde die Heilige verehrt.

Ich frage mich zur Pilgerherberge durch, die hier von einem Zimmermann, dem ehemaligen Santiago-Pilger Jean-Michel eingerichtet wurde (die Idee sei ihm unterwegs gekommen, erzählt er später). Sie ist offen, doch niemand ist da. Ich trete in das schmale Haus im Zentrum der Stadt, das er liebevoll und mit viel Holz renoviert und für 15 Pilger eingerichtet hat. Unten lädt in einem großen Raum ein langer Tisch zum gemeinsamen Essen ein, in der Küche stehen Lebensmittel im Regal, man kann sich bedienen und dann einen Beitrag in die Kasse tun. Überall spürt man, wie jemand mit Wandererfahrung sich bemüht hat, diese Herberge pilgergerecht auszustatten. Selbst Kartenmaterial ist vorhanden und vorbeiziehende Pilger haben offenbar ihre ausgelesenen Bücher dagelassen. Jedenfalls hat sich ein Wandbrett mit Literatur gefüllt. Was andere sich so alles auf den Weg mitnehmen!

Gegen drei Uhr kommt Jean-Michel von der Arbeit und bewirtet die ersten Pilger mit Tee, die nach der langen Etappe heute eintreffen. Auch Tim kommt später erschöpft dazu. Obwohl die Herberge erst seit letztem Jahr besteht, hat er in diesem Jahr schon über 1000 Pilger hier gehabt und das Pilgerbuch ist voll mit Eintragungen. Dass überhaupt einmal wieder ein Pilgerbuch wie in Spanien ausliegt! Am Abend sitzen fast alle noch am langen Tisch zusammen und erzählen, bis es gegen 22 Uhr still wird.

7. Tag

Aire-sur-l'Adour – Miramont-Sensacq (19,5 km), Freitag, 24. September

Ich habe heute meinen Rucksack von Transbagage abholen lassen, damit ich die Strecke gehen kann, ohne mein immer noch schmerzendes Knie mit dem Gepäck zusätzlich zu belasten. So ziehe ich unbeschwert den Hang hinauf und an der Kirche der Hl. Quitterie vorbei, die immer noch verschlossen ist. Erst später höre ich, dass wir uns telefonisch zur Besichtigung hätten anmelden müssen.

Als wir gerade das Tympanon des gotischen Portals mit dem Weltgericht betrachten, kommt ein älterer Pilger mit schlohweißem Haar des Weges, schüttelt immer wieder den Kopf und lacht leise in sich hinein. Er murmelt vor sich hin: „Je ne sais rien, je ne sais rien!" („Ich weiß nichts, ich weiß nichts!"). Es kommt mir vor, als würde ich gerade dem alten Sokrates begegnen mit seinem „Ich weiß, dass ich nichts weiß!". Später erfahre ich, dass René im Sommer den ganzen Weg bis nach Santiago gegangen ist und jetzt schon zum dritten Mal auf der Via podiensis unterwegs ist. „Ich war früher nie religiös", erzählt er am späten Abend und deutet schwere und ergreifende Erfahrungen an, die ihn so verändert hätten. „Das macht es auch mit meinen früheren Freunden schwer. Nach einer Weile halte ich es zu Hause nicht mehr aus". Und er fährt fort: „Der Weg hat mich so verändert. da mache ich mich dann irgendwann wieder auf die Beine, solange sie mich noch tragen wollen!"

Es ist trübe heute. Nachts hat es heftig geregnet, und kaum sind wir zwei Stunden durch die Felder gegangen, fängt es wieder an zu schütten. Zwar erweist sich jetzt der ungeliebte Kieselbelag vieler Wege als vorteilhaft, weil ich nicht bei jedem Schritt mit meinen Bergschuhen kiloschwere Tonplacken aus dem Boden reiße. Trotzdem fängt prompt mein Knie wieder an zu schmerzen. Zu allem Überfluss regnet es sich richtig ein. Jeder versucht sich, so gut es geht, zu schützen, und so wanken durch die Maisfelder teilweise grotesk verhängte Gestalten mit mächtigen „Buckeln" vom Rucksack unter dem Regenschutz.

Irgendwann gegen Mittag kommen wir in dem Dorf Latrille an, müde vom Durchlaufen ohne Pause, triefend nass und hungrig. Es gibt keinen Gasthof, so halten wir nach der Kirche Ausschau, in der Hoffnung, dass sie offen ist und wir dort ein trockenes Plätzchen finden, um auszuruhen und etwas zu essen. Es kommt besser: Vor der Kirche und dem sie umgebenden Friedhof gibt es ein kleines „Häuschen" von wenigen Quadratmetern. Später erfahren wir, dass hier früher vor einer Beerdigung der Sarg abgestellt wurde. Eine freundliche Frau des Dorfes hat durchgesetzt, dass Pilger unter diesem Dach Pause machen dürfen. Es gibt nur einen einfachen Tisch und Holzbänke und zur Freude aller auch eine Kaffeemaschine. Kaffeepulver ist ebenfalls vorhanden – gegen eine Spende. Der kleine Raum ist bereits voll, als immer noch andere hinzukommen. Die tropfenden Anoraks und Regencapes hängen von den Wänden, alle rutschen auf den wenigen Bänken dicht zusammen und dann holt einer eine Plastikflasche mit einer goldbraunen Flüssigkeit heraus: Armagnac, auf einem der Höfe selbst gebrannt. Die Flasche macht die Runde, der heiße Kaffee wärmt uns ebenfalls durch und die Stimmung wird immer ausgelassener. Überschwänglich danken wir der netten Frau, die kurz hereinschaut und erzählt, dass sie tatsächlich mehrere Eingaben machen musste, um diesen „Rastplatz" bei den Behörden durchzusetzen. Auch ein Akt der Nächstenliebe! Jetzt freut sie sich, dass es uns so gutgeht.

Überhaupt scheint heute ein Tag der Gastfreundschaft zu sein. Zwar müssen wir uns noch einmal fast zwei Stunden durch strömenden Regen schleppen und sind nass bis auf die Haut, doch dann haben wir die Herberge in Miramont-Sensacq erreicht. Fast alle bleiben dort, obwohl es nach zwei weiteren Stunden in Pimbo ebenfalls eine Herberge gäbe. Ein älterer Mann empfängt uns hier sehr bemüht, aber überkorrekt und fürchterlich umständlich. Er erteilt zahlreichen Anordnungen, doch alle sind froh, endlich anzukommen und lassen sich in ihrer Freude darüber nicht beirren. Im Nu ist die Herberge voll belegt. Mein Rucksack ist zum Glück auch schon eingetroffen, so dass ich an trockene Wäsche komme.

Bald darauf hellt sich der Himmel auf und kurze Zeit später schiebt sich die Sonne durch die Wolken. Der Asphalt des kleinen Vorplatzes beginnt zu dampfen und im Nu haben die meisten ihre triefnassen Sachen in die Sonne gehängt. Mit knurrendem Magen durchstreifen wir den Ort auf der Suche nach einem Laden. Wir finden nur einen Bäcker, der aber etwas Käse, Schinken und Ravioli-Dosen verkauft. Für eine Mittagsmahlzeit taugt es und heute Abend wird der Hospitalier kochen (was ich ihm gar nicht zugetraut hätte). Wichtiger ist uns, den schönen Platz vor der Kirche entdeckt zu haben mit dem wunderbar weiten Blick über ein in allen grün-gold und ockerfarbenen Tönen erstrahlendes Land. Dunst steigt aus Feldern und Wäldern und löst sich langsam in der Sonne auf. Auf Rasen und Büschen glitzern Tropfen in allen Farben. Lange ruhen wir dort oben aus, singen zwischendurch in der kleinen Kirche, und als wir wieder heraustreten, sehen wir weit in der Ferne ein paar Schneeplacken auf der nur zu ahnenden Pyrenäenkette aufleuchten.

Als ich zurückkehre, sitzen viele vor der Herberge. Ein Schulbus hält neben einem benachbarten Hort, die Eltern der aussteigenden Kinder stehen schon mit ihren Autos da, um sie auf die verstreut gelegenen Gehöfte der Umgebung zu fahren. Zuletzt kommt der Busfahrer selbst zu uns rüber. Er begrüßt uns alle herzlich und stellt sich vor: Monsieur le Curé, der Pfarrer des Ortes! Diese Job-Kombination erstaunt mich dann doch! Gut gelaunt scherzt er herum, besonders mit den drei pensionierten Lehrerinnen aus Nantes. Dann erfährt er, dass Laurent aus Quebec stamme, und da gibt es für ihn kein Halten mehr. Er lädt uns alle zu sich ins Pfarrhaus ein, um Laurent und uns sein Fotoalbum von Quebec und Kanada zu zeigen. So steige ich mit mehr als einem halben Dutzend Pilgern in den Schulbus und bin gespannt, haben wir doch in Frankreich kaum Kontakt zu Einheimischen gefunden. Er fährt uns auf den Berg hoch zur Kirche. Auf dem Weg sehe ich Tim gerade zur Herberge zurückkommen. Er blickt verblüfft hoch, als ich ihm aus einem Schulbus zuwinke und in Richtung Kirche deute. Immerhin versteht er es und ist bald zur Stelle, als wir oben aussteigen und in das malerisch am Hang gelegene Pfarrhaus mit Pyrenäenblick treten.

Monsieur le Curé führt uns in sein Wohnzimmer, holt zusätzliche Stühle und teilt Weingläser aus. Dann schenkt er uns einen Wein der Region ein und spricht einen überschwänglichen Willkommensgruß für alle Pilger aus. Diesmal also keine frommen Worte in der Kirche, sondern ein Glas Wein vom Pfarrer persönlich, auch nicht schlecht. Kurz darauf zeigt er uns noch seine „Armagnac-Sammlung“: Von jedem Jahrgang seit 1934 hat er eine Flasche erstanden! So steht eine riesige Batterie von Flaschen aufgereiht da und alle staunen. Immer wieder prostet er uns zu und holt schließlich sein dickes Fotoalbum, um begeistert von Kanada zu erzählen. Nur schade, dass ich dieses gasconisch-gefärbte Französisch nicht so gut verstehe, um alle Pointen mitzubekommen.

Als ich nach einem Abstecher durch das Dorf wieder in der Herberge eintreffe, ist bereits der Bürgermeister dort, ein Winzer aus der Umgebung. Er hat ebenfalls Wein mitgebracht und alle haben bereits ein Glas vor sich. Stolz prostet er uns zu, heißt uns im Namen der Gemeinde Miramont umständlich willkommen, hält laut irgendwelche Reden über Pilgern und „Tourismus“ (so sieht er es offenbar) und spricht bereits mit etwas schwerer Zunge. Bei aller Gastfreundschaft wird mir das jetzt doch ein bisschen zu viel, fast erinnert es mich an eine Kaffeefahrt (obwohl ich noch nie eine mitgemacht habe). Als er sich schließlich verabschiedet, ist unser Pfarrer wieder eingetroffen. Er sorgt dafür, dass auch er noch ein Glas Wein bekommt, und fährt mit den lauten Reden fort. Tim meint trocken: „Spirituosen statt Spiritualität", kann aber dem Wein durchaus etwas abgewinnen.

Die meisten sind bereits etwas angeheitert und auch unser steifer Hospitalier ist aufgetaut. Er hat zwischendurch immerhin eine Tütensuppe, Tomaten mit hartgekochten Eiern und – völlig verkochte – Spaghetti zubereitet. Trotzdem ist es schön, mit den anderen zu essen und noch zu erzählen. Die meisten kennen den spanischen Weg noch nicht und fragen nach den Unterschieden zwischen dem französischen und spanischen Weg. Ich bin noch dabei, darüber nachzudenken, warum sich für mich persönlich die beiden Wege verschieden anfühlen. Grundsätzlich ist es schon ein Unterschied, in Spanien über sechs Wochen am Stück und in Frankreich den Weg in drei Abschnitten gegangen zu sein.

Irgendwann geht es auch um die eigene spirituelle Suche, um Möglichkeiten, „Spiritualität auf dem Weg zu erfahren". Für mich ist das ein zutiefst persönliches Thema, unabhängig von den Kunstdenkmälern am Weg. Offenbar meinen sie spirituell belebte Orte, die in der laizistischen Gesellschaft Frankreichs offenbar selten geworden sind. Da machen sich viele mit einer ähnlichen Sehnsucht wie ich auf den Weg und begegnen – außer in Conques – kaum einer spirituell belebten Stätte! Dabei gäbe es so viele Möglichkeiten, die alten Plätze wieder zum Leben zu erwecken und vielleicht auch neuen Formen der Religiosität Raum zu geben. Doch letztlich glaube ich, dass es immer wieder darum geht, wie bereinigt ich in mir selbst bin, um durchlässig zu werden. Wie gut, dass es mir in diesen späten Gesprächen selbst wieder bewusst wird. Vielleicht muss ich doch wieder mehr alleine gehen, um eher auf die „Stille jenseits der Stille" lauschen zu können.

8. Tag

Miramont-Sensacq – Arsacq-Arraziguet (nur 14 km),
Samstag, den 25. September

Alleine diese seltsamen Ortsnamen zu schreiben macht mir bewusst, dass wir einen Landstrich durchqueren, in dem einmal die Basken mit ihrer ganz eigenen Sprache siedelten. Viele Schilder sind bis heute zweisprachig! Ich finde es schon schwierig, den gaskonisch eingefärbten Dialekt zu verstehen (auch das Wort „gaskonisch" stammt von „baskisch"). Von den sieben baskischen Provinzen lagen immerhin einmal drei nördlich der Pyrenäen. Schon im ersten Pilgerführer, dem Liber Sancti Jacobi aus dem 12. Jh., wurden heftige Vorurteile über die Basken und Navarreser formuliert. Aber er enthielt auch eine Liste der damals nötigsten Worte, um sich in diesem Landstrich zurechtzufinden.

Wir brechen als Erste in einen nebligen, kühlen Morgen auf und erleben den Sonnenaufgang bereits in den Feldern. Die Wolken färben sich rosig-golden, doch vor lauter Dunst ist der hell-türkisfarbene Himmel immer wieder verhüllt. Auf durchweichten Böden stapfen wir dahin, unsere Schritte bilden einen Rhythmus von saugenden und schmatzenden Lauten. Heute Nacht hat es offenbar noch einmal gegossen. Die feuchtigkeitsgesättigte Erde erstrahlt in allen Braun- und Ockertönen, an Reben und Trauben der seltener werdenden Weingärten hängen glänzende Tropfen. Bald wandere ich durch nebelverhangene Wälder, die mich in ihrer geheimnisvollen Stille fast an Galicien erinnern. Es perlt von Ästen und Laub, Rinnsale gluckern und sammeln sich zu glitzernden Bächen. In den Senken lagern noch Nebelfetzen, geheimnisvoll umhüllen sie uralte Bäume. Um immer wieder in diese so lebendige Stille lauschen zu können, gehe ich heute alleine, wie ich es mir gestern Abend vorgenommen hatte.

Als ich hinter einem kleinen Bachtal auf eine Anhöhe hochsteige, sehe ich die kleine romanische Kapelle von Sensacq aus dem 11. Jh. dort oben liegen. Durch wen ist dieser stille Ort entstanden? Obwohl er einsam liegt, wird er gepflegt, das ist zu sehen und zu spüren. Wahrscheinlich betreuen ihn die Bauersleute der umliegenden Höfe. Welch lange Kette von Generationen mag sich hier immer wieder versammelt haben!

Die Türe ist geöffnet und Tim ist bereits dort. Wie schön, hier unser Morgenritual zu begehen und singen zu können. Irgendwann tritt leise der alte Laurent aus Quebec ein, setzt sich in eine der Bänke und summt schließlich mit. Eine neue, belebende Erfahrung, dass wir zu mehreren singen. Auch er kennt Lieder aus Taizé und bald erklingt in voller Freude alles, was uns zu singen einfällt. Ist Singen nicht ein Ur-Ausdruck von „Be-Geist-erung", wie es ihn in allen Kulturen gab und gibt?

Nach einer Weile der Stille treten wir leise wieder hinaus und setzen unseren Weg fort. An diesem Morgen gehe ich gerne alleine. Ich freue mich über die Schönheit dieser duftenden Frühe, das Licht, das durch die Bäume sickert, und die still ruhende Landschaft, über der sich ab und zu Dunstschleier bilden, die sich im nächsten Moment in der Sonne wieder auflösen. Es fasziniert mich, wie nahe Welt und „Gegenwelt" in dieser Morgenstimmung beieinanderliegen: Das Geheimnis der noch traumhaft entrückten „Nebelwelt" ist noch spürbar, die klar besonnte „normale" Welt tritt immer mehr hervor.

Ich bin in Gedanken versunken, als ich einen ganz schmalen, steilen und wie bei einem Hohlweg oben zugewachsenen Pfad nach Pimbo hochsteige. Da scheucht mich wiederholt ein Motorcross-Fahrer die Böschung hoch, der immer wieder mit aufheulendem Motor rauf und runter rast. Ich bin froh, als ich aus dem Abgasgestank oben ankomme. Dieser Ort soll schon 778 von Karl dem Großen auf dem Rückweg von seinem Spanienfeldzug gegründet worden sein. Bald darauf haben sich hier Benediktiner niedergelassen, die dann im 12. Jh. die sehr wehrhaft wirkende romanische Kirche erbauten. Der Eindruck ist richtig: Zu Beginn des Hundertjährigen Krieges wurde sie zu einer Wehrkirche ausgebaut mit einem Wehrgang am Dachansatz und Verstärkung des Mauerwerks im Westen. Kein Wunder, von hier oben aus kann man weit ins Land schauen und wahrscheinlich war auch dieser Ort umkämpft.

Tim wartet schon vor der Kirche und wir staunen über das romanische Portal mit den keltischen Scheiben als Reliefs. Steinmetzarbeiten von ringenden Kriegern machen die Kirche auch nicht anheimelnder. Da entdecken wir gleich hinter der romanischen Choranlage mit den drei Apsiden einen liebevoll angelegten, blühenden „Klostergarten" mit Mengen von duftenden Heil- und Küchenkräutern: In den Beeten gedeihen Salbei, Melisse, Pfefferminz, Estragon, Beinwell, Rosmarin, Lavendel und vieles mehr. Sorgsam sind rosa blühende, fliederartige Büsche entlang des Hauptweges gepflanzt. Wie wohl tut es, sich hier in der Sonne an einem solch angenehmen Ort ausruhen zu dürfen. Als eine Fremde und „Vorübergehende" werde ich empfindsam dafür, wann und wo ich mich willkommen geheißen fühlen kann.

Nachdem wir von diesem bewehrten Höhenrücken wieder in ein Bachtal hinab abgestiegen sind, erreichen wir jenseits der Brücke die letzte Provinz, die es für uns auf der Via podiensis zu durchqueren gilt, die „Pyrénées-Atlantiques". Nach der kurzen Etappe heute kommen wir bereits nach anderthalb Stunden im Ort Arzacq-Arraziguet an, dessen Stadtwappen mit drei Jakobsmuscheln seinen Bezug zum Pilgerweg verrät. Auch dies ist eine Bastide. Wieder gibt es einen zentralen Platz mit Bogengängen, wie wir es schon so oft gesehen haben. Angeblich hatten sich hier auch die Templer einmal niedergelassen. Offenbar ist die Stadt im Hundertjährigen Krieg aber stark zerstört worden. Wie stark dieser längst vergangene Krieg dieses Land einmal zerrissen hatte!

Wir finden die Pilgerherberge in einem großen, modernen Gebäude, das kaum belegt ist. Ich durchstreife nachmittags das Städtchen und sitze eine Weile in der Kirche. Dort entdecke ich eine Weltkarte, auf der die Pilger, die hier vorbeikamen, ihre Herkunftsorte mit Stecknadeln kennzeichneten. Ich bin wirklich beeindruckt! Wieder erlebe ich, dass Menschen aus allen Teilen der Erde auf dem Weg sind, von Südafrika, Australien, der Karibik, Südamerika, Asien und sogar dem Kaukasus.

9. Tag

Arsacq-Arraziguet – Pomps (20 km), Sonntag, den 26. September

Ich habe in diesem Quartier nicht gut geschlafen und werde früh wach vom allgemeinen Aufbruch. So ziehen auch wir früh los in einen bewölkten Tag. Warum gibt es hier immer wieder Kieswege! Seit gestern trage ich meinen Rucksack wieder, doch dieser bewegliche Untergrund tut meinem Knie nicht gut!

Heute erlebe ich die Strecke als ermüdend, auch wenn wir ab und zu durch die Wolken die Pyrenäenkette erspähen. Glücklicherweise klart es sich dann immer mehr auf, das verdanken wir allerdings einem unangenehmen Wind. Als wir nach gut zweieinhalb Stunden zur mittelalterlichen Kirche von Larreule kommen, scheint die Sonne bereits wieder heiß vom Himmel. Die alte Kirche ist oberhalb des Dorfes auf einem Hügel von großen Platanen umgeben und wir halten Rast in ihrem Schatten.

Eckehart, ein junger Maler und Restaurator aus Berlin, taucht irgendwann auf und gemeinsam ziehen wir danach ein Stück weiter. Irgendwo verlief hier auch die frühere Grenze zum Béarn, der gut zwei Drittel der Provinz Pyrénées-Atlantiques umfasst[82]. Ludwig der Fromme (778-840) gründete die Vizegrafschaft Béarn angeblich als Bollwerk gegen die Basken. Es ist schon nach 16 Uhr, als wir schließlich in dem kleinen Flecken Pomps eintreffen. Eckehart und der alte René wollen auch hier nächtigen. Wir gehen zu dem kleinen Lebensmittelladen, der angeblich über den Schlüssel zur Herberge verfügt, doch der ist sonntags geschlossen. Wir fragen uns durch und werden zu einer Turnhalle verwiesen. Dort stünde ein Container, da könnten die Pilger schlafen. Als wir ankommen, müssen wir doch etwas schlucken: Der Container ist offen, innen Pritsche neben Pritsche, die reinsten „Hängematten“ und mit billigsten Matratzen und Decken bedeckt. In der Turnhalle wird zu einem Spiel laut gegrölt. Die Duschen und auch die Küche sollen dort sein. Wir schauen rein, Jugendliche spielen offenbar ein wichtiges Spiel und die Küche ist voll mit Körben und

Paketen für ein großes Picknick. Immerhin können wir schon mal duschen, doch dann stehen wir etwas ratlos und vor allem hungrig herum.

Irgendwann kommt ein sich wichtig gebärdender Mann heraus: Er ist der Schiedsrichter des Spiels und führt den Laden und die Herberge. Er instruiert uns, wo wir ein paar Lebensmittel bekommen könnten. Im Anschluss an das Spiel haben die Franzosen in der Turnhalle ihr Picknick ausgebreitet und die Küche ist benutzbar. Später „erben" wir sogar noch Reste von fetten Würsten und schließlich haben wir ein wunderbares Essen zu viert. Als die Dämmerung hereinbricht, sitzen wir satt und zufrieden zusammen. Nur mit der Kommunikation ist es für Eckehard, der kein Französisch, aber Englisch spricht, und René, der kein Englisch kann, etwas schwierig. Doch Eckehart beginnt bald, Skizzen vom Tag zu zeichnen.

So sind René und ich irgendwann alleine ins Gespräch vertieft. Mich bewegt, was er erzählt: Er sei mit den tiefen, spirituellen Nahtod-Erfahrungen, die er im Zusammenhang mit einer Herzoperation hatte, anfangs nicht gut umgegangen (was es genauer war, verschweigt er und ich wage auch nicht, danach zu fragen). „Ich war halt ein machtgewohnter Kommunalpolitiker und wollte das nicht wahrhaben", berichtet er. Er habe versucht, danach in sein normales Leben zurückzukehren, aber es sei irgendwie nicht gegangen. Es habe ihn umgetrieben, er habe gespürt, dass er etwas in seinem Leben verändern müsse, ohne zu wissen, was genau. „Ich kannte keine Demut", sagt er zum Schluss leise. „Deshalb habe ich mich auf den Weg gemacht. Anfangs dachte ich, so würde ich es herausfinden. Doch der Weg selbst verwandelt mich! Wie das geschieht, weiß ich nicht genau. Ich spüre nur, wenn ich zurückkehre, dass ich nach einer Zeit der Erholung wieder losgehen will. Immer wieder, einfach nur gehen, gehen, gehen, immer in diesem Prozess bleiben". Er schweigt lange und denkt nach. „Das hat schon viel in meinem Leben in ganz anderem Licht erscheinen lassen. Und so gehe ich halt immer weiter..."

Nach dem Gespräch mit René bin ich noch lange in Gedanken versunken. Der Abend klingt ruhig aus. Jeder von uns schreibt in sein Tagebuch und Eckehart zeichnet in seins. Weil die Nacht so wunderbar windstill, mild und sternenklar ist, lege ich meine Matratze auf den Holztisch draußen und werde unter freiem Himmel schlafen. Warum mache ich das nicht öfter? Nach und nach gehen die anderen zu Bett. Ich liege noch lange wach unter einem sternenübersäten Firmament und lausche in die Stille. Die Worte von Rose Ausländer fallen mir ein:

Aus der Finsternis
Glanz schälen
Ein Atom Schöpfung
Niemand weiß
Wie sich alles verhält
Aber man ahnt den Zusammenhang
Mit geschlossenen Lippen
Einen Engel sprechen
Er hütet das All

10. Tag

Pomps – Sauvelade (26,5 km), Montag, den 27. September

Ich habe auf dem Holztisch tief und gut bis zur Morgendämmerung geschlafen. Eckehart meinte, René hätte mit seinem Schnarchen den Container zum Bersten bringen können. Auch er ist im Laufe der Nacht ausgezogen. Heute früh ist es noch neblig, als wir Pomps verlassen. Wir wandern im morgendlichen Dunst über kleine Straßen und Felder, ohne die Jakobuskirche und das Schloss von Pomps betrachtet zu haben. Nach geraumer Zeit überqueren wir einen weiten Talgrund und finden auf einem Hügel, seitlich von einer hochaufragenden Palme flankiert, die romanische Kapelle von Caubin. Sie wurde 1160 von Gaston IV. von Béarn nach seiner Rückkehr von einem Kreuzzug erbaut und den Johannitern übereignet. Ein Hospiz entstand ebenfalls hier. Die Johanniter errichteten eine Komturei, die aber während der Religionskriege von den Truppen des Montgomery zerstört wurde. 1592 überdachten die Ordensritter die Kapelle erneut und wirkten dort, bis ihre Niederlassung in der

Französischen Revolution aufgelöst wurde und die abermals zerstörte Kapelle nur noch als Ruine stehen blieb. Erst 1966 entstand eine private Initiative, die „Freunde von Caubin", die sie wieder aufbauten. Wie gut, dass sich immer wieder Menschen finden, die sich solcher Orte annehmen.

Die Kapelle ist Johannes dem Täufer geweiht. Wir betreten sie durch ein romanisches Stufenportal und blicken in das dämmrige Innere der liebevoll gepflegten, kleinen Kirche. In dem schlichten, romanischen Kirchenraum fällt auf der rechten Seite sofort das mit allem gotischen Formenreichtum geschmückte Wandnischengrab ins Auge. Es zeigt die Steinfigur eines Ritters, der in voller Rüstung auf einem Sarkophag liegt. Da wir ganz alleine in der Kapelle sind, beginnen wir nach einer Weile zu singen und freuen uns immer mehr darüber, wie stark wir uns in Resonanz mit diesem Ort fühlen oder uns dieser Ort ins Schwingen bringt.

Kurz hinter Caubin betreten wir schon das Städtchen Arthez-de-Béarn, das aus einer Augustiner-Niederlassung entstanden ist. 1569 wurde dieses Kloster, in dem nur noch ein Prior und sieben Brüder lebten, ebenfalls von Montgomery zerstört. Es scheint mir fast, als ob wir auf einer Blutspur wanderten, die der Hundertjährige Krieg und die bald darauf folgenden Religionskriege hinterließen!

Da wir heute eine längere Etappe vor uns haben, durchqueren wir nur die Stadt und ziehen weiter, Hügel auf, Hügel ab, es will kein Ende nehmen. Dann steigen wir nach einer Rast endlich in das weite Flusstal der Gave de Pau hinunter. Schon von weitem hören wir, wie der Verkehr zu uns hochbrandet. Als wir schließlich alle Brücken und Überführungen gefunden haben, sind wir heilfroh, wieder auf ein stilleres Sträßchen einzumünden und dem Städtchen Maslacq entgegenzuwandern.

Hier herrscht Mittagsruhe. Hungrig suchen wir überall nach einem Laden und erfahren schließlich, dass hier am Montagnachmittag alles geschlossen bleibt. Damit hatten wir nicht gerechnet, zumal wir gehört haben, dass wir uns heute Abend in dem einsam gelegenen, ehemaligen Zisterzienser-Kloster Sauvelade selbst verpflegen müssen! Was tun? Wir ziehen also etwas irritiert und mit knurrendem Magen die acht Kilometer Richtung Sauvelade weiter. Anfangs geht es an den mit Weiden bestandenen Flussauen entlang. Der Himmel leuchtet in einem unvergleichlich transparenten Blau, die Sonne durchflutet die gold-grüne Landschaft. Ruhig zieht der breite Fluss dahin, immer wieder glitzert sein grün-graues Gebirgswasser durch die Bäume. Plötzlich finden wir mitten auf dem Feldweg aus herbstlich-roten Beerendolden ein großes Herz gelegt, offenbar eine Liebeserklärung! Obwohl wir uns nicht gemeint fühlen, freuen wir uns über diesen phantasievollen Pilgergruß. Bald danach sehen wir zwischen den abgeernteten Äckern ein grünes Feld weithin leuchten. Beim Näherkommen entdecken wir: Es sind Brechbohnen! Wir tauchen am Waldrand unter und ernten mit schlechtem Gewissen einige Büsche in einer entlegenen Ecke ab. Das ergibt zumindest eine improvisierte Abendmahlzeit!

Danach führt der Weg einen steilen Hang hoch durch einen Wald mit vielen Esskastanienbäumen. Auch hier werden wir fündig und treffen Eckehart, der schon fleißig sammelt. Kleine Pfade führen uns an entlegenen Höfen vorbei, durch Weiden und Waldstücke. Kurz vor Sauvelade finden wir noch eine Wiese voller Champignons. Tim zieht sein Hemd aus und pflückt so viele, dass wir Eckehart und René, der bald nach uns eintrifft, einladen können. Wir sind froh über diese nahrhaften „Gaben“ am Weg, die uns die Abendmahlzeit sichern werden. Bald darauf entdecken wir, dass entgegen aller Angaben im Führer gerade ein kleines Restaurant in Sauvelade entstanden ist, in dem auch ein paar Konserven an Pilger verkauft werden.

Der Name Sauvelade leitet sich von lat. Silva lata = weiter Wald ab. Schon 1127 entstand hier ein Benediktinerkloster. 1286 übernahmen es Zisterziensermönche, die oft Orte der Waldeinsamkeit für ihre Klöster wählten. 1569 wurde jedoch auch dieses Kloster von den Truppen des Montgomery zerstört. Die Kirche blieb erhalten und diente danach den Protestanten als „Tempel“. 1631 kehrten die Zisterzienser noch einmal für 150 Jahre zurück, bis sie während der Französischen Revolution endgültig vertrieben wurden.

Als wir am Spätnachmittag in die romanische Abteikirche treten, bin ich überrascht. Ihr Grundriss gleicht einem griechischen Kreuz. Welchen Hintergrund mag diese Abwandlung haben? Wie alle Zisterzienserkirchen ist sie äußerst schlicht, fast streng gestaltet. Nur eine Jakobusstatue erinnert daran, dass sie Jakobus geweiht und Sauvelade eine wichtige Station für die Jakobspilger war.

Abends nach dem gemeinsamen Essen, bei dem wir vier teilen, was wir am Nachmittag an Essbarem gefunden haben, sitzen wir noch lange zusammen. Wieder ergibt sich ein tiefes und jetzt offenes Gespräch mit René über die außersinnlichen Wahrnehmungen, die er seit seiner Todesnähe-Erfahrung[83] hat. Daraus entsteht unsere Verbindung und ich freue mich über sein Vertrauen.

Es ist bereits Nacht, als wir in der alten Abteikirche immer wieder das „Hagios ho theos" in die Dunkelheit hinein singen. Ein zarter Duft von Kerzen und Weihrauch hängt noch in der Luft. Durch die Fenster dringt nur ein matter Schimmer. Anfangs sehe ich nur irgendwo vorne das rote Pünktchen eines „ewigen Lichts" glimmen, doch nach und nach erahne ich die Formen dieser Kirche, ihre Gestalt fügt sich allmählich wieder schemenhaft zusammen. Lange verweilen wir. Mit unserem leisen Singen scheinen wir uns in das Geheimnis dieses Raumes einfügen zu dürfen, verbinden uns mit ihm und lassen es mit den letzten Tönen verklingen. Lebendige, atmende Stille…

11. Tag

Sauvelade – Navarrenx (nur 12 km), Dienstag, den 20. September

Gerne wären wir heute eine längere Etappe gegangen, doch dann hätten wir gleich 20 weitere Kilometer laufen müssen und 32 Kilometer war uns dann doch zu viel. So nehmen wir es, wie es kommt, und beginnen den nebligkühlen Tag wieder mit unserem Morgenritual in der leeren Klosterkirche. Die Begegnung mit diesen Kirchen ist jedes Mal anders. Oder bin ich jedes Mal anders, wenn ich singe? Eckehart begleitet uns und danach müssen wir Abschied nehmen: Er will möglichst bald den Pyrenäenpass bewältigen, solange das Wetter noch so gut ist. Wieder schmerzt es mich.

Ich breche heute früh alleine auf, Tim braucht noch einen Kaffee im Restaurant. Wegen Straßenbauarbeiten in dieser einsamen Waldgegend sind die Wandermarkierungen entfernt worden und so irre ich anfangs im dichten Morgennebel etwas unsicher herum. Doch irgendwann entdecke ich wieder ein Wegzeichen. Bald umfängt mich nichts als Stille in diesem geheimnisvoll versunken wirkenden Wald. Es duftet würzig nach Erde und feuchten Blättern, ab und zu dringt das silbrige Rieseln eines kleinen Baches zu mir.

In mir singt es immer noch weiter. Das kenne ich schon, manchmal schwingt ein Lied noch lange nach. Mir gehen die vielen Situationen in meinem Leben durch den Sinn, in denen für mich das Singen wichtig war. Klar, ich singe schon viele Jahre in einem Chor und Musik bedeutet mir viel. Doch in den letzten Jahren ist es mir wichtig geworden, auch für mich ganz alleine zu singen. Es hat mich begleitet durch angstvolle Monate mit einer beunruhigend unklaren Diagnose. Wenn mich die Angst packte, ging ich raus, versuchte, die Spannung durch Bewegung abzubauen. Doch erst, als ich auf den Gedanken kam, auf meinen langen Wegen durch den einsamen Wald laut zu singen, verwandelte sich innerlich etwas in mir. Die Unruhe verschwand und manchmal stellte sich sogar Freude ein. Ich sang einfache Lieder, oft aus Taizé, und wiederholte sie wie ein Mantra immer wieder. Vieles, was wir heute noch kennen und singen, war ursprünglich ein Mantra,[84] über seine Wirkungen weiß man seit Jahrhunderten.

Damals sang ich aus innerem Druck, für den ich einen Aus-druck suchte. Wie viel von dem, was wir heute als „Folklore“ bezeichnen, mag aus Not entstanden sein? Die Klagelieder in allen Kulturen[85] zeugen davon. Doch genauso entstand in der klassischen Musik eine Vielzahl von Werken als Ausdruck von äußerer wie innerer Not.[86] Gilt es nicht für die Kunst überhaupt?

Jetzt, auf dem Jakobsweg durch Frankreich, singe ich morgens, um den Tag zu begrüßen und mich selbst zu spüren und zu orten. Wenn ich einen Ort zum Singen finde, wie in der alten Klosterkirche von Sauvelade, dann ist es immer auch eine Anfrage an diesen Ort, aus der sich ganz unterschiedliche Resonanzen ergeben. Manchmal singe ich auch, um mich aus der Übermüdung nach einer schlechten Nacht herauszuholen. Besonders in Spanien war dies wichtig, als es für mich schwer war, in den Pilgerherbergen ausreichend Schlaf zu finden. Das Singen auf dem Weg morgens gibt mir Kraft und erfüllt mich.

Nicht zuletzt singe ich immer wieder aus purer Freude, Dankbarkeit und vor lauter Lebensglück. Ich fühle mich so beschenkt, wenn ich auf diesem uralten Weg durch eine wundervolle Natur wandere, dass ich es nur zu gerne im Singen ausdrücke. Es ist ein gutes Medium dafür, bei dem es nicht darum geht, wie ich singe, und vielleicht auch nicht, was ich singe, sondern dass ich überhaupt singe, mit der Intensität, die ich selbst gerade erlebe.

So fange ich auch gleich wieder an zu trällern, während der Weg durch dieses Waldgebiet und an entlegenen Höfen vorbeiführt. Eine ganze Weile geht es über einen Bergkamm und irgendwann durchlichtet sich auch der Dunst und eine milde Herbstsonne ruht auf der hügelig-grünen Landschaft, die sich in gleitenden Wellen bis zu den Pyrenäenketten erstreckt. Auf satten Weiden grasen rötliche oder fahl-braune Rinder, oft mit den geschwungenen Hörnern in Form einer Lyra, wie ich es schon im Aubrac gesehen habe. Die Felder scheinen auszuruhen nach der Ernte. Es ist ein wunderbar friedlicher Anblick, dieses bis zum fernen Horizont ausgebreitete Land.

Als ich einen kleinen Weiler durchquere, entdecke ich unter dem offenen Vordach eines ehemaligen Stallgebäudes einen Tisch mit dickem Pilgerbuch und ein paar alten Stühlen, auf denen sich die Pilger ausruhen können. Wieder eine freundliche Geste der Bewohner, die anscheinend ein Interesse daran haben, aus welchen Ländern der Erde Pilger dieses Dorf durchwandern. Als ich das Buch durchblättere, stehen wie immer Sinnsprüche und Grüße in allen Sprachen und aus aller Welt darin.

Bald sehe ich schon in der Ferne die Stadt Navarrenx an der munter dahinströmenden Gave d´Oloron liegen. Der Fluss ist nach dem Städtchen Oloron benannt, von dem wir vor drei Jahren zum spanischen Pilgerweg über den Somport-Pass aufgebrochen sind. Ich überlege, ob es Sinn machen könnte, hier die Via podiensis zu beenden und von Navarrenx nach Oloron, immer flussaufwärts, in Richtung auf unseren damaligen Ausgangspunkt für den Jakobsweg durch Spanien zu wandern. Damit würden wir das fehlende

Glied in der Kette der Etappen zwischen Le Puy und Santiago de Compostela schließen.

Das Städtchen Navarrenx, ursprünglich um eine Burg entstanden, leitet seinen Namen vom früheren Königreich Navarra ab, für das es eine Grenzfestung bildete. Es erhielt bereits 1188 das Marktrecht und eine Brücke über die Gave d`Oloron zugesichert. 1316 wurde die bisherige Siedlung zu einer Bastide ausgebaut. 1537 entstand hier die erste durch Bastionen verstärkte Festung von ganz Frankreich.[87] Hier in Navarrenx bewährte sie sich, als die hugenottische Stadt 1569 durch französische Truppen belagert wurde. Noch heute sind die Wälle in ihrer massiven Stärke erhalten. Auch innerhalb der Stadt weisen bis heute Gebäude wie Pulverturm, Kaserne und Zeughaus auf ihre wehrhafte Geschichte hin. Im früheren Arsenal ist die Pilgerherberge eingerichtet.

Ich steige in dem schönen alten Haus aus hellem Kalkstein die Treppen hoch und mache es mir in einem der Zimmer bequem. Es ist noch früh heute und ich gehöre mit René, der bald eintrifft, zu den Ersten, die angekommen sind. Nachmittags treffe ich in der Küche zwei Ältere, Helen und Selma aus Südafrika. Später schlendere ich durch das kleine Städtchen, das fast wie eingeklemmt zwischen seinen Wallanlagen liegt. Der vorhandene Raum ist seit Jahrhunderten eng bebaut.

Ich habe einen schönen Platz am Fluss gefunden und sitze einfach nur in der Stille dort und schaue auf das vorüberfließende Gebirgswasser. Es ist so wunderbar, in die bewegte Ruhe dieses geschmeidig vorbeigleitenden Wassers einzutauchen! Jeder Widerstand wird umflossen, auf diese Weise aufgenommen, gelten gelassen und doch nach und nach umgeformt. Mir fällt der langsame Fluss von Tai-Chi-Bewegungen ein, ursprünglich eine Kampfkunst, die die widerständige Kraft des Gegners ebenfalls aufnahm, an sich vorbeigleiten ließ und ihn durch seine eigene Wucht zu Fall brachte.

Ich nehme mir Zeit und komme etwas zu spät zum Empfang der Pilger. Ihn richtet der Pfarrer aus, den wir zufällig vor einigen Jahren, zu Beginn unseres spanischen Weges, in Oloron getroffen hatten. Er weiß viel über die Geschichte des Pilgerns. So schließt sich hier wenigstens durch seine Person der Kreis zu unserem damaligen Aufbruch. Er wünschte uns damals von Herzen alles Gute für den langen Weg durch Spanien bis nach Santiago de Compostela.

12. Tag

Navarrenx – Aroué (20 km), Mittwoch, den 29. September

Als wir früh aus dem Küchenfenster der Herberge den rosigen Sonnenaufgang betrachten, sind wir doch erstaunt, als Selma fragt, ob man denn schon die Pyrenäen sehen könne! Sie liegen im zarten Morgenlicht ausgebreitet, wie wir es schon seit Tagen bewundern. Kaum zu glauben, dass sie sie bisher noch nicht entdeckt hat.

Erst gegen 8 Uhr brechen wir auf und überqueren den Gave d`Oloron. Im Mai ziehen hier die Lachse vorbei. Wir haben uns entschlossen, doch der Via podiensis bis nach St.-Jean-Pied-de-Port zu folgen und dort den Weg zu beenden, wie es viele tun.

Ein wunderschöner Pfad führt hinter Navarrenx auf die Höhe, von wo aus wir noch einmal einen weiten Blick bis zu den ausgebreiteten Pyrenäenketten genießen. Je weiter nach Westen, desto mehr flachen sie ab. Kein Wunder, dass die meisten Pilger es vorzogen, sie in St.-Jean-Pied-de-Port zu überqueren. Da hat man sie in zwei Tagen hinter sich, während wir von Oloron aus vier Tage dafür brauchten und größere Höhen bewältigen mussten.

Ab und zu geht es eine Strecke durch Felder und dann tauchen wir in einen Wald ein, der in diesem frühen und herbstlich-transparenten Licht so geheimnisvoll wirkt. Es ist eine Lust, in dieser Morgenfrische zu wandern. Heute treffen wir kaum auf ein Gehöft, sondern treten immer wieder in Wälder ein, überqueren gluckernde Bäche, wandern auf weichem Boden entlang kleiner Pfade oder auf Forstwegen. Mal öffnet sich der Blick wieder auf das weite Pyrenäen-Vorland, dann verschließt er sich erneut. Der Wald erscheint in diesem zarten Morgenlicht manchmal wie ein grüner „Dom". Wie sehr mögen die Menschen ihre Ur-Erfahrung, dem Göttlichen in der Natur, im Wald zu begegnen, im Baustil von romanischen und gotischen Kirchen und Kathedralen wiederfinden? Erinnern nicht ihre hochstrebenden Säulen und Pfeiler, die sich in der Höhe der Gewölbe verästelnden Dienste an uralte, majestätische Bäume? Von den Baumeistern der gotischen Kathedralen war damit zwar eine Vision des „himmlischen Jerusalems" beabsichtigt[88], ein erneutes Aufgehen der materiellen Welt in der geistigen, wie es in der Geheimen Offenbarung des Johannes ausgedrückt wird. Doch nachdem ich in den letzten Jahren oft durch wunderbare alte Wälder gewandert bin, entsteht mir in den Kathedralen häufig dieses Bild.

Irgendwann nehmen die Felder wieder zu, eine Ebene weitet sich vor unserem Blick und wir steigen langsam zu einem kleinen Fluss hinab. Hier wandern wir auf einem kurzen historischen Abschnitt des Jakobsweges. Wie sehr mag er sich wegen der zahlreichen Kriege zwischen dem 13. und 17. Jahrhundert immer wieder verzweigt haben, um den Kampfgebieten auszuweichen. Kein Wunder, dass auch die Pilgerbewegung sich in diesen Jahrhunderten ausdünnte, war es doch neben den Anstrengungen und Risiken des Weges immer auch gefährlich, zwischen die Fronten zu geraten. Und als die Kriege schließlich beendet waren, gab es vagabundierende ehemalige Söldnergruppen, die sich durch Überfälle auf Reisende und Pilger am Leben erhielten[89].

Das letzte Stück bis Aroué geht sich leicht, teilweise über Wiesenpfade, Weiden, einen Weinberg. Als ich ankomme, liegt das große Dorf in Mittagsruhe, doch die kommunale Herberge ist geöffnet. Sie ist in der ehemaligen Dorfschule untergebracht und Selma und Helen aus Südafrika sind bereits dort und haben uns in einem Zimmerchen Betten reserviert. Alles ist recht provisorisch, doch ausreichend eingerichtet. Auch René kommt bald an, ebenso Nicole und Delfo, ein altes Paar, das von Genf aus in zweieinhalb Monaten bis hierher gewandert ist und noch weiter nach Santiago will. Das Schönste ist der weite Blick ins Land von der Wiese hinter dem Haus und die allmählich näher erscheinenden Hänge der Pyrenäen. So verdösen wir den Nachmittag im Gras und werden uns langsam bewusst, dass wir nur noch zwei Tage wandern werden, um St-Jean-Pied-de-Port zu erreichen.

Als ich am Spätnachmittag auf der Suche nach einem Laden durch das Dorf schlendere, stehe ich plötzlich vor der alten, noch romanisch wirkenden Kirche. Hier entdecke ich auf einem Relief zum ersten Mal auf diesem Weg durch Frankreich den Jakobus als Maurentöter (Matamoro). Diese Version der Legenden um den Apostel wurde wahrscheinlich im Rahmen der spanischen Reconquista (der Wiedereroberung des von den Mauren besetzen Landes) vom Klerus so ausgeschmückt und für den Kampf funktionalisiert[90]. Sie missfiel mir schon immer, weil sie das Töten legitimiert. In der Kathedrale von Santiago schwingt ein Abbild des Jakobus vom Hochaltar seinen Säbel über die Köpfe der gemetzelten Mauren zu Füßen seines Pferdes. Dass diese Darstellung im Relief einer jahrhundertealten Dorfkirche auftaucht, kann ich noch verstehen. Dass sie in Santiago bis heute den Hochaltar schmückt, finde ich eine Schande. Tim und ich beenden den Tag im Park eines Schlosses, das ich auf einer Anhöhe außerhalb von Aroué entdeckt habe. Es scheint zu einem Schulungszentrum umgebaut worden zu sein und wir können den beeindruckenden Sonnenuntergang von den Treppen seiner riesigen Terrasse aus erleben. Die Bergketten der Pyrenäen erglühen fast vor einem transparenten Himmel. Auf dem Rückweg kommen wir wieder an der alten Dorfkirche vorbei und sie ist zu unserer Überraschung geöffnet. So singen wir noch lange in dem fast dunklen Raum und sind tief erfüllt von diesem wunderbaren Tag heute.

13. Tag

Aroué – St.-Palais (16 km),
Donnerstag, den 20. September

In dieser milden, sternklaren Nacht zog es mich zum Schlafen wieder nach draußen, auf die Wiese. Ich blickte noch lange in den sternenübersäten Himmel und die Milchstraße. Ab und zu läuteten leise die Glocken von Ziegen unten im Tal, weiter entfernt schrie manchmal ein Esel, sonst war es still. Ich war einfach nur glücklich über diesen Wandertag und die Nacht hier, dem Himmel so nah, als ob ich in seine Unendlichkeit eingehen könnte…

Als ich erwache, beginnt es gerade zu dämmern. Da und dort schon ein Vogel, der den neuen Tag besingt. In den Auen jubiliert eine Nachtigall.

Noch verdunkeltes Lied
nachtschimmernd
verweht aus träumendem Klang
erzitternd
vor lauter Frühe...

Fahler Dunst liegt flach über der Landschaft. In den Niederungen des Bachtals lagert noch Nebel, doch die Höhen sind klar. Allmählich entstehen die zarten Farben der Frühe, gräuliches Türkis durchwärmt sich mit Goldtönen, der Himmel lichtet auf und erglüht im Morgenrot.

In der Herberge wird es langsam lebendig. Nach dem Frühstück verabschieden wir uns herzlich von Helen und Selma sowie von René, denn wir werden heute den Abstecher zum Franziskanerkloster nach St.-Palais wandern, während die anderen den direkten Weg nach Ostabat weiterziehen. Falls wir morgen Abend in St.-Jean-Pied-de-Port nicht gleich in den Zug steigen müssen, sehen wir uns mit Glück dort noch einmal.

Der Weg führt uns immer wieder ansteigend durch Felder und Weiden, ab und zu durch kleine Wälder. Wir kommen an einsam gelegenen Gehöften vorbei. Im Verlauf des Vormittags wird es schwül und wolkig und immer noch geht es Hügel auf, Hügel ab. Bei dem Abzweig nach St. Palais machen wir eine Pause. Mit viel Gebimmel, Geblöke und Hundegekläff wird gerade eine große Schafherde den Weg hochgetrieben, quetscht sich durch die Engstellen und ergießt sich weiter oben auf eine der Bergwiesen. Nach und nach trudeln Pilger ein, die wir kennen und die nach kurzem Stutzen und Orientieren in Richtung Ostabat weiterziehen. Warum gibt es mir jedes Mal einen Stich, wenn ich mich von Menschen wie René, Selma oder Helen trenne, mit denen ich in den letzten Tagen intensiv gesprochen und die Unterkünfte geteilt habe? Weil ich weiß, dass ich sie voraussichtlich nie mehr sehen werde?

Obwohl die Etappe heute kurz ist, zieht sich der lange Abstieg nach St. Palais. Um 920 hatte sich einst aus den vier Provinzen des Baskenlandes im heutigen Spanien und den dreien nördlich der Pyrenäen das Königreich Navarra gebildet. Im 16. Jh., als das Königreich geteilt wurde, war hier die Hauptstadt der Baskenprovinzen diesseits der Pyrenäen. Zwar gehörten sie nach Ludwig XIII. zu Frankreich, behielten aber bis zur Französischen Revolution den Rang eines eigenen Königreichs.

Auf den ersten Blick ist in St. Palais nicht mehr viel von seiner langen Geschichte zu entdecken. Es ist ein freundliches Städtchen an dem Fluss Bidouze gelegen. Auf dem Weg zur Pilgerherberge im Franziskanerkloster sind wir erstaunt, ein erst im letzten Jahrhundert errichtetes Gebäude zu sehen mit einer „modernen" Kirche. Alles wirkt leer. Schließlich finden wir einen Hospitalier, der uns freundlich empfängt und uns ein Zitronenwasser anbietet. Wir gehören zu den ersten und der große Schlafsaal oben ist noch fast leer. Doch aus unserem Mittagsschlaf werden wir abrupt geweckt, als das belgische Ehepaar, die „Schnarcher von Condom", auftauchen. Auch das noch! Wie soll das heute Nacht werden!

Beim Abendessen sitzen wir an einem langen Tisch im Refektorium. Außer den wenigen Pilgern sind noch einige Lehrlinge da. Wir hören, dass heute nicht mehr fünf Franziskaner das Kloster mit der Herberge betreuen, sondern nur noch zwei, unterstützt von dem Hospitalier einer europäischen Jakobsgesellschaft. Plötzlich kann ich mir vorstellen, wie erschöpft diese beiden Mönche vom täglichen Empfang der Pilger sein mögen, eine Aufgabe, die sie schon Jahre erfüllen. Welche Last wird auf den beiden ruhen, nicht nur das große Haus zu bestellen, die Einkäufe und Vorbereitungen für eine warme Mahlzeit zu tätigen, sondern auch noch die Pilger „spirituell zu versorgen".

Ich löse mich nur ungern von der netten Tischrunde. Doch mir fehlen noch Blumen für Tim. Er hat morgen Geburtstag und wird ihn, wie schon vor zwei Jahren in Conques, auch diesmal in einem Kloster auf dem Jakobsweg begehen. Und ich stehe wie damals vor dem Problem, den Morgen schön gestalten zu wollen, obwohl wir früh aufbrechen werden. Heute Nachmittag habe ich im Vorübergehen keinen Blumenladen gesehen. So gehe ich jetzt in der Dunkelheit noch einmal durch die Straßen in der Hoffnung, aus irgendeiner Grünanlage ein paar Blüten mitnehmen zu können. Ende September ist das nicht so leicht, doch schließlich finde ich genug, um seinen Platz für morgen früh zu schmücken. Auch das Problem mit den Schnarchern löst sich überraschend, denn es gibt einen alten Balkon am Schlafsaal, auf den genau zwei Matratzen passen. So nächtigen wir wieder im Freien.

Der französische Weg – der spanische Weg – „Staffelübergabe"

Wer loslassen kann, wird frei für die Liebe.
Wer liebt, macht sich neu auf den Weg und bricht auf.

J. Vanier

14. Tag

St.-Palais – Ostabat – St.-Jean-Pied-de-Port (ca. 20 km von 31 gelaufen), Freitag, den 1. Oktober

Es hat sich bewährt, draußen zu schlafen und die Balkontüre fast zuzuziehen. Ich erwache allerdings schon um 4.30 Uhr aus einem tiefen Schlaf und höre, wie drinnen der Schlafsaal von den beiden Schnarchern bebt. Heute bricht die letzte Etappe auf dem französischen Weg an, dann ist auch er zu Ende. Warum fühlt er sich anders an als der spanische? Oder: Warum fühle ich mich darauf irgendwie anders?

Es liegt nicht nur an der unterschiedlichen Landschaft und dem besonderen Zauber, der jedem „ersten Mal" innewohnt. Zur Landschaft: In Frankreich wirkt sie oft kleingliedriger, ähnelt in manchem sogar den deutschen Mittelgebirgen. Die klaren Akzente, die in Spanien zwischen den Regionen Aragón, Navarra, Meseta, Montes de León und Galicien existieren, sind hier weniger ausgeprägt. Auch die Bevölkerung nehme ich aus meiner Pilgerperspektive anders wahr: Während es in Spanien in den Ortschaften die Plaza gibt als einen „öffentlichen Raum", wo auch Fremde willkommen sind und wo sich immer wieder Gespräche ergeben, ist dieser in Frankreich deutlich weniger ausgeprägt. Wo begegnet man hier noch den Einheimischen? Man grüßt sie bei der Arbeit, auf ihren Höfen oder auf den Feldern, doch da entsteht wenig spontaner Kontakt. Andererseits gab es hier immer wieder nett gemeinte Erleichterungen für die Pilger: der Raum neben dem Friedhof mit dem Kaffee, die Thermoskannen auf dem Feld oder die Sessel in der Scheune. So etwas haben wir in Spanien nie gesehen. Nur: Die Menschen dahinter blieben uns meist unsichtbar, wir konnten uns noch nicht einmal bedanken, sondern nur etwas in die Kasse legen.

Auch die Pilger, die in Frankreich unterwegs sind, unterscheiden sich: Der Anteil der Franzosen ist naturgemäß viel größer und die meisten von ihnen sind älter. Die Franzosen gehen oft davon aus, dass alle Französisch können, während sie selbst an anderen Sprachen nicht so interessiert erscheinen. Das erleichtert nicht den Kontakt zu ihnen. – Es gibt auch weniger Pilger aus anderen Ländern, die Zusammensetzung ist weniger international. In Spanien findet man mehr jüngere Leute und die Pilger kommen wirklich aus den entferntesten Winkeln der Erde. Nach über 20 Nationalitäten habe ich damals aufgehört zu zählen.

In Spanien gibt es ganz überwiegend kommunale oder kirchliche Herbergen. Ebenso unterhalten die europäischen Jakobsgesellschaften zum Teil Unterkünfte oder unterstützen sie, indem sie in guter Koordination Hospitaleros (meist ehemalige Pilger) entsenden. In Frankreich gibt es neben den kommunalen Herbergen einen hohen Anteil von privaten Unterkünften. Sie bieten oft bessere Zimmer und auch ein Abendmenu an und sind entsprechend teurer. Hospitaleros haben wir nur in den beiden einzigen belebten Klöstern am Weg angetroffen, in Conques und hier in St.-Palais. Gerade sie geben dem Haus aber häufig eine Atmosphäre! Weil sie nach kurzer Zeit wechseln, sind sie auch meist nicht so ausgelaugt wie die Privatleute (z.B. in Saugues) oder so desinteressiert wie diejenigen, die in den kommunalen Herbergen meist nur erscheinen, um das Geld einzutreiben.

Nicht zuletzt ist Frankreich ein laizistisches Land. Eine Religiosität in der Bevölkerung ist mir im Gegensatz zu Spanien kaum spürbar geworden. Auch der Klerus scheint meist nicht sehr an der Pilgerbewegung interessiert zu sein. Oder hält er sich nur so zurück, weil seine Tätigkeit im Gegensatz zu Deutschland oder Spanien von den einzelnen Gemeinden finanziert wird und diese ein Engagement für die Pilger nicht teilen oder bezahlen würden? Zwar kann ich mich in Spanien auch nicht mit den schwarzgekleideten alten Frauen identifizieren, die abends zu einer oft genug heruntergeleierten Messe kommen. Doch es gibt auch viele Gegenbeispiele von Priestern, die sich die Begrüßung der Pilger zu einem Anliegen machen. Und wer wird in der Fremde nicht gerne willkommen geheißen?

Während ich so nachdenke, ist es hell geworden und Tim erwacht. Wie schön, dass ich ihm hier draußen gratulieren kann, im feuchten Morgennebel zwar, auf einer billigen Matratze auf unserer Iso-Matte liegend und „ausgesetzt" auf einem alten Balkon, von dem der Rost abblättert. Doch ich fühle mich so vogelfrei und stimmig mit den Bedingungen, die wir immer wieder wählen: In aller Einfachheit, ja manchmal Kargheit zu leben, aber mit der ganzen Fülle einer wunderbaren Natur, ihrer Schönheit und Stille. Und der inneren Fülle, die dadurch entsteht, einfach und wesentlich sein zu können und uns in unserem Leben und mit all diesen Weg-Erfahrungen so beschenkt zu fühlen. Ja, einfach und wesentlich zu sein, das ist es, was mir heute immer wichtiger erscheint! Ist das für andere überhaupt noch nachvollziehbar?

Tim freut sich über meine blumenduftende Zärtlichkeit in luftiger Höhe und später über seinen bunt geschmückten Frühstücksplatz, an dem die anderen ihm spontan noch ein Ständchen bringen. Auch für ihn ist es stimmig, dieses neue Lebensjahr „auf dem Weg" zu beginnen, als Metapher, sich auch innerlich immer wieder auf den Weg zu machen: ein lebenslanger Lern- und Wandlungsprozess...

In der Morgenandacht werden wieder Gebete vom Blatt gesprochen. Für mich wäre eine Kerze in diesem Kreis von Menschen, eine Viertelstunde der stillen Meditation und ein paar warmherzige Abschieds- oder Segensworte für den beginnenden Wandertag eine stimmigere Form. Danach treten wir in den noch dunstigen Morgen. Die letzte Etappe nach St.-Jean-Pied-de-Port will ich noch einmal sehr bewusst wahrnehmen.

Wir wandern ein kleines Sträßchen bergauf und kommen an einem Haus vorbei, an dem die Kilometer nach Santiago mit 849 beziffert werden. Das kommt mir fast wenig vor, wenn ich mich daran erinnere, wie viel ich auf diesem Weg durch Nordspanien erlebt habe. Eine ganze Weile verliere ich mich in Erinnerungen daran, bis mir im Vorübergehen an der Böschung die kunstvoll aufgehängten riesigen Spinnennetze voll glänzender Tautropfen auffallen. Manchmal blitzen sie schon von einem Sonnenstrahl wie Diamanten auf. Je höher wir steigen, desto mehr durchlichtet sich der Dunst und irgendwann ist er wie weggezaubert. Wir stehen unter einem türkisblauen, unendlich weiten Himmel und sehen plötzlich alle Hügel und Berge in der Umgebung klar ausgebreitet vor uns liegen, während in den Niederungen noch der Nebel lagert. Wie gut kenne ich die entsprechende innere Erfahrung: Mich im Nebel zu erleben, mich mühsam durchzuarbeiten, und ganz plötzlich steht es mir klar vor Augen.

Heute werden wir diese Höhen also auf dem Weg nach St.-Jean-Pied-de-Port überqueren. Doch zuerst kommen wir an der berühmten „Stele von Gibraltar“ vorbei (der Name „Gibraltar“ stammt vom Hügel weiter nordöstlich und hat nichts mit der Meerenge zu tun!). Hier mündeten angeblich die anderen zwei Jakobswege von Paris über Tours (deshalb Via turonensis) und von Vezelay über Limoges (deshalb Via lemovicensis) auf die Via podiensis von Le Puy aus. Sie sind sehr viel weniger begangen und verfügen nicht über die Infrastruktur von regelmäßigen Herbergen, so dass man oft in Hotels nächtigen muss. Das erzählte wenigstens gestern ein Pilger, der von Limoges kam – aber auch in St.-Palais ein Hotel vorzog.

Danach steigen wir einen alten Prozessionsweg durch eine Art Heidelandschaft hoch bis zu einem Aussichtspunkt auf einem Berg. Die Morgenluft atmet sich kühl und rein und der Blick kann in ungeahnte Weiten schweifen. Dort oben erreichen wir die Kapelle von Soyarza. Welch ein Rundblick auf die Pyrenäenkette und das ausgebreitete Vorgebirgsland! Alleine dies weitet schon mein Herz! Wir verweilen bewegt eine Zeitlang, bis wir allmählich durch den „Wald von Ostabat“ wieder hinabsteigen, an einer Stele vorbei zum Weiler Harambeltz. Hier stand früher ein benediktinisches Priorat. Ein schon im 12. Jh. erwähntes Hospiz schloss an den Vorbau der romanische Kirche St. Nicolas an. Es wurde von sog. Donaten betreut, Menschen, die zwar nicht die strengen Gelübde eines Ordens abgelegt hatten, aber ihr Leben in den Dienst am Nächsten stellten. Ihre Nachkommen leben noch heute hier und betreuen die Kirche. Auf dem kleinen Friedhof mit den uralten, baskischen Grabsteinen (einem steinernen Diskus, häufig innen mit einem fünfzackigen Stern auf einer Stele) lebt die Erinnerung an diese Generationen weiter.

Abermals geht es steil hoch in den Wald und dann wieder hinab durch zunehmend freies Gelände. Allmählich beginnt ein Pfad mit Steinmauern, wie sie häufig in der Nähe eines Ortes zu finden sind. Richtig, bald sind wir im Unterdorf von Ostabat, wo die heutige Pilgerherberge tatsächlich in einem ehemaligen Hospiz, einem winzigen Häuschen, eingerichtet ist. Es erinnert mich an das von Borce, kurz vor dem Somportpass auf dem Weg nach Spanien. Wie bescheiden die Menschen damals lebten!

Zu unserer Freude ist die Türe hier offen, so dass wir eine frühe und ausgiebige Rast halten können. Alles ist geputzt und bereit für den Empfang der nächsten Pilger. Als wir danach die kleine Straße zum Oberdorf hinaufsteigen, kommen wir bei drei weiteren Häusern vorbei, die ebenfalls ehemalige Hospize waren. Es beeindruckt mich immer noch, dass es alleine in diesem Dorf an der ehemaligen Römerstraße zwischen Bordeaux und dem spanischen Astorga in den Hochzeiten der Pilgerbewegung einmal über 20 Hospize gegeben haben soll. In ihnen konnten angeblich weit über tausend Pilger untergebracht werden, „maximal bis zu 5000 Personen“.[91] Wie gelang es, die überhaupt zu verpflegen?

Allmählich ist es heiß geworden. Der Weg führt uns nach einer Weile ein Stück an der Straße entlang. Ein Blick auf die Karte zeigt uns, dass wir noch 13 Kilometer bis nach St.-Jean-le-Vieux mehr oder weniger an der D 933 entlanggehen müssten. Wir können der Versuchung nicht widerstehen, dieses Stück zu trampen, zumal beim ersten Versuch gleich ein Wagen hält, der uns in der Nähe dieses Ortes absetzt.

Vor dem 13. Jahrhundert führte der Pilgerweg von St.-Jean-le-Vieux aus über die Pyrenäen, über den Berg Urkullu zum Pass von Roncesvalles. Diese Route nahmen schon Karl der Große und auch besagter Mönch Aymery Picaud.

Heute steht an der Kirche St. Pierre nur noch ein romanisches Portal, das auf eine frühere Blütezeit als Pilgerort verweist. Erst ab dem 13. Jh. wählte man St.-Jean-Pied-de-Port zum Ausgangspunkt der Pass-Überquerung.

Die letzten vier Kilometer bis zum Ziel des Jakobsweges durch Frankreich trotte ich so vor mich hin. Endlich steigen wir unterhalb der Zitadelle von St.-Jean-Pied-de-Port hoch und dann ist der große Augenblick gekommen: Wie die Pilger seit Hunderten von Jahren vor uns treten wir durch das alte Jakobstor in das kleine Städtchen am Fuße der Pyrenäen ein.

Dies ist dann doch ein erhebender Moment für uns, der mich noch einmal eintauchen lässt in die lange Geschichte der Pilgerbewegung. Wie viele Hunderttausende vor uns mögen durch dieses Stadttor gezogen sein! Wenn sich früher ein Pilgerzug der Stadt näherte, wurden angeblich alle Glocken geläutet, die Priester sangen Gebete, die Einwohner traten vor ihre Häuser, um Almosen zu spenden. Ich kann es mir bei der damaligen Menge von Pilgern kaum vorstellen. Doch dieses kleine, ummauerte Städtchen war sicher ein wichtiger Haltepunkt, um noch einmal Kraft zu schöpfen oder auf gutes Wetter zu warten, bevor die Pilger sich den Aufstieg und die Überquerung der Pyrenäen zutrauten.

Gleich hinter der Stadtmauer liegt eine Pilgerherberge, doch wir haben uns in einer privaten mit dem Namen „Unter den Sternen“ einquartiert. Das erinnert mich an den visionären Traum Karls des Großen, in dem er bereits vor der Entdeckung des Jakobusgrabs einen Weg „wie die Milchstraße“ quer durch Europa nach Westen führen sah. Wurde deshalb der spätere Pilgerweg manchmal auch „Sternenweg“ genannt?

Im Pilgerbüro, in dem alle registriert werden, erfahren wir, dass nur noch wenige fehlen, um auf die Anzahl von 20 000 zu kommen. Danach steigen wir die alten Straßen hinab bis zur Kirche Notre-Dame du Bout du Pont (Notre Dame vom Ende der Brücke). Vielen bekannten Gesichtern von unterwegs begegnen wir. Ein wenig ist doch die euphorische Stimmung zu spüren, die mir in Santiago so aufgefallen war. Schließlich überqueren wir den Fluss Nive und kommen „unter den Sternen“ an.

Später:

Allmählich senkt sich der Abend über das Städtchen. Von den Wallanlagen oberhalb des Ortes betrachte ich den von Wolkengebirgen verdüsterten Himmel über den Pyrenäen. Nur im Westen haben sie sich etwas aufgelockert, schimmert an einer Stelle ein helles Türkisblau durch, das schon das Gold-Orange der untergehenden Sonne ahnen lässt. Auch andere schauen dort hin, von einigen weiß ich, dass sie hier wie wir den Weg beenden werden. Dann entdecke ich ganz unbekannte Gestalten, die vielleicht heute mit dem Menschenstrom ankamen, der sich mit jedem Zug vom Bahnhof her ergießt. Ein wenig erlebe ich diese neue „Pilgergeneration“ wie bei einer Staffelübergabe: Während ich meinen Weg hier beende, werden sie ihren beginnen. Alle blicken wir erwartungsvoll in den Himmel. Die „Neuen“ werden morgen die ersten Schritte auf dem langen Weg über den Ibañeta-Pass nach Roncesvalles tun und danach in vielen Etappen quer durch Nordspanien wandern, immer westwärts, vielleicht bis nach Galicien, nach Santiago de Compostela oder sogar bis zum „Ende der Welt“, nach Finisterre.

Wir schauen der untergehenden Sonne entgegen, scheinen bezogen auf den schmalen Streifen transparenten Himmels inmitten der wolkigen Düsternis, dorthin, wo strahlendes Licht, Weite und Klarheit sichtbar werden. Plötzlich wird mir klar, wie sehr mir die Spuren früherer Kriege, denen ich auf meiner Wanderung begegnet bin, unter die Haut gegangen sind. In den Wanderführern und Prospekten werden immer wieder die Kämpfe und Verwüstungen erwähnt. Doch wer gedenkt heute derer, die sich bemühten, die Kämpfe zu vermeiden, die Fronten zu versöhnen, neu zu verhandeln, Kompromisse vorzubereiten? Und wer würdigt das, was trotz aller Zerstörung immer wieder aufgebaut und erneuert wurde? Wer würdigt diejenigen, die Trümmer beseitigten und Platz für einen Neuanfang schufen, die Witwen, Waisen oder Kriegsversehrte aufnahmen, die Äcker bestellten und erneut Vertrauen in das Leben riskierten?[92] Wer würdigt die, die im weitesten Sinne „Liebende“ waren? „Es sind die leisen Dinge, die das Leben tragen“, sagt Romano Guardini.[93]

Bei der Übermittlung von Ereignissen wird vor allem auf ihre Verdunkelungen geblickt. Ist es nicht heute bei der Berichterstattung in den Massenmedien genauso? Fokussiert wird das Schockierende, hierhin wird die Wahrnehmung gelenkt. Die geduldigen, oft kleinen Ansätze von Aufbau- und Veränderungsarbeit haben kaum Chancen, ins Blickfeld zu geraten. Natürlich hinkt der Vergleich mit dem augenblicklichen Wolkenhimmel über den Pyrenäen. Doch wenn ich mich umschaue: Alle, die hier oben sitzen, blicken wie gebannt auf den schmalen Lichtstreifen am Himmel. Warum tun wir es sonst so wenig? Warum fokussiere auch ich so oft das Dunkle und Schwierige, versuche, es aufzufangen, oder lasse es auch dabei bewenden? Es könnte sinnvoll sein, darüber nachzudenken, welche Herausforderungen es an mich enthalten könnte! Zugespitzt: Das Schwierige ist dazu da, um uns aufzufordern, das Bessere hervorzubringen. Immer wieder!

Das transparente Türkis des Himmels verschiebt sich weiter, aber bleibt immer irgendwo sichtbar. Mich ergreift die lichtvolle Klarheit, die davon ausstrahlt. – Geht es nicht trotz des Schwierigen und Schmerzlichen darum, gerade auch das Schöne mit allen Sinnen wahrzunehmen? Das, was ich an liebevollen Situationen erlebt habe? Auch auf diesem letzten Stück des Jakobsweges durch Frankreich bin ich durch eine wunderbare Natur gewandert und mit Eindrücken unvorstellbarer Schönheit beschenkt worden. Dies alles erfüllt mich und gibt mir Kraft. „Der Widerstand (…) wächst aus der Wahrnehmung der Schönheit“, schreibt Dorothee Sölle und meint Schönheit im umfassenden Sinne. „Und das ist der langfristigste und der gefährlichste Widerstand, der aus der Schönheit geboren ist.“[94]

Wurde nicht schon immer von Mystikern und Weisen darauf hingewiesen, dass alle erhebenden Erfahrungen in Meditation oder Kontemplation letztlich wieder in eine „vita activa“ einmünden sollten?[95] Eine „Mystik der offenen Augen“, wie es die Befreiungstheologie nennt. Ein Engagement in der Welt, bei dem es nicht um die Profilierung des eigenen Egos geht. Oft auch nicht um die eindrucksvollen Projekte, sondern um die geduldige und liebevolle Graswurzelarbeit, die jeder in seinem unmittelbaren Umfeld tun kann.

Die Wolken ziehen langsam weiter. Die „Wolkengebirge“ verschieben sich, das Stück klaren Himmels erweitert sich ein wenig, ist nicht mehr ein schmaler Streifen, sondern offener geworden. Der Glutball der Sonne ist langsam versunken. – Und dann geschieht es, dass die grauen Wolkenberge sich nach und nach rosig verfärben, als ob sie anfingen, von innen heraus zu erglühen. Zwar weiß ich, dass sie nur von der Sonne angestrahlt werden. Trotzdem ist es ein beeindruckendes Bild, wie plötzlich gerade das in Farben erstrahlt, was vorher grau und tot wirkte. Ich bin wie gebannt von diesem Schauspiel! Vielleicht ist es dies, was mich so bewegt: Etwas, das so machtvoll und drohend wirkte, kann wie von innen heraus erstrahlen! Können auch wir Drohendes verwandeln helfen, indem wir mit Engagement und Liebeskraft uns und unser Umfeld durchwärmen? Der Weg gibt mir immer wieder Kraft, um es neu zu versuchen.

Ich weiß, dass es darum gehen muss, dem Dunklen nicht auszuweichen, mich aber auch nicht von ihm anstecken oder überschatten zu lassen, wie es mir unterwegs manchmal passierte. Gandhi und viele andere haben vorgelebt, wie eine solche Liebeskraft und Friedfertigkeit nicht nur die eigene Haltung, sondern das gesamte Tun zu durchdringen vermögen und dann „ausstrahlen". Die schwierige Voraussetzung: das, was in mir noch unbereinigt ist, immer wieder neu zu „klären", soweit ich es vermag. Könnte es so eher gelingen, mich auf „Lichtvolles" auszurichten, wie heute Abend auf diesen Lichtstreifen am dunkel bewölkten Himmel? Und täten es viele: Was könnte alles möglich werden?!

Mir fällt eine kleine Situation ein, die ich auf dem spanischen Pilgerweg erlebte[96]: Da gab es einen steil ansteigenden Feldweg, über und über mit rundlichen Steinen bedeckt, die das Gehen nicht nur erschwerten, sondern auch wegen der Gefahr des Umknickens unangenehm machten. Irgendwann bog ich um eine Kurve und da hatte jemand begonnen, die zahllosen Steine zu Steinmännchen zusammenzustellen. Offenbar hatten viele danach es ihm gleich getan und auch ich bückte mich, ergriff noch herumliegende Brocken und baute damit Steinmännchen. Ich musste lachen über diese phantasievollen Gestalten, denen manche noch etwas Gras auf den Kopf gesetzt hatten. Und: Der Weg war bald fast frei geräumt und ich kam nicht erschöpft, sondern erheitert oben an. Ja, wenn jeder von uns nur das ihm Mögliche täte, was könnten wir alles verändern! Oft heißt es zwar: „Ich allein kann doch gar nicht viel ausrichten!" Zu ergänzen wäre: „Das sagen Hunderttausende!"

Während ich immer noch gebannt verfolge, wie die Farben des Sonnenuntergangs langsam verglühen, das Grau der Wolken allmählich wieder hervortritt, blitzt am lichten Streifen des Himmels die Venus auf. Nach und nach senkt sich Dunkelheit über die weite Gebirgslandschaft, hüllt sie in einen transparenten Mantel ein. In Gedanken versunken kehre ich zur Herberge „Unter den Sternen" zurück, während oben allmählich die Sterne aufleuchten. Dieser sternenübersäte Himmel hinter den Wolken gibt mir in diesem Augenblick Mut, trotz schwieriger Zeiten mehr auf die kleinen und größeren Hoffnungsschimmer zu schauen, sie in Zukunft wieder mehr zu unterstützen, selber „auszustrahlen" und zu verändern versuchen, was ich mit meinen begrenzten Kräften tun kann. Und in meinem unmittelbaren Lebensumfeld kann ich schon eine ganze Menge tun…

Wanderer,
nur deine Spuren bilden den Weg,
sonst nichts;
Wanderer,
es gibt keinen Weg,
die Spuren entstehen erst beim Gehen.[97]

Nachsinnen – Leben bedeutet Prozess, Wandlung, auf dem Weg sein

Der Weg nach innen
ist der Weg nach außen. (...)
Wer einen Erkenntnisweg
bis zu Ende geht,
kommt wieder in den Alltag.
Dort hat sich die Erfahrung
zu bewähren.

Willigis Jäger

Wenn ich von heute aus einen Blick zurückwerfe und mir die Erfahrungen auf der Via podiensis vergegenwärtige, so drängt sich mir erneut das Bild des Labyrinths auf (nicht das eines Irrgartens!). In den verschiedensten Kulturen hat sich dieses Ur-Symbol für den menschlichen Lebensweg in unterschiedlichen Formen ausgestaltet, die sich jedoch alle auf eine Mitte beziehen. In der Kathedrale von Chartres findet sich das einzige, noch aus dem Mittelalter stammende und bis heute erhaltene Kirchen-Labyrinth.[98] Mit knapp 13 Metern Durchmesser füllt es die gesamte Breite des Längsschiffs aus und sein Weg erstreckt sich auf engstem Raum über fast 300 Meter. Mir selbst hat sich die konzentrische Form dieses Labyrinths nachdrücklich und „leibhaft" eingeprägt. Einige Male konnte ich es in einer kleinen Gruppe in der völlig stillen Kathedrale spät am Abend oder am frühen Morgen im traditionellen „Pilgerschritt" begehen (zwei Schritte vor, einer zurück). Am Anfang des Jakobsweges durch Frankreich, noch in Le Puy, oben in der romanischen Michaelskirche, entstand diese Erfahrung wieder vor meinem inneren Auge.

In der Kathedrale von Chartres war ich zu Anfang fast irritiert darüber gewesen, bald nach Betreten des Labyrinths und ohne große Vorbereitung schon ganz in die Nähe des „heiligen Bezirks der Mitte“ geführt zu werden. Danach schwingt der vorgegebene Weg aber wieder weit an die Peripherie zurück und in die anderen Sektoren der Kreisform hinüber. In meiner Wahrnehmung schien er sich unendlich zu dehnen, bis ich es aufgab, mich nach jeder der 28 Kehrtwendungen neu orientieren zu wollen. In mir entstand tiefe Ruhe und die Bereitschaft, mich diesem gewundenen Weg anzuvertrauen – bis ich, nach weit über einer Stunde und trotzdem für mich überraschend, irgendwann in die Mitte einmündete, dem symbolischen Ort des „Stirb und Werde“.

Von heute aus gesehen erscheint mir das, was ich auf dem *spanischen* Jakobsweg erfahren habe, wie ein *Hinweg* durch das Labyrinth und das Erreichen der Mitte. Die Erfahrungen auf dem *Weg durch Frankreich* dagegen wirken auf mich wie ein *Rückweg*. Warum?

Auf dem „Camino“ durch Spanien hatte ich das Gefühl, mich bald nach Beginn des Weges schon meiner eigenen inneren Mitte annähern zu dürfen.[99] Sie begann leise in mir zu erklingen und ich lernte immer mehr, auf sie zu lauschen. Die besonderen Augenblicke der Stille, die der damals sechswöchige Weg durch die Pyrenäen bis nach Galicien mir schenkte, verdichteten sich in diesem inneren Mittelpunkt, dem ich zwischendurch immer wieder nahe kam. Um ihn herum lagerte sich das, was ich mit mir und in Begegnungen mit anderen Pilgern erlebte. Wie Wendepunkte im Labyrinth erfuhr ich die Polaritäten von Wanderlust und gleichzeitig Erschöpfung, die Erfahrungen von Wind und Wettern, Schlafmangel und Euphorie. Wie auf dem labyrinthischen Weg fand ich mich mal mehr an der Peripherie, mal näher an diesem tiefsten, inneren Bezugspunkt, den ich als „Klang der Stille“ umschreiben möchte. Obwohl der Weg selbst schon Ziel ist, wurde mir das Requiem von Verdi, erklingend unter nächtlichem Sternenhimmel neben der Kathedrale in Santiago, und der Blick über den unendlichen Ozean am „Ende der Welt“, in Finisterre, zum eigentlichen Todes- und Wandlungspunkt, zur Mitte in ihrer Bedeutung des „Stirb und Werde“ dieses inneren Labyrinthweges.

Als ich mich in Le Puy erneut und zunächst alleine auf den Jakobsweg begab, war es mir noch nicht klar, was er bedeuten würde. Doch im Prozess des Gehens leuchtete es mir immer wahrnehmbarer auf: Von der Entfernung her hatte ich zwar *vor* dem damaligen Ausgangspunkt angesetzt und ging in Richtung Santiago. Innerlich aber war ich auf einer Art „Rückweg durch das Labyrinth“, denn ich hatte den Ziel- und Mittelpunkt schon erfahren. In inneren „Kehrtwenden“ war ich gezwungen, mich zunehmend mit den ganz normalen Umständen des Lebens auseinanderzusetzen. Ich hätte gerne nur seine Schönheit und Regenerationskraft wahrgenommen und nicht seine Verletzungen und Verletzlichkeit. Jetzt geht es darum, das Kostbare, das mir auf diesen Wanderungen bewusst wurde und was ich innerlich be-wegt habe, Schritt für Schritt mehr zu integrieren und es in mein eigenes Handeln einfließen zu lassen. Äußerlich lande ich nach diesen Erfahrungen des langen Weges genauso wie im Labyrinth wieder dort, wo ich aufgebrochen bin. Innerlich hat sich aber manches verändert.

Viele fragen mich, was es denn sei, was sich in meinem Erleben und im äußeren Leben verändert habe? In Ergänzung von Angelus Silesius (gest. 1677) hat sich in mir der Satz gebildet: „Werde einfach und wesentlich!“ Im Einzelnen fällt es mir schwer, etwas isoliert zu benennen. Denn jeder hat seinen eigenen, inneren Prozess auf dem Weg. Doch wenn ich versuche, nur einige, wenige Akzente zu setzen, sind es Folgende:

Ich habe mehr Zutrauen zu meinen eigenen Kräften entwickelt. Der Weg birgt unendliche Erfahrungen, vertrauen zu können. Gleichzeitig weiß ich deutlicher um meine Grenzen und was es (positiv wie negativ) bedeutet, sie zu überschreiten.

Die selbstverständliche Gemeinschaft und vielen Gespräche mit anderen Pilgern, die mit mir „auf dem Weg“ waren, wirken in mir nach.

Besonders auf einsamen Wegstücken gilt: Die Menschen sind meist besser als ihr Ruf, und ihre Hilfsbereitschaft und Gastfreundschaft haben mir das Herz gewärmt.

Viel stärker, als ich jemals dachte, sind für mich die beeindruckenden Lebenskräfte und die Regenerationsfähigkeit der Natur bedeutsam geworden – und umso schmerzlicher ihre Ausbeutung und Missachtung.

Ich habe erfahren, dass es überwiegend an mir selbst liegt, wie ich den Weg gehe und wie ich etwas erlebe. Nur wenn ich mich selbst in meiner Tiefe öffnen kann, kann mich dort auch etwas erreichen und beschenken. Es kommt mir so vor, als wäre diese Möglichkeit, immer stärker zur eigenen Tiefe zu finden, zusammen mit dem Geschenk von Stille, Langsamkeit und sich nach und nach ordnenden Gedanken und Gefühlen eine besondere Gabe des Weges.

Die heilende Kraft der Natur bewirkt, dass sich alle Poren öffnen können. Ich erfahre eine höhere Empfänglichkeit für alles, was mich umgibt. Ich spüre und erlebe die unendliche Fülle des Lebendigen, bin mit meinen Sinnen und Gefühlen, mit Leib und Seele stärker verbunden, gut geerdet und gleichzeitig dem nah, was darüber hinausgeht.

Innere Offenheit und Einfachheit des Lebens, Klarheit, Weite und Licht des Himmels und die wundervolle Natur, Zugang zu meiner eigenen Tiefe sowie die vielfältigen und überwiegend positiven menschlichen Begegnungen unterwegs haben mich auf das Wesentliche im Leben zurückverwiesen und mich unendlich bereichert.

Insgesamt habe ich ein stärkeres Bewusstsein für die Fülle und Tiefe des Lebens und seine Kontinuität entwickelt. Leben bedeutet Prozess, Wandlung, auf dem Weg sein, heute wie früher. Nicht umsonst hat sich die Weg-Metaphorik dafür über Jahrhunderte erhalten, obwohl heute viele Menschen in ihrem konkreten Alltag diese Erfahrungen kaum noch kennen. Umso erfreulicher, dass sich immer mehr Menschen auf die Jakobswege begeben. Ich habe bei jedem der zahlreichen alten Steinkreuze am Weg, mit jedem Hospiz und jeder Pilgerbrücke oder Kapelle erfahren, auf wie vielen Schultern ich bei diesem alten Weg und in meinem Leben überhaupt stehe. Ich erlebe ein tiefes Gefühl von Dankbarkeit gegenüber den früheren Generationen, die oft trotz widriger Umstände immer wieder das Leben erhalten und weitergegeben haben. Daraus ergibt sich noch mehr die Verantwortung, auch heute die Fülle des Lebens trotz oft widriger Umstände für die zu erhalten, die nach uns kommen.

Anmerkungen

1 Vgl. die Arbeiten von Spitzer, Manfred (2007,2012), Schubert, Christian (2011), Meckel, Miriam (2009), Rosa, Hartmut (2005,2012,2013).

2 Siehe mein Spanien-Buch, damals unter dem Pseudonym Schönborn-Aich, Stefanie: Auf den Spuren der Pilger. Herder, Freiburg 2006 (erweiterte Neuauflage unter meinem Namen 2018 i.E.).

3 Vgl. auch die Bedeutung der Stille, wie sie u.a. auch in den Arbeiten über Natursoziologie und Wanderforschung von Rainer Brämer, ehemals am Fachbereich Erziehungswissenschaften der Uni Marburg, festgestellt wird.

4 Es ist letztlich egal, wie wir es bezeichnen, als Gott oder das Göttliche oder, wie Willigis Jäger, als die „Erste Wirklichkeit".

5 Mystische Spiritualität (Unveröffentlichte Textsammlung, zusammengestellt von Willigis Jäger, o.J.), S. 46.

6 Stefanie Spessart-Evers: Vom leuchtenden Grund des Seins. Augenblicke der Ewigkeit. Via Nova, Petersberg 2016.

7 Vgl. Wipper, Heinrich: Der Jakobsweg von Le Puy nach Cahors und zum Marienheiligtum von Rocamadour. Wanderführer Bd.5, Via podiensis, Teil 1. Bonn 1992. (Im Folgenden abgekürzt als Wipper, H., a.a.O. Teil 1).

8 Rohrbach, Carmen: Muscheln am Weg. Mit dem Esel auf dem Jakobsweg durch Frankreich. München 2002, S. 21. Leider nennt die Autorin keine Quelle. Zum allgemeinen Zusammenhang bezüglich der Mythologie des Weiblichen vgl. Neumann, Erich: Die Große Mutter. Eine Phänomenologie der weiblichen Gestaltungen des Unbewussten. Olten, 1981.

9 Vgl. Wipper, Heinrich, a.a.O., Teil 1, S. 17.

10 Arabische Bauelemente integrierend, wie z.B. den Hufeisenbogen.

11 Vgl. Spessart-Evers, Stefanie: Das Labyrinth – Aufenthalt im Werden. In: Burggrabe, Helge; Evers, Tilman; Spessart-Evers, Stefanie; Radeck, Heike; Riedel, Ingrid: Chartres – Lauschen mit der Seele. Eine spirituelle Entdeckungsreise. Kösel, München 3. Auflage 2015.

12 Damals in die Stille der noch nicht geöffneten Kathedrale von Chartres gesprochen, mittlerweile erschienen in: Grün, Anselm und Burggrabe, Helge: Zeiten der Stille. München 2006, S. 7.

13 Vgl. Wipper, Heinrich, a.a.O., Teil 1 , S.28.

14 Es erscheint mir unmöglich, über die unterschiedlichen Phasen der kriegerischen Auseinandersetzungen, Koalitionen und Kampfplätze, die unter dem Sammelnamen „Hundertjähriger Krieg zwischen England und Frankreich" (1338-1461, z.T. auch 1337-1453 datiert) zusammengefasst werden, im Einzelnen und in der hier notwendigen Kürze etwas zu sagen. Ich habe im Folgenden die häufig unterschiedlichen, gegnerischen Parteien, die oft mal mit England, mal mit Frankreich verbündet waren, nicht mehr im Einzelnen erwähnt und nur noch allgemein auf den Hundertjährigen Krieg verwiesen.

15 Der Text des Liedes „Hagios ho theos" bedeutet aus dem Griechischen übersetzt: „Heilig ist Gott, heilig der Unsterbliche, heilig der Starke, erbarme dich unser." Vgl. Burggrabe, Helge: Hagios. Gesungenes Gebet. Liederheft und CD, www.burggrabe.de. Vgl. dort auch die 1-wöchigen Kulturreisen zur Kathedrale von Chartres.

16 Berendt, Joachim-Ernst: Hinübergehen. Das Wunder des Spätwerks. Frankfurt 1993, S. 86.

17 Richard Fester, ein Paläolinguist, hat auf die tiefe Bedeutung des uralten sprachlichen Zusammenhanges verwiesen, der zwischen den Worten „leben", „loben", „lieben" und „laben" besteht. Ich habe immer wieder erfahren, dass mich „Loben" mit „Liebe zum Leben" erfüllt und mich in tiefer, existentieller Weise auch „labt". Vgl. Berendt, Joachim-Ernst, a.a.O, S. 224.

18 Nicht umsonst kommt das Wort Pelerine (=Umhang) von franz. pèlerin (=Pilger).

19 „Heilig ist Gott", Text und Musik aus der orthodoxen Liturgie, vgl. Burggrabe, Helge, a.a.O., www.burggrabe.de.

20 Grün, Anselm; Dufner, Meinrad: Spiritualität von unten. Münsterschwarzacher Kleinschriften 82, Vier-Türme-Verlag, Münsterschwarzach 1994, S.28.

21 Ebd., S. 7.

22 Vgl. dazu auch Sölle, Dorothee: Mystik und Widerstand. Hoffmann & Campe, Hamburg 1998, S. 223 ff.

23 Der Vergleich stammt von Helmut Domke, zit. in Wipper, Heinrich, aaO., Teil 1, S. 56.

24 Vgl. Wipper, Heinrich, a.a.O., Teil 1, S. 60ff.

25 Resonanz, von lat. re-sonare = zurücktönen, - schwingen, - klingen, in Resonanz kommen, ist ein geheimnisvolles Phänomen. Durch die „participation mystique", die „geheimnisvolle Teilhabe" an allem Lebendigen, können wir uns offenbar in die Schwingungsbereiche anderer Lebewesen, aber auch von Materie und Räumen versetzen. Ähnlich wie die „paricipation mystique" gilt auch Resonanz als ein „psychischer Urtatbestand", als „anthropologisches Grundphänomen" (Wörterbuch der Psychologie, Stuttgart 1965).

26 Vgl. Schönborn-Aich, Stefanie, a.a.O.,2006, S. 92f.

27 Zit. nach Halbfas, Hubertus: Der Sprung in den Brunnen. Patmos, Düsseldorf 1987, S. 139, in: Walch, Gerhard: Fünf Religionen – ein Weg. Unveröff. Manuskript o.J.

28 Vgl. In Situ. Thèmes: Les Chemins de Saint-Jacques de Compostelle, MSM, 1999, S. 196 und 201.

29 Fédération Francaise de la Randonnée Pedestre: Les Sentiers de Grande Randonnée, Ref. 651: Sentier de Saint-Jacques-de-Compostelle. Le Chemin du Puy. Le Puy/Aubrac/Conques/ Figeac. April 2002, S. 91 u. S. 104ff.

30 Hermann Hesse, zit. in Berendt, Joachim-Ernst: Nadabrahma. Die Welt ist Klang. 1987, S.211.

31 Vgl. In Situ. Thèmes: a.a.O, S. 199ff und Wipper, Heinrich, a.a.O, Teil 1, S. 94ff.

32 Vgl. Wipper, Heinrich, a.a.O., Teil 1, S. 97.

33 Vgl. Jäger, Willigis: Die Welle ist das Meer. Mystische Spiritualität. Herder, Freiburg 2006; auch ders.: Wiederkehr der Mystik. Das Ewige im Jetzt erfahren. Freiburg 2005. Sölle, Dorothee: Mystik und Widerstand. Hamburg 1998 u.v.a. Immer wieder wird betont, dass mystische Erfahrungen jedem zugänglich sind. Die meisten von uns hatten sie in selbstvergessenen Augenblicken der Kindheit. Vgl. auch Spessart-Evers, Stefanie: a.a.O., 2016.

34 Entsteht „Paradies“ nicht schon in diesen besonderen Momenten, in denen sich in einer mystischen Erfahrung etwas von dieser „Ersten Wirklichkeit“ vermittelt, wie Willigis Jäger das Göttliche umschreibt?

35 Vgl. In Situ. Thèmes: Les Chemins de Saint-Jacques des Compostelle, MSM, Vic-en-Bigorre 1999, S. 205.

36 Wipper, Heinrich, a.a.O., Teil 1, S. 104ff.

37 In Situ. Thèmes, a.a.O. S. 205.

38 Ebd.

39 Vgl. Wipper, Heinrich, a.a.O., Teil 1, S. 107f.

40 Vgl. Scheffer, Monika: Santiago de Compostela in den Berichten spätmittelalterlicher Reisender. (Magisterarbeit) Freiburg 2001/2.

41 So jedenfalls nach Wipper, Heinrich, a.a.O., Teil 1, S. 158.

42 In Situ. Thèmes, a.a.O., S. 206f.

43 Ebd.

44 Wipper, Heinrich, a.a.O., Teil 1, S. 159.

45 Gemeint ist die Regel von Klöstern nach dem Kirchenlehrer Aurelius Augustinus (354-430).

46 Aus: Jäger, Willigis, a.a.O., 2006, S.28.

47 Vgl. Wipper, Heinrich, a.a.O., Teil 1, S. 142 ff.

48 Schon 1140 sind die ersten Katharer bezeugt, eine Laien- und Armutsbewegung, die nach gnostischen und neuplatonischen Idealen zu leben versuchte. Von ihnen leitet sich unser Wort „Ketzer“ ab. Aus ihrer dualistischen Weltsicht heraus galt die materielle Welt als „böse“. Sie wandten sich u.a. auch gegen Dogmatismus und Tyrannei durch die Kirche. Im Süden Frankreichs waren sie besonders zahlreich vertreten, teilweise auch im Adel (auch

wenn dies mit anderen widerständigen Interessen gegen die Macht von Kirche und Krone zusammenfiel). 1209 wurde von der Kirche ein Kreuzzug gegen die Katharer, auch Albigenser genannt, ausgerufen. Denjenigen, die sich dem Jahrzehnte währenden Kreuzzug anschlossen, wurde vollständiger Sündenablass versprochen! 1244 erlebten die Katharer nach langer Belagerung mit der Übergabe ihrer Bergfeste Montségur die entscheidende Niederlage.

49 Kaschnitz, Marie Luise: Dein Schweigen, meine Stimme. Gedichte 1958-61. Hamburg 1962.

50 Vgl.Wipper, Heinrich, a.a.O., Teil 1, S. 119ff.

51 Erst durch die Beobachtung meiner eigenen Schlafstörungen nach dem Bau einer Mobilfunk-Antennenanlage in der Nähe unseres Hauses kam ich darauf, mich über die Auswirkungen dieser Strahlung zu informieren. Mittlerweile gibt es fundierte Veröffentlichungen dazu.

52 Nach Wipper, Heinrich: Der Jakobsweg von Cahors nach Roncesvalles, Wanderführer Band 6, Solingen 2000., S. 43ff, im Folgenden Teil 2 genannt

53 Vgl. In Situ. Thèmes, a.a.O., 1999, S. 209ff

54 Wipper, Heinrich, a.a.O., Teil 2, S.44

55 Im 11. und 12. Jh. gab es von Cluny ausgehend Versuche, sich wieder verstärkt an den Regeln des Hl. Benedikt von Nursia, dem Begründer der Benediktiner, auszurichten.

56 Dass Männer z.B. ihre eigene latente Begehrlichkeit auf Frauen projizierten (aber nicht nur diese) und dann ihnen die Schuld dafür zuschoben, hat vor allem während der Hexenverfolgungen eine dramatische Geschichte gehabt. – Dass Frauen damals angesichts der Erfahrung von äußerer Ohnmacht in ihrer Lebenssituation wiederum lernten, die Begehrlichkeit der Männer zu nutzen, um in subtiler, eher indirekter Weise Macht auszuüben (neben ihren eigenen Projektionen auf die Männer), bildet ein verwobenes, tückisches Zusammenspiel. Auch nach der Entwicklung der Psychoanalyse ist der Weg, dies ins Bewusstsein zu heben, schwierig genug und voller Widerstände.

57 Oder der „Einen Wirklichkeit", wie Willigis Jäger es ausdrückt, doch viele spirituelle Lehrer vor ihm fanden ähnliche Umschreibungen. „Gott wird nicht gesehen als Schöpfer einer ontologisch anderen Welt, sondern als die Einheit des Seins und Nicht-Seins, bei der es keine Trennung zwischen Gott und Welt, zwischen Geist und Materie, zwischen Sein und Nicht-Sein gibt. Was wir Abendländer Gott nennen, wird als die Eine Wirklichkeit gesehen, die sich vielgestaltig offenbart, dabei aber immer sie selber bleibt." Freiburg 2006, S. 7.

58 Transbagage ist ein Unternehmen, das auf Wunsch das Gepäck von Pilgern von einer Herberge zur nächsten transportiert.

59 Wipper, Heinrich, a.a.O., Teil 2, S. 86ff

60 Waldes, ein reicher Kaufmann aus Lyon, verkaufte nach einem Erweckungserlebnis seine Habe und lebte als wandernder Prediger. Er ließ z.B. die Bibel aus dem Latein übersetzen, um sie der Bevölkerung zugänglich zu machen, was damals von der Kirche verboten war.

61 Vgl. Heer, Friedrich: Aufgang Europas. Eine Studie von den Zusammenhängen zwischen politischer Religiosität, Frömmigkeitsstil und dem Werden Europas im 12. Jh. Wien und Zürich Europa-Verlag, 1949.

62 Wie Abteien, ganze Ortschaften und vor allem ihre Märkte verödeten, wenn die Pilgerströme ausblieben, ist am Beispiel von Vézelay anschaulich, nachdem Ende des 13. Jh. der Papst entschied, die Reliquien von Maria Magdalena befänden sich nicht an diesem Ort, sondern in Sainte-Baume in der Provence.

63 Angefangen von der Tradierung, Verbreitung und Entwicklung von Wissen (alleine schon durch Bibliotheken, Abschriften, Forschungen und Schulen) wie auch der Entwicklung von Kulturtechniken (der Urbarmachung und Entwässerung von Land, des Ackerbaus, der Pflanzenzucht und Heilkunst etc.).

64 Rilke, Rainer Maria: Das Buch der Bilder. Des ersten Buches zweiter Teil. 1902.

65 Ähnlich paradox ist der von Buddha überlieferte Satz: „Es gibt keinen Weg zum Glück – Glücklichsein ist der Weg."

66 Kompensationen können die verschiedensten Konsumbedürfnisse sein oder Flucht in Arbeit, Karrierewünsche, Machtstreben oder Erwerb von Reichtum als Ersatzbefriedigungen. Genauso gerade umgekehrt: Flucht ins Privatleben, Aussteigen (der sog. Eskapismus) oder Emigrieren in den hintersten Winkel der Welt. Nur: Ich nehme mich selbst immer mit! Es ist ein Unterschied, ob ich für eine begrenzte Zeit „unter der anrollenden Welle durchtauche", um meine Kräfte zu schonen und sie zu einem anderen Zeitpunkt einzusetzen, oder ob ich ganz aus dem Wasser gehe, weil ich mich nicht mehr nass machen will.

67 Einem Verzeichnis über Unterkünfte und Möglichkeiten von Verpflegung, speziell für Pilger herausgegeben angesichts der Situation, dass es in vielen Dörfern keine Läden mehr gibt.

68 Vgl. Wilber, Ken: Von den Tieren zu den Göttern. Die große Kette des Seins. (Hrsg. von Edith Zundel), Freiburg 1997.

69 Vgl. Sölle, Dorothee, a.a.O.,1998, S. 14: „Wir sind alle Mystiker. Dieser Satz enthält das Menschenrecht auf Schönheit und Schau. (…) Mystik ist die Erfahrung der Einheit und der Ganzheit des Lebens. Mystische Lebenswahrnehmung, mystische Schau ist dann auch die unerbittliche Wahrnehmung der Zersplitterung des Lebens. Leiden an der Zersplitterung und sie unerträglich finden, das gehört zur Mystik. Gott zersplittert zu finden in arm und reich, in krank und gesund, in schwach und mächtig, das ist das Leiden der Mystiker. Der Widerstand (…) wächst aus der Wahrnehmung der Schönheit. Und das ist der langfristigste und der gefährlichste Widerstand, der aus der Schönheit geboren ist."

70 Domin, Hilde: Wer es könnte. Gedichte. Andreas Felger: Aquarelle. Frankfurt 2001, S. 21.

71 Vgl.Wipper, Heinrich, a.a.O, Teil 2, S. 106f.

72 Zit. bei Burggrabe, Helge: Hagios. Gesungenes Gebet. Liederheft. o.J., vgl. auch Spessart-Evers, Stefanie, 2016.

73 Vgl. Glassman, Bernard: Zeugnis ablegen. Buddhismus als engagiertes Leben. Berlin, 2001. Auch Gamma, Anna: Lichtheilung als Weg zum Frieden. Mit einem Vorwort v. Nikolaus Brantschen. München, 2005 . Der Orden der Karmelitinnen versucht dies ganz in der Nähe des Lagers von Dachau. Vgl. Riedel, I., Die Welt von innen sehen. Gelebte Spiritualität. Düsseldorf 2005, S. 203.

74 Rilke, Rainer Maria, aus der 1. Duineser Elegie, zit. nach Berendt, Joachim-Ernst: Nadabrahma. Die Welt ist Klang, 1987, S.52.

75 Das bedeutete, nur mit einem einzigen Schiff und Kapellen zwischen den Pfeilern.

76 Wipper, Heinrich, a.a.O., Teil 2 , S.114.

77 Wipper, Heinrich, a.a.O., Teil 2, S. 116.

78 Dieses kleine Unternehmen transportiert Pilgergepäck zu den Herbergen – und wenn Platz bleibt, auch einmal fußlahme Pilger.

79 FFRP, Topo-Guide, Bd.653, a.a.O, S. 64.

80 Eine „salvitas“ (lat.) entspricht der „ sauveté“ (franz.), wie wir es schon im Zusammenhang mit dem Kloster in Figeac kennenlernten: ein Schutzbereich um ein Kloster, in den sich Menschen flüchten konnten, weil hier göttliches und nicht menschliches Recht galt.

81 Die Westgoten mit arianischem Glauben lehnten es ab, dass Jesus „Sohn Gottes“ sei, und vertraten die Meinung, er sei ein „Geschöpf Gottes“ und weiterer Prophet.

82 Vgl. Wipper, Heinrich, a.a.O., Teil 2, S. 15ff.

83 Vgl. auch van Lommel, Pim: Endloses Bewusstsein. Neue medizinische Fakten zur Nahtoderfahrung. Mannheim, 2010 und Spessart-Evers, Stefanie, a.a.O., 2016, S. 206-228.

84 So z.B. das Alleluja oder Hosianna, vgl. die Sendungen/CDs oder Bücher von Joachim-Ernst Berendt, z.B. Nadabrahma – Die Welt ist Klang. Oder: Ders.: als CD: Vom Hören der Welt – Das Ohr ist der Weg. (Da die Klangbeispiele so wichtig sind, hier die Quelle: Network Medienkooperative im Vertrieb von 2001).

85 Vgl. Canakakis, Jorgos (selbst Sänger): „Ich sehe Deine Tränen“ (Stuttgart 1996), der bei einem persönlichen Schicksalsschlag Trost fand u.a. in den Klageliedern seiner griechischen Heimat, die ihn neben anderem inspirierten zu einer Form der Trauerbegleitung, die er in den folgenden Jahren entwickelte.

86 Vgl. auch die Bedeutung von Trauma, Trauer und dem Ringen um Glaube und Hoffnung im Werk von J.S. Bach, was von der Traumatherapeutin Luise Reddemann herausgearbeitet wurde und den bezeichnenden Titel trägt: „Überlebenskunst“, Stuttgart 2006.

87 H. Wipper, a.a.O., Teil 2, S.158.

88 Vgl. Sedlmayr, Hans: Die Entstehung der Kathedrale. Herder, Freiburg i.Br. 1993.

89 Wegner, Ulrich: Der Jakobsweg. Herder, Freiburg, 2000/2003, 162ff.

90 Vgl. Herbers, Klaus: a.a.O, 2006, S. 16 ff und 91ff.

91 FFRP, Topo Guide, Bd 3 (653), a.a.O., S. 113.

92 Genauso wichtig wäre es, die Heilungs- und Erneuerungsfähigkeit der Natur zu würdigen und bewusster zu erhalten, die nicht in damaliger, sondern in *heutiger* Zeit in ihrer Substanz gefährdet ist. Da ethische Forderungen und Appelle nur bedingt Verhalten verändern, hat sich die Tiefenökologie das Ziel gesetzt, uns unser emotionales Verhältnis zur Erde und zu allem Lebendigen neu ins Bewusstsein zu heben. Vgl. dazu Gottwald, Franz-Theo; Klepsch, Andrea (Hrsg.): Tiefenökologie, Diederichs, München 1995; Macy, Juanna: Die Wiederentdeckung der sinnlichen Erde. Wege zum ökologischen Selbst. (Vorw. von Thich Nhat Hanh), Theseus-Verlag, Zürich, München 1994.

93 In diesem Zusammenhang ist schon von Heraklit überliefert: „Die verborgene Harmonie ist mächtiger als die offensichtliche." In: Berendt, Joachim-Ernst: Hinübergehen. Das Wunder des Spätwerks. Frankfurt, 1993, S. 226.

94 Sölle, Dorothee, a.a.O., 1998, S. 14.

95 Vgl. u.a. Jäger, Willigis, a.a.O., 2006, S.139ff., Ders.; aaO., 2005, S. 90 ff. Sölle, Dorothee, aaO, 1997, S. 241ff. u.a.

96 Schönborn-Aich, Stefanie, a.a.O, 2006, S. 84.

97 Machado, Antonio: Vol. 1: Poesías completas. Edición crítica Oreste Macrì, Madrid 1989, eigene Übersetzung.

98 Vgl. die Abbildung oben, die das Labyrinth in der Kathedrale von Chartres darstellt. Vgl. auch Spessart-Evers, Stefanie, in: In: Burggrabe, Helge u.a., a.a.O., 3. Auflage, 2015.

99 Vgl. Schönborn-Aich, Stefanie, a.a.O, 2006, S. 53.

Literaturverzeichnis

Berendt, Joachim-Ernst: *Nadabrahma. Die Welt ist Klang.* Rororo Sachbuch, Hamburg, 1987.

Berendt, Joachim-Ernst: *Das dritte Ohr. Vom Hören der Welt.* Rororo-Sachbuch, Hamburg 1988.

Berendt, Joachim-Ernst: *Hinübergehen. Das Wunder des Spätwerks.* Zweitausendeins, Frankfurt 1993.

Burggrabe, Helge: *Hagios. Gesungenes Gebet.* Liederheft und CD, www.burggrabe.de

Burggrabe, Helge; **Evers**, Tilman; **Spessart-Evers**, Stefanie; **Radeck**, Heike; **Riedel**, Ingrid: *Chartres – Lauschen mit der Seele. Eine spirituelle Entdeckungsreise.* Kösel, München 3. Aufl. 2015.

Canakakis, Jorgos: *Ich sehe Deine Tränen. Trauern, klagen, leben können.* Kreuz-Verlag, Stuttgart 1996.

Domin, Hilde: *Wer es könnte. Gedichte.* Andreas Felger: Aquarelle. Frankfurt 2001.

Fédération Francaise de la Randonnée Pedestre (FFRP), Topo Guide: Les Sentiers de Grande Randonnée, Ref. 651: *Sentier de Saint-Jacques-de-Compostelle. Le Chemin du Puy. Le Puy/ Aubrac/Conques/Figeac.* April 2002.

Fédération Francaise de la Randonnée Pedestre (FFRP), Topo Guide: *Les Sentiers de Grande Randonnée, Ref. 653: Sentier de Saint-Jacques-de-Compostelle. Le Chemin du Puy. Moissac/ Condom/ Roncevaux.* Juni 2001.

Gamma, Anna: *Lichtheilung als Weg zum Frieden. Meditationen, Übungen, Rituale.* Mit einem Vorwort v. Nikolaus Brantschen. Kösel, München 2005.

Glassman, Bernard: *Zeugnis ablegen. Buddhismus als engagiertes Leben.* Theseus, Berlin 2001.

Gottwald, Franz-Theo, **Klepsch**, Andrea (Hrsg.): *Tiefenökologie. Wie wir in Zukunft leben wollen.* Diederichs, München 1995.

Grün, Anselm**, Dufner**, Meinrad, *Spiritualität von unten.* Münsterschwarzacher Kleinschriften 82, Vier-Türme-Verlag, Münsterschwarzach 1994.

Grün, Anselm und **Burggrabe**, Helge: *Zeiten der Stille.* Claudius, München 2006 (mit 2 CDs).

Halbfas, Hubertus: *Der Sprung in den Brunnen.* Patmos, Düsseldorf 1987.

Heer, Friedrich: *Aufgang Europas. Eine Studie von den Zusammenhängen zwischen politischer Religiosität, Frömmigkeitsstil und dem Werden Europas im 12. Jh.*, Europa-Verlag, Wien und Zürich 1949.

Herbers, Klaus: *Jakobsweg. Geschichte und Kultur einer Pilgerfahrt.* C.H.Beck, München 2006.

In Situ. Thèmes: *Les Chemins de Saint-Jacques de Compostelle*, MSM, Vic-en-Bigorre 1999.

Jäger, Willigis: *Die Welle ist das Meer. Mystische Spiritualität.* Herder, Freiburg 2000, 2006.

Jäger, Willigis: *Wiederkehr der Mystik. Das Ewige im Jetzt erfahren.* Herder, Freiburg 2005, 2007.

Kaschnitz, Marie Luise: *Dein Schweigen, meine Stimme.* Gedichte 1958-61. Hamburg 1962.

van Lommel, Pim: *Endloses Bewusstsein. Neue medizinische Fakten zur Nahtoderfahrung.* Patmos, Mannheim 2010.

Machado, Antonio: Vol. 1: *Poesías completas.* Edición crítica Oreste Macrì, Madrid 1989.

Macy, Juanna: *Die Wiederentdeckung der sinnlichen Erde. Wege zum ökologischen Selbst.* (Vorw. von Thich Nhat Hanh), Theseus, Zürich, München 1994.

Meckel, Miriam: *Das Glück der Unerreichbarkeit. Wege aus der Kommunikationsfalle.* Goldmann, München 2009.

Neumann, Erich: *Die Große Mutter. Eine Phänomenologie der weiblichen Gestaltungen des Unbewußten.* Walter, Olten 1981.

Reddemann, Luise: *Überlebenskunst.* Klett-Cotta Leben, Stuttgart 2006.

Riedel, Ingrid: *Die Welt von innen sehen. Gelebte Spiritualität.* Patmos, Düsseldorf 2005.

Rilke, Rainer Maria: *Das Buch der Bilder.* Des ersten Buches zweiter Teil. 1902.

Rohrbach, Carmen: *Muscheln am Weg. Mit dem Esel auf dem Jakobsweg durch Frankreich.* Frederking & Thaler, München 2002.

Rosa, Hartmut: *Beschleunigung. Die Veränderung der Zeitstrukturen in der Moderne.* Suhrkamp TB, Frankfurt 2005.

Rosa, Hartmut: *Weltbeziehung im Zeitalter der Beschleunigung. Umrisse einer neuen Gesellschaftskritik.* Suhrkamp TB, Frankfurt 2012.

Rosa, Hartmut: B*eschleunigung und Entfremdung. Entwurf einer kritischen Theorie spätmoderner Zeitlichkeit.* Suhrkamp, Frankfurt 2013.

Scheffer, Monika: *Santiago de Compostela in den Berichten spätmittelalterlicher Reisender.* (Magisterarbeit), Freiburg 2001/2.

Schönborn-Aich, Stefanie: *Auf den Spuren der Pilger. Mein Weg nach Santiago.* Herder-Spektrum, Freiburg i.Br. 2006. Erweiterte Neuauflage im April 2018 unter meinem Namen **Stefanie Spessart-Evers**.

Schubert, Christian: *Psychoneuroimmunologie und Psychotherapie.* Schattauer, Stuttgart 2011.

Sedlmayr, Hans: *Die Entstehung der Kathedrale.* Herder, Freiburg i.Br. 1993.

Sölle, Dorothee: *Mystik und Widerstand. Du stilles Geschrei.* Hoffmann & Campe, Hamburg 1998.

Spessart-Evers, Stefanie: *Das Labyrinth – Aufenthalt im Werden.* In: Burggrabe, Helge u.a., *Chartres – Lauschen mit der Seele.* Kösel, München 3. Aufl. 2015.

Spessart-Evers, Stefanie: *Vom leuchtenden Grund des Seins. Augenblicke der Ewigkeit.* Via Nova, Petersberg 2016.

Spitzer, Manfred: *Vorsicht Bildschirm. Elektronische Medien, Gehirnentwicklung, Gesundheit und Gesellschaft.* Droemer, München 2007.

Spitzer, Manfred: *Digitale Demenz. Wie wir uns und unsere Kinder um den Verstand bringen.* Droemer, München 2012.

Walch, Gerhard: *Fünf Religionen – ein Weg.* Unveröff. Manuskript, o.J.

Wegner, Ulrich: *Der Jakobsweg. Auf der Route der Sehnsucht nach Santiago de Compostela.* Herder, Freiburg i.Br. 2000, 2003.

Wilber, Ken: *Von den Tieren zu den Göttern. Die große Kette des Seins.* (Hrsg. von Edith Zundel), Herder-Spektrum, Freiburg 1997.

Wipper, Heinrich: *Der Jakobsweg von Le Puy nach Cahors und zum Marienheiligtum von Rocamadour.* Wanderführer Bd. 5., Via podiensis, Teil 1., Verlag Andrea Sänger, Bonn 1992.

Wipper, Heinrich: *Der Jakobsweg von Cahors nach Roncesvalles.* Wanderführer Bd.6. Via podiensis, Teil 2., Verlag U. Nink, Solingen 2000.

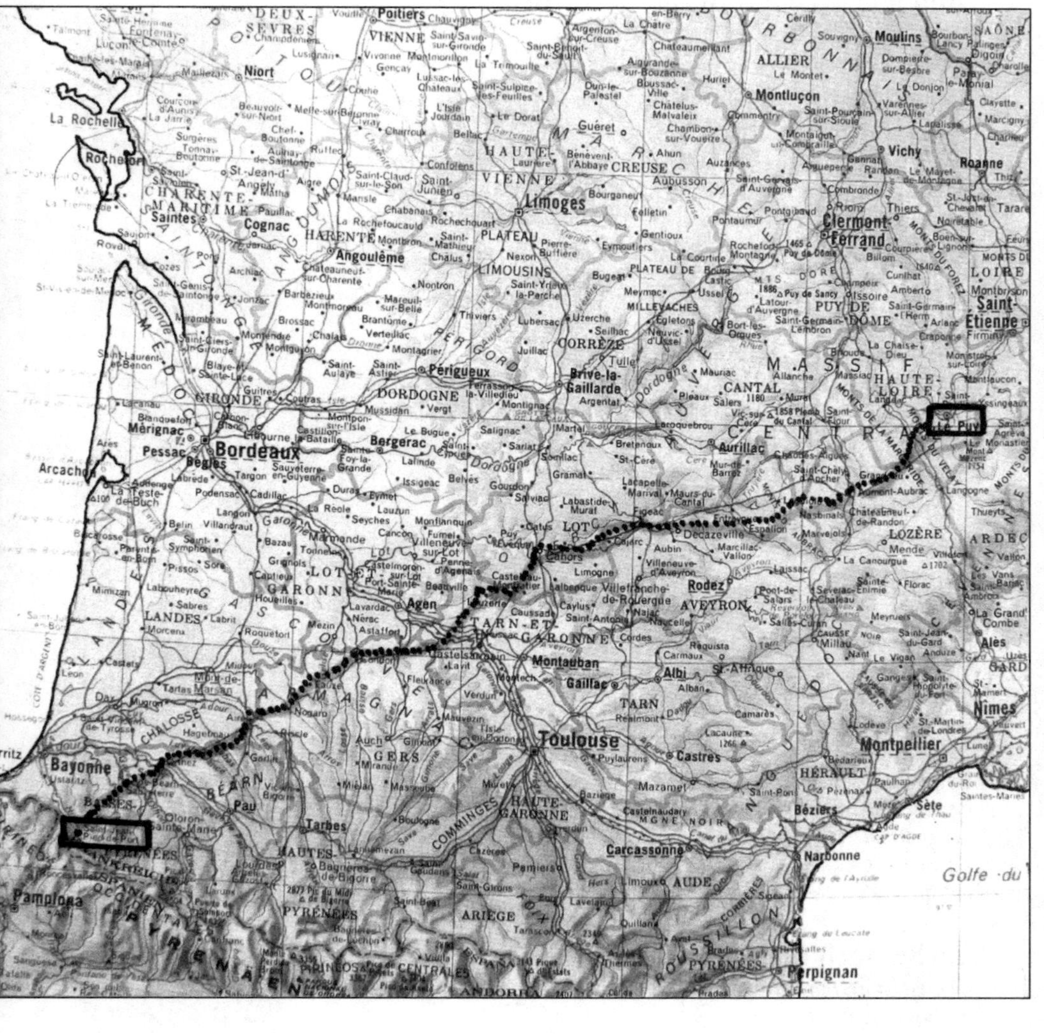

Poitiers
Niort
La Rochelle
Rochefort
CHARENTE-MARITIME
Saintes
Cognac
Angoulême
Limoges
Guéret
Montluçon
Moulins
Vichy
Roanne
Clermont-Ferrand
Saint-Étienne
Le Puy
Périgueux
Brive-la-Gaillarde
Tulle
Aurillac
Bordeaux
Mérignac
Pessac
Bègles
Arcachon
Bergerac
DORDOGNE
GIRONDE
Agen
Cahors
Figeac
Decazeville
Rodez
AVEYRON
Mende
LOZÈRE
Montauban
TARN-ET-GARONNE
Albi
Gaillac
TARN
Castres
Toulouse
Auch
GERS
Tarbes
Pau
Bayonne
Pamplona
Montpellier
Nîmes
Alès
Béziers
Sète
Narbonne
Carcassonne
AUDE
Perpignan
Golfe du
PYRÉNÉES
HAUTE-GARONNE
MASSIF CENTRAL
CANTAL
PUY DE DÔME
HAUTE-LOIRE
CORRÈZE
LIMOUSIN
LANDES
BÉARN
CHALOSSE
COMMINGES
ARIÈGE
ROUSSILLON
ANDORRA
HÉRAULT

Weitere Titel aus dem Verlag Via Nova:

Vom leuchtenden Grund des Seins

Augenblicke der Ewigkeit

Stefanie Spessart-Evers

Paperback, 320 Seiten, ISBN 978-3-86616-364-5

Manchmal fühlen wir es: das Unaussprechbare und Unbegreifliche, das hinter unserer gesamten Existenz wirkt. Haben Sie diesen mystischen Zauber auch schon mal erlebt? Der Klang des Lebendigen, der leuchtende Grund des Seins, Augenblicke der Ewigkeit in der Natur und in der Liebe, in Dichtung, Musik und Tanz, im mystischen Erleben? Dann wird Sie dieses Buch im Herzen tief berühren und Ihre Seele „erheben" lassen. Denn in allen Aspekten unseres Seins spürt die Autorin mit großer Hingabe diesem Phänomen nach, lässt uns mit bewegenden Beispielen, Geschichten, Reflektionen und Anregungen daran teilhaben und motiviert uns, es bewusst und konkret in unser Alltagsleben einzuladen. Die tiefe Erfahrung vollkommener Verbundenheit kann in unserem Leben alles verändern, und vielleicht kann es dieses Buch auch! Wirklich ein spirituelles Leseerlebnis!

Sein Bewusstsein auf eine höhere Seinsebene bringen

Geführte Meditationen

Werner Vogel

CD, Laufzeit: 70 Minuten, ISBN 978-3-86616-123-8

Die Grundübung aller spirituellen Wege ist die Meditation. Das Ziel der Meditation in allen spirituellen Traditionen ist die Erfahrung eines nicht-dualistischen Bewusstseinszustands. Um in den Zustand des Geistes in der bewussten Erfahrung des „ewigen Hier und Jetzt" zu kommen, bedarf es einer stufenweise aufgebauten Übungspraxis. Geführte Meditationen können helfen, den zerstreuten Geist zu sammeln und auszurichten. Dadurch kommt der Übende zur Ruhe und zur Erfahrung der inneren Stille. Der Geist beruhigt sich und wird klar wie die Oberfläche eines aufgewühlten Sees, auf dessen Grund man sehen kann. Schließlich tritt der Zustand der gesammelten inhaltslosen Wachheit im Geist ein und der Übende wird offen und frei für ein höheres Bewusstsein. In der CD werden 3 Meditationsübungen angeboten, teilweise unterlegt mit meditativer Musik.

Suche nach dem Sinn des Lebens

Bewusstseinswandel durch den Weg nach innen

Willigis Jäger

Taschenbuch, 416 Seiten, ISBN 978-3-86616-355-3

Mehr denn je besteht heute, im beginnenden 21. Jahrhundert, bei vielen Menschen eine tiefe Sehnsucht nach innerer Heimat und Spiritualität, nach Transzendenz und fühlbaren Erfahrungen des Göttlichen. Dieses Buch beschäftigt sich ausschließlich mit den drängendsten Fragen des Menschseins, mit unserer Suche nach Sinn, Wert und Bestand hinter all den vergänglichen Erscheinungsformen unseres Seins. Als einer der bedeutendsten religiös-spirituellen Weisheitslehrer der Gegenwart vermittelt uns Willigis Jäger tiefes Wissen zur christlichen Mystik, zu Erkenntnissen moderner Naturwissenschaften, zu transpersonaler Psychologie, zur Technik der Kontemplation und zu vielen anderen Aspekten der inneren Sinnsuche. Ein spirituelles Meisterwerk, das mitten ins Herz der Bewusstheit und inneren Transformation führt.